"高职高专文秘专业系列教材" 编委会名单

高职高专文秘专业系列教材

总主编 蔡 超

QiYe WenDang GuanLi

企业文档管理

（第二版）

主 编 崔淑琴 李 艇
副主编 吴广平 蔡 超 林 苏

暨南大学出版社
JINAN UNIVERSITY PRESS

中国·广州

《企业文档管理》编委会名单

总　序

　　秘书是现代企业（公司制企业）的管理人员，总经理秘书（高级秘书）是现代企业的高级管理人员，他们是现代企业经营决策和管理中必要的辅助支柱。在市场经济快速发展和世界经济一体化的影响下，现代企业迅速成长，同时也带动了秘书职业的成长。如今企业对秘书的需求越来越大，对秘书的要求也越来越高，企业发展需要一大批训练有素、能力优秀的秘书人才，因此，高职院校文秘专业成为目前就业状况最好的专业之一。

　　但是，高职院校能否培养出与企业适销对路的秘书人才呢？问题是十分明显的。许多经理或主管都声称职业化的秘书难找，更有一些大公司的总经理或总裁抱怨"高秘难求"。可见，真正优秀的秘书人才在市场上供不应求，这与高职院校秘书教育有着直接的关系。传统教育观念强调理论化、学科系统性，忽略了对学生秘书职业化的训练和培养，这使得文秘专业的学生毕业后与企业秘书工作岗位之间无法实现零对接。

　　近些年来，高职教育受到了就业压力的挑战，面对挑战唯一的选择就是针对社会人才需求进行教学改革。广东省历来是改革的先行者，广东高职院校文秘专业的老师们经过多年教育探索和数次学术会议研讨，勇于进行文秘专业教育教学的改革，逐步形成了培养现代企业秘书的理念，制订了培养现代企业秘书的方案，明确了培养现代企业秘书的教育模式。因此，我们将文秘专业教育教学改革的成果编撰成一整套系统的企业秘书教材，从教学内容和方法上革新秘书教育，使广东高职院校文秘专业能培养出适合广东经济区域企业需要的秘书人才。

　　根据我们对 2006 届至 2008 届连续三届高职院校文秘专业毕业生的追踪调查，95% 的高职院校文秘专业毕业生都是在企业（各类公司）就业，其中 60% 是在中小企业就业。从广东经济区域的企业秘书岗位分析，目前主要岗位是公司文员、秘书、助理、办公室职员、公关员、文书档案管理员等，已形成秘书岗位群。

　　通过到企业实地考察和对企业秘书岗位的调查问卷进行分析与归纳，我们将秘书岗位群的真实工作任务和职责整合为九个模块：一是办公室事务处理；二是会议组织与管理；三是文稿写作；四是网络办公；五是沟通与礼仪；六是信息处理；七是文档管理；八是书法速记；九是办公设备操作与管理。

上述九个模块与企业秘书岗位群的工作任务和职责基本吻合。这为我们针对企业秘书人才需要展开教育教学提供了依据。但是，高职教育毕竟是高等教育的一部分，完全取消理论教育是错误的。我们以理论够用为度的原则在九个模块内容中体现科学性、逻辑性，按照项目导向、任务驱动的教学模式来组织九个模块的具体内容。通过对上述九个模块的内容整合，我们由此撰写了系统的企业秘书教材，分列如下：①企业秘书概论；②企业秘书实务；③企业应用写作；④企业秘书沟通；⑥企业商务礼仪；⑥网络秘书教程；⑦企业秘书实训；⑧企业文档管理；⑨企业秘书书法；⑩企业秘书速记；⑪企业办公设备操作与管理。

本套文秘专业教材具有鲜明的企业秘书特色。企业秘书与党政机关行政秘书差别极大，如果用一个生动的比喻来形容，它们就好像生物中的动物和植物一样，从性质上来说是大不同的。现在许多秘书专业教材都是以党政机关行政秘书作为研究主体，这与高职院校文秘专业教学大相径庭。高职文秘专业毕业生鲜有进入党政机关工作的，如果沿用这些理论组织教学将是张冠李戴。因此，本套教材以企业秘书作为研究主体，揭示企业秘书特点，探究企业秘书工作规律，注重培养学生形成企业秘书的能力和技能。

此外，本套教材突出了高职教育的特点，以项目导向、任务驱动的教学模式来组织教学内容，以培养能力为主要目标，可操作性强。理论部分精选经典案例作为突破点，提出问题和任务并要求解决。实务部分以真实秘书工作任务来设计教学项目，确定能力训练目标，实施程序教学步骤，边学边做，并及时进行操作训练测评和反馈。同时，教材配有训练示范和可供参考的知识点，本套教材的知识点与2007年原劳动和社会保障部制定的秘书职业标准中的知识点基本吻合。为了方便学生考证和教师组织教学，本套教材从教学角度出发，充分考虑了怎样方便教师使用教材。如课件制作、练习及答案、案例及案例分析参考、知识链接、结构图表等，都比较详尽、准确，便于在教学过程中使用。

本套教材还集中体现广东经济区域企业秘书的特点。广东民营企业极为发达（据统计，截至2008年7月广东民营企业已达到71万户），三资企业居多，现代企业制度（公司制）发展比较成熟，企业中秘书岗位的任务和职责相对稳定和规范。改革开放以来，我们积累了大量经验，也有许多新的研究成果。本套教材广泛吸收这些经验和成果，并更多地吸收了广东地区的新观点和新材料。例如，《企业应用写作》以企业工作任务来组织文体写作的项目和专章介绍港澳台通用商务文书；《企业商务礼仪》分析、揭示了中外文化差异；《企业秘书概论》包含对企业文员、经理秘书、总经理秘书、董事会秘书的层级差异分析等内容，反映了广东经济区域外向型的经济特点（经济一体化）和港资、台资、中外合资、民营企业的经营特点。这些内容引进教材使广东高职文秘专业毕业生能更好地适应现代公司经营环境，成为符合企业要求的秘书人才。

编撰企业秘书系列教材的构想是在全国高教学会秘书学专业委员会 2007 年广州年会上由蔡超（广东女子职业技术学院）提出的，并策划了初步方案。2008 年 4 月，在暨南大学出版社广东高职文秘教材研讨会上形成了编撰方案。此后，经过文秘教育同仁的多次探讨，最终形成了针对现代企业的高职文秘系列教材方案。参与编撰本套企业秘书系列教材的院校有广东女子职业技术学院、广东科学技术职业学院、广东轻工职业技术学院、广东工程职业技术学院、番禺职业技术学院、深圳职业技术学院、广东青年干部学院、阳江职业技术学院、广东河源职业技术学院、深圳信息职业技术学院、广东工贸职业技术学院、广东财贸职业技术学院、广东财经职业学院、广东水利电力职业技术学院、广东科贸职业技术学院、广东交通职业技术学院、广州城市职业学院、韩山师范学院、重庆城市管理职业学院。

本套教材汇集了广东高职文秘专业教师同仁的辛勤努力和心血，作为系统的企业秘书教材也属全国首创。我们就像第一个吃螃蟹的人，在尝试中不断地探索。虽然不遗余力、锐意创新，但难免会有不足或疏漏之处，恳请学术同仁和广大读者批评赐教。

此外，我们特别感谢暨南大学出版社对编撰和出版这套教材给予的大力支持。

蔡　超

2008 年 7 月于广州

第二版前言

《企业文档管理》自2010年8月推出第一版后，三年已悄然而过。三年来，中国高职教育的发展突飞猛进、日新月异，无论是在办学理念方面，还是在实践探索方面，都取得了长足的进步，这一切都为《企业文档管理》的修订与完善创造了良好的条件。

本次修订，依然遵循知识性、实用性和可操作性于一体的写作原则，在整体框架未变的基础上，主要作了以下的增删与调整：

第一，在知识介绍方面，与时俱进，参照最新颁布的《党政机关公文处理工作条例》进行修订，主要体现在第二章2.5《国家标准公文格式自动排版系统》，改写了相关知识点；附录1《国家行政机关公文处理办法》被《党政机关公文处理工作条例》所替换。

第二，在内容安排方面，第2章《企业现行文书及其形成》2.2.1中的《文书的载体》调整到第1章《企业文书与档案管理》1.1.2《企业档案的由来及含义》中。第4章与第9章，在时间方面作了一些调整。第10章《企业文档管理软件的应用》，因企业文档管理软件升级很快，在体现新软件的应用方面，作了内容的更新。

第三，在选择案例时，对部分案例的内容进行了调整和改写，以期使之更适应时代的需要，便于读者接受。

第四，补充了与教材配套使用的电子教案。

第五，本教材初版后的使用情况说明。三年来，先后有众多的院校选用本教材，大批学生与读者受惠于本教材。同时，许多企业文秘部门、档案管理部门的从业人员也把本教材作为自学的参考用书或工具书。

鉴于教材编写是一项非常严肃的工作，此次修订虽已努力，但囿于学识水平，不周之处在所难免，诚请同行与读者朋友们不吝赐教。

本次修订工作，由初版主编崔淑琴及李艇承担，修订过程中吸收、借鉴了专家及同行们的宝贵经验和成果，得到了暨南大学出版社潘雅琴副编审的悉心指导，在此谨致诚挚的谢意。

崔淑琴

2014 年 5 月 1 日于广州

前　言

　　档案作为一种信息资源，作为企业生产、技术、科研和经营等活动的真实记录和一项基础性工作，同时作为与企业同步发展的无形资产，在企业管理等方面发挥着重要的作用。规范化、科学化的档案管理，是企业必须做好的一项基础性工作。在企业发展的同时，档案工作不应被削弱，建立一套适应企业业务特点、体现企业规范化和科学管理水平的档案体系，使档案工作的发展不落后于企业的发展速度，将为企业各项综合业务的开展创造必要条件，对规避和抵御各种风险也将起到一定的作用。

　　传统的企业文档管理模式以保存在工作中产生的原始信息记录为主要内容，以实现归档信息在必要时刻的历史查考与法律凭证作用为工作目的。这种模式在以手工管理的时代不仅十分重要，而且十分可行。然而，随着自动化管理工具的成熟和普遍使用，企业对其所需信息的控制，已经从库房管理模式转向资源管理模式，信息管理的要求和具体实施已经渗透到企业活动的方方面面。

　　由于大部分企业在其自身的信息自动化建设中采取的是由局部到整体的工作线路，普遍缺乏总体规划，所以容易导致各个管理系统之间标准不一、接口不顺、连动不灵、传递不畅；同时，不少企业在开展信息自动化建设过程中，过分依赖自动化管理的技术系统，缺乏对数据质量与系统功能之间辩证关系的正确理解，导致自动化管理体系与手工管理并行，甚至出现相互掣肘的尴尬局面。上述情形常常使企业的计划、决策、指挥、生产、经营等工作处于各自为政、互不沟通的状态，很容易导致管理混乱、重复投入、成本增加等问题。

　　本书以规范的企业文档管理为基础，通过有效的数据清理、信息管理规范建设、信息流动渠道的设计与关键环节的确定等具体工作，借助于企业信息自动化管理平台，实现企业的信息产生、信息处理、信息传递、信息留存和信息使用的自动化监控功能，提高信息利用的效率，将企业信息管理的事后模式改造为企业信息资源培植与管理的即时模式，充分实现企业信息在企业活动中应有的支持作用。

　　本书由崔淑琴、李艇担任主编，并由崔淑琴负责全书总纂定稿；由吴广平、蔡超、林苏担任副主编。各章的编写分工如下：崔淑琴（广东工程职业技术学院），第 1 章；戴璐（广东工程职业技术学院），第 2 章；郑宇华（广东工程职业技术学院），第 3 章；吴广平（珠海市档案局，广东科学技术职业学院），第 4 章、第 9 章；曾文（广东工程职业技术学院），第 5 章、附录；李艇（广东工程职业技术学院），第 6 章；黄伟（广东工程职业技术学院），第 7 章；何新（广东工程职业技术学院），第 8 章；蔡超（广东女子职业技术学院）、林苏（广东女子职业技术学院），第 10 章。编写人员中不仅有来自众多高职院校教学第一线的资深教师，也有来自档案局、档案室的文档管理专业人员，还有来自知名企业的特邀编委，如珠岛宾馆的李荣亮总经理，万方集团的曾宪方董事长、李朝辉行政总经理，广州市郎丰商贸有限公司的代雁飞副总经理，广州军区艺星大厦的吴捷副总经理等，他们都对本书的编写提出了非常中肯的建议，他们的加盟无疑是本书的一大特色和亮点。

本书既可作为高等院校文秘专业基本教材，也可作为大中专院校、职业高中文秘专业教材，还可作为文秘部门、档案部门特别是企业在职人员短期培训和自学的参考用书。

本书在编写过程中，得到了暨南大学出版社副编审潘雅琴老师的精心指导和热情帮助，在此表示衷心感谢！

本书在编写过程中，遵循国家的有关法律、法规精神，参阅并借鉴了有关文件、档案学的著作、教材、文章和网站资料，广泛吸收了学术界的一些最新研究成果，这些均以参考文献的形式列出，根据需要，本书编写人员对一些引用文献的内容进行了适当的修改。由于篇幅关系，本书只在书末统一标明参考文献，未能在书中一一注明出处，在此谨向这些作者和版权所有者深表感谢！由于水平有限，加之编写时间较仓促，书中缺点与错误在所难免，敬请专家与读者批评指正。

崔淑琴

2010 年 5 月 11 日于广州

目　录

1　企业文书与档案管理

【本章要点】

- 了解企业文书的由来及其发展，明确企业文书工作的性质和作用，掌握企业文书工作的基本原则。
- 了解企业档案的由来及其发展，明确企业档案管理的性质和作用，掌握企业档案管理的基本原则。
- 掌握企业文书与档案、文书工作与档案管理的含义及相互关系。
- 熟悉企业文书与档案管理的组织结构。
- 明确企业档案管理人员的基本素质与技能要求。

　　企业文书与档案真实地反映了企业动作与发展的轨迹，学习企业文档管理的基本理论，有助于我们科学地认识和管理企业文书与档案，使之更好地为现代企业的各项工作服务。

【案例导入】

案例 1

档案提供的历史凭证保证了诉讼的公平

　　2013 年年初，××矿业集团收到××公司对其的诉讼，诉讼称 2003 年矿务局曾与其签订无缝钢管、线材等 11 份工矿产品购销合同，价款 282.8 万元，公司已发货，但到提起诉讼时仍未收到货款，加算滞纳金后总欠款达 520 万元。由于时间久远，原矿务局人员变动较大，具体工作人员无法回忆起签订合同时的情况及实际履行情况。为了查清本案事实，该矿业集团法律顾问先后 4 次到集团档案馆查找 2003 年至 2012 年年底的相关材料，终于找到了当年矿务局收货后通过银行给付该公司货款的票据。庭审时，法官逐一核对了复印件和原始凭证，认定其真实有效。最终，法院判定该矿业集团胜诉。

案例 2

一份工商档案，洗清不白之冤

2012 年 1 月 24 日，由张某出资 10 万元，吴某出资 40 万元，共同申请注册组建了郑州××食品有限公司（私营企业）。吴某任公司法人代表。2012 年 7 月 28 日，张某退出该公司，由吴某兄弟继续承办该公司。吴某兄弟于 2012 年 8 月与他人签订了一份价值 14 万元的订货合同。骗得 14 万元货款后，吴某兄弟逃离了公司。对此，受骗者起诉至法院，法院认定由张某负责偿还 14 万元货款。张某不服，但一时找不到他们签订合同前自己已经退出该公司的证据。在既愤怒又无可奈何之时，经人提醒，张某和爱人来到市工商局综合档案室。张某的爱人在档案中查到了张某退出该公司时的变更材料，解决了张某的问题。

【问题讨论】
分析以上案例，总结企业档案的重要作用有哪些？

1.1　企业文书与档案概述

1.1.1　企业文书的由来及含义

为了满足生产和生活的需要，在长期的生产和社会实践中，我们的祖先创造了文字。有了文字，作为书面语言形式的文字材料便产生了，这便是最早的文书。在当今社会里，人与人之间、组织与组织之间、组织与个人之间都要产生这样或那样的联系，而作为管理社会的国家机构更要处理各种纷繁复杂的关系。这种作为个人、组织、国家在社会实践活动中，从一定的实用目的出发，逐渐形成的具有相对规范格式，用以处理各种事务、沟通各种关系的文字材料统称为文书。

因此，文书的定义可以表述为：文书是国家机关、团体、企事业单位和个人组织在社会实践活动中，为了一定的目的而形成的具有一定格式的，用以处理各种事务、沟通各种关系而形成的所有文字材料的总称。

企业文书是企业在日常生产、技术、经营等管理过程中所形成并使用的具有特定内容和惯用格式的一种应用文体。它是各类企业进行生产、技术经营等管理活动的重要工具，起着推动企业管理活动的正常运行、提高企业的生产和经营效率、增强企业的信誉度和美誉度的重要作用。

1.1.2 企业档案的由来及含义

档案是社会组织和个人在社会活动中直接形成的，作为原始记录保存起来的对日后工作有一定查考利用价值的文字、图表、照片、声像，以及其他方式和载体的记录材料。这一定义揭示了档案的本质。

档案的历史可谓源远流长。经考证，我国现存最古老的档案——甲骨档案，出现在公元前14世纪前后的殷商时期，至今已存在三千余年。千百年来，随着生产力的发展和技术的进步，档案的载体由早期的龟甲兽骨、青铜、竹简木牍、石料、缣帛等材料发展为纸张（如图1-1，图1-2，图1-3，图1-4所示），近现代以后又出现了以胶片、磁带、计算机磁盘、光盘为载体的新型档案。与此同时，档案的来源不断扩大，从以官方机构为主，发展到各类厂矿单位、公司、商店、学校、医院，甚至个人都有档案。档案的内容从主要记载国家事务，逐渐扩展到记载各种社会生活和自然现象，成为一种宝贵的信息资源。

图1-1　以青铜器为载体的金文文书
（来自美术家网站）

图1-2　简牍（来自百度空间）

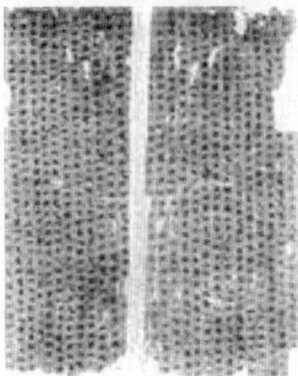

图1-3　帛书（来自百度图片，
马王堆帛书《老子》）

图1-4　石刻文书（来自百度图片，
汉代武氏祠石刻）

企业档案作为一种信息资源，是一个企业发展过程的真实记录，也是企业生产经营、技术管理及科研活动持续发展的重要依据。它在企业的深化改革、发展经济、推动科技进步、提高劳动者素质、保持企业稳定等方面都起着举足轻重的作用。

规范化、科学化的档案管理是企业必须做好的一项基础性工作。在企业发展的同时档案工作不应被削弱，建立一套适应本企业业务特点、体现企业规范化和科学化管理水平的档案体系，使档案管理工作的发展不落后于企业的发展速度，并为企业各项综合业务、研究工作的开展创造必要条件，对规避和抵御各种风险起到一定的作用。

企业档案是企业科学管理的基础之一。要管好、用好企业档案，必须了解企业档案的定义，以及企业档案的范畴。

企业档案的定义可以表述为：企业档案是直接记述和反映企业活动，保存备查的各种企业文件材料的总称。

对于上述定义，可作如下理解：

（1）企业档案是企业活动整体的反映和记录。企业档案是企业有机活动整体的综合反映，是企业各种档案的总和，而不是专指企业某种职能活动所产生的档案，如党群档案、行政档案，以及生产经营和技术管理工作档案、科技工作档案等。企业档案是企业各种因素相互作用的产物，是企业各项职能活动共同作用的结果，是内容联系紧密的文件材料的有机整体。它能综合反映和说明企业的基本面貌和全部活动，是各种内容和载体档案的总和。

（2）企业档案是直接记录企业活动的信息材料。在企业的生产经营活动中，存在着具有不同运动规律、作用方式和载体形态的多种信息材料，包括图书、资料和档案等，它们共同构成企业生存和发展的信息条件。但是，企业档案与企业中的图书或资料等相比，其主要的功用是直接记述和反映企业各项活动的工作过程和成果，它是反映和记录企业实践活动的第一手材料，这是其他信息材料所不具有的基本特性。

（3）企业档案是由企业活动中形成的企业文件材料有条件地转化而来的。企业档案的定义是以"保存备查"来概括企业文件材料转化为档案的条件。这是因为企业活动中产生的各种文件材料，其最初的效用是现实效用，并非所有的企业文件材料都具有长远参考利用的价值，都有转化为企业档案保存起来的必要。企业档案是为企业自身的发展服务的，是为国家、社会的经济和文化发展服务的，只有那些对今后的工作具有查考利用价值的文件材料才有必要转化为档案。

1.1.3 企业档案的构成

企业档案的构成，是指企业档案整体所包括的档案门类及其内容组合。主要由三个部分构成：

1. 党、政、群工作的档案

企业的党、政、群工作，是企业工作的基本内容之一。虽然这些工作的任务、内容各有不同，但从总体上说，它们共同构成企业的工作保证体系，引导着企业沿着正确的方向发展，保证与监督党和国家的方针、政策在企业中正确地贯彻实施，维护企业职工的利益，推动企业向前发展，服务于生产、经营管理的活动。在这些活动中产生的党、政、群工作的档案，是企业档案的基本组成部分。

具体包括党务、组织、宣传、纪检、工会、共青团、协会、行政事务、公安保卫、法纪监察、审计、人事、干部职工、教育培训、医疗卫生、后勤福利和外事工作的档案等。

2. 生产经营和技术管理工作的档案

生产经营和技术管理工作，是对企业的生产、经营和技术活动进行计划、组织和控制的工作，是企业工作的基本内容之一。生产经营和技术管理工作中产生的档案，是企业档案的重要组成部分。

具体包括经营决策、计划、统计、财务管理、物资管理、产品销售、企业管理、生产调度、质量管理、劳动管理、能源管理、安全管理、科技管理、环境保护、计量、标准化、档案和信息管理、会计档案等。

3. 科技工作的档案

科技工作是企业的重要工作内容之一，它包括对产品的开发制造，科研项目的研究试验，基建工程的勘察、设计、施工和竣工验收，设施仪器的购置、安装、操作和检修等。

这些工作所产生的档案具体包括产品、基建、科研和设备仪器档案等。

1.1.4 企业文书与档案的特性

文书与档案作为企业在各项活动中形成的直接记录，两者既有区别又有联系。下面对两者的特性进行具体分析。

1. 企业文书的特性

（1）形成的职能性。一般而言，文书是企业在管理、技术开发及产品生产过程中以职能为基础按部门、专业特性形成的，企业各个部门都是在特定的职责范围内形成相应内容的文书。

（2）内容的变化性。文书的形成是一个动态的过程。在文书的编制与使用中，其内容是不断完善的，特别是涉及产品设计与开发的文件，在产品定型前处于频繁的变化中，甚至在产品定型后也会因需要通过规定的程序和手续而进行修改。

（3）效用的执行性。文书作为工作成果的表现形式和指导工作的依据，要求认真地贯彻执行。现代企业的科学管理要求一切工作程序化、一切程序文件化。目前，许多企业进行的 ISO9000 国际质量标准认证活动对此提出了严格的要求。

2. 企业档案的特性

档案对文书而言具有承继关系，且处于文书生命周期的不同运动阶段，所以作为同一内容的文书和档案，两者具有相同的特点，即形成的职能性和科技内容的变化性。但由于两者处于不同的运动阶段，因此，档案又有自身的特性：

（1）效用的凭证性。档案是由完成了执行效用的有保存价值的文书转化而来的，所以档案是真实记载企业各种活动历史的唯一合法凭证。随着现代企业制度的建立，企业法人和职工的资产意识和法律观念不断增强，档案的凭证性也将被人们所认识和重视。

（2）载体的固态性。随着计算机及网络技术的发展，文书的载体类型已从直观可视的纸质材料拓展到非直观可视的磁带、磁盘、光盘等材质，档案的凭证性决定了它在载体上更要求具有记录性和再现性。

由于企业的现状是企业历史的延续，而企业的现状又将成为企业未来的历史，因此，企业目前和未来的经营管理、技术开发及产品生产都离不开对企业原有和现有的人、财、物、产、供、销等各种管理和生产技术条件的准确掌握，而所有这些信息都凝结在企业文书与档案中。文书是企业进行经营管理、技术开发及产品生产的执行依据和工具，其完成执行效用后，有保存价值的部分转化为档案，在企业管理和生产技术活动中发挥凭证作用和参考作用，从而使档案中有价值的内容又融入新的文书之中。可见，文书与档案在企业经营管理、技术开发及产品生产活动中是互相补充、共同发挥作用的。

1.1.5　企业档案的作用

企业档案的作用与机关、事业单位档案的作用一样，都是指档案对人们的社会实践活动所产生的积极影响。企业档案的作用有：

1. 凭证作用

原始记录性是档案具有可靠凭证作用的原因所在。在经营、管理或维护权益的活动中，档案是企业单位不可或缺的凭证。

案例3

档案解决土地产权纠纷

××省的电影发行公司与该省的××大学因一建设工程发生了土地产权争议。××大学提出该工程所占土地归其所有，电影发行公司如果在此进行施工建设，应给付土地占用费。为澄清事实，该省的电影发行公司前往城建档案馆查阅土地档案资料。相关的档案证明土地的产权属于电影发行公司。这一土地产权争议由此得到妥善解决。

档案之所以具有凭证作用，是由档案的形成过程和形式特征所决定的。首先，档案从原始文件转化而来的形成过程，表明其内容是当时当事人活动的真实记录，而非事后编写或制作的材料。其次，从档案的形式特征来看，在形成和处理过程中，出于需要会在原始文件上留下一些标记，如企业、公司或个人的印信，领导的亲笔批示或签署，当事人的手稿或署名，现场的照片、录音、录像，电子文件的元数据等。当文件转化为档案之后，这些标记必然保留于档案载体之上，可以确凿地见证历史事实。

2. 参考作用

企业档案不仅记录了历史过程和事实，而且记录了人们从事各种活动的意图、成果、数据、成败得失等。它可以为人们查考以往情况、总结经验教训、研究事物发展规律、从事发明创造、进行宣传教育等提供广泛而可靠的参考。

3. 档案在企业经济转型中的重要作用

目前，企业正面临着进一步深化改革，经济发展方式也在向集约型、知识型、创新型经济转变。企业档案管理必须进一步强化服务意识，坚持与时俱进，勇于探索和尝试新的档案管理方式，才能适应新形势的需要，充分发挥档案在企业生产经营及各项工作中的重要作用。

（1）利用综合档案信息，为企业的经济转型决策提供重要依据。随着现代化建设的发展，企业的经济决策已由领导者的经验决策转变为科学决策。科学决策不是灵机一动就可以决定的，而是在掌握大量信息的基础上，经过系统的分析、思考、判断后作出的。尤其是在企业面临经济转型的关键时刻，如何顺利完成经济发展方式的转变、开拓新的经济增长点，怎样深入地开展技术研究和科学管理、建立健全现代企业的各项规章制度等，已成为当前企业必须解决的问题。作为真实地记载和反映企业的生产经营、行政管理、组织机构、生产技术情况，以及产品生产、科学技术等多项重要内容的企业档案，在企业转型决策各环节的地位和作用是举足轻重的。这些丰富的信息资源，是企业领导者在经济转型过程中进行决策的重要基础。

（2）利用工程档案，为企业转型中的生产经营服务。工程档案是指从工程项目提出、立项、审批，到勘察设计、生产准备、施工、监理、验收等工程建设及工程管理过程中形成并应归档保存的各种信息资料，它是工程勘察设计单位档案的主体，是企业十分宝贵的技术财富。工程档案在企业向科技型、节约型和创新型转变的过程中，起着关键性的作用。因此，在企业进行转型时的生产经营活动中，要充分发挥工程档案在项目选择、可行性研究论证、招投标及工程设计中的作用，进一步增强企业的竞争能力，提高企业的技术质量和经济效益。

与图书、报刊、资料相比，档案的参考价值具有独特的优势：一是原始性和可靠性。二是内容的广泛性。档案源于企业各个历史阶段和社会实践活动的各个方面，内容涉及面极为广泛，是丰富的智力资源。三是档案的参考价值是工作活动顺利进行的重要保证。在工作中合理科学地利用档案，可以取得节约时间和资金、提高效益的良好效果。

1.2　企业文书工作与档案管理

1.2.1　企业文书工作

1. 企业文书工作的内容

在现代企业中，文书工作是档案管理的基础性、准备性工作，它们既相互区别又紧密联系，两者具有一定的连续性和一致性。

企业文书工作是遵循企业活动的客观规律的一项工作。做好企业文书的形成、运转、积累、整理和归档工作，充分发挥文书在企业决策和管理中作用。它渗透于企业各项活动及管理工作之中，贯穿在企业文书从产生到归档的全过程中，主要包括以下几方面内容：

（1）企业文书的形成和运转。企业文书的形成，是指伴随企业各项活动的进行，遵循一定的程序、原则和方法，编制和拟定企业文书的工作。它是企业文书从无形到有形的产生过程，通常由企业各职能部门的工作人员根据自身开展工作的客观需要，在其所从事的各项活动的不同阶段逐步形成的。例如公务文书的拟办，表格文书的填制，科技文书的编写，技术图纸的绘制，音像文书的制作，机读文书的录入等。

企业文书在形成过程中，要根据企业活动的客观规律，按照一定的程序，在各职能部门之间进行传递和运转，以便进行有关责任人员的签署，文书的登记、审批、复制、更改、验收等工作，完善文书的产生过程。

（2）企业文书的积累。企业文书的积累，是指对企业文书的日常管理和集中保存，它贯穿于文书形成到归档前的全过程。这项工作通常由各职能部门的有关人员来完成，主要包括对新编制或收发文书的集中管理，对传递文书的登记与传递过程的管理，对需要更改的文书的更改程序和签署过程的控制与监督等。伴随企业活动的告一段落，及时将已经形成的企业文书集中起来，妥善保管，避免遗漏和丢失，为企业文书的系统整理奠定基础。

（3）企业文书的整理。企业文书的整理，是指将已经形成和积累的各类文书，按照一定的原则与方法加以鉴别，对认为确有必要归档保存的零散文书，即属于归档范围的文书进行集中、整理，并组成案卷。这项工作既是企业文书积累的继续，又是企业文书归档的前期准备。因此，企业文书的整理是文书工作的关键性环节。

（4）企业文书的归档。企业文书的归档，是指按照企业归档制度的要求，由企业职能部门在一定时间内，将已经办理完毕或告一段落的，具有保存价值的，经过系统管理并组成案卷的企业文书向档案部门办理移交的一项工作。这项工作是企业文书工作和档案工作的结点，也是档案工作的基础。

2. 企业文书工作的基本性质

纵观现代企业，其类型繁多，规模不同，企业文书的种类和数量也因企业而异，但是，企业文书工作的性质大体相同，主要表现在以下几个方面：

（1）企业文书工作是企业管理的基础性工作。企业文书是伴随企业活动而产生的，它真实地记载和反映了企业生产经营活动及其工作的全貌，蕴含了企业各种活动中的最新动态和数据信息。其中既包括企业领导层用于制定决策的企业内外环境信息，又包括企业管理层用于实施管理与控制的企业内部生产经营信息，还包括企业作业层开展各种生产经营的标准性、记录性信息。因此，企业文书工作实质上是一项为企业管理提供条件和保障的工作，它为整个企业服务，是企业制定决策、拓展经营、改善管理、实施操作所必不可少的基础性工作，是企业信息工作的有机组成部分。

（2）企业文书工作是企业质量体系的保证性工作。按照国际质量标准的规定，企业质量体系是为实施质量管理，保证产品、过程或服务质量满足规定的或潜在的要求，由组织机构、职责、程序、活动、能力和资源构成的有机整体。质量体系为实现其有效运行并满足质量目标的需要，必须具备足够的条件。质量体系文书是质量体系的软件部分，是企业质量体系的文字描述。质量体系的各个方面，包括组织机构、职责分工、人员培训、设备维护、技术规程、质量控制程序、质量体系审核等，都要形成文件，以作为人们活动的依据。企业文书工作要通过制定企业文书，实行管理的制度化，使企业各项活动都有法可依、有章可循。同时，企业文书工作要按照一定的要求、原则和方法，对已形成的质量体系文书进行系统整理和归档保管，使企业质量体系按照国际质量标准，进行质量体系认证的条件性和保证性工作。

（3）企业文书工作是企业档案管理的前期工作。企业文书和企业档案是同一事物在不同阶段的表现形态，文书是档案的前身形态，而档案是文书的归档转化形态。企业文书作为企业宝贵的信息资源，不仅有现实利用价值，而且对企业的生存、竞争与发展有着极大的参考借鉴价值和原始凭证依据作用。因此，对在企业活动中形成的有保存价值的文书，要按照规定进行系统整理和归档保管。

企业档案部门本身并不形成全部企业文书，企业档案的绝大部分来自各职能部门，各职能部门根据自身工作的需要，通过对企业文书的积累和整理，为归档工作奠定基础。

事实证明，企业文书工作不仅是做好企业档案管理的前提，也是提高企业档案管理质量的关键。只有将质量合格的企业文书归档，才能确保企业档案的质量。

1.2.2　企业文书工作与档案管理的关系

1. 处理完毕的文书才能成为档案

档案是从文书转化来的，档案与文书是同一事物的不同运动阶段。文书是企业开展各项工作的办事工具和沟通媒介，具有时效性；而档案的主要作用是查考。所以，只有当文书处理完毕以后，不再需要在企业的现行工作中运行，才可以作为档案保存。

在实际工作中，一些文件的办结与文书处理程序的完结可以同步，如《××机械设备公司关于开展青年职工技能大赛的通知》，这个技能大赛一结束，该通知的内容就办结了，其承办环节也结束了。而另一些文件，在完成了文书处理程序之后，其内容仍然处于生效状态，如法规类文件、契约类文件和政策性文件的内容往往在很长的时期内都有效。因此，文件可转化为档案的"结点"主要是指其完成了文书处理程序，而不是说文件完全丧失了现行效用。

2. 具有一定查考利用价值的文书才有必要作为档案保存

在企业现实工作活动中产生和使用的所有文书对人们今后的活动未必都有查考利用价值，其中一部分文书在结束工作任务后，自身的利用价值便随之完结，不需要继续保存，而另一部分文书则因为对企业今后的工作活动仍有查考利用价值而被人们作为档案保留下来。

因此，文书能否转化为档案需要人们通过鉴定来决定。文书的查考利用价值主要是指其在事实、证据、知识等方面对人们和社会的有用性。在文书向档案的转化中，查考利用价值是档案形成的关键因素和条件。只有具有查考利用价值的文书才有必要作为档案保存。

3. 经过立卷归档保存起来的文书才最后成为档案

文书是伴随着企业完成各项工作任务的过程逐渐生成的，它分散在各个承办部门或人员手中。文书的这种分散状态不符合档案管理与利用的要求。为此，人们将具有保存价值的文书集中起来，按照一定的规律对其进行系统化整理，并移交给档案部门，这就是立卷归档。经过立卷归档的文书才能转化为档案。

所以，档案虽然由文书转化而来，但是文书不能自动成为档案，其间必须经过有关人员开展鉴定和立卷归档工作，才能使具有保存价值的文书最终转化成为档案。可以说，归档既是文书向档案转化的程序和条件，又是文书转化为档案的一般标志和界限。

总之，企业文书与档案既有联系又有区别，具体表现为：文书是档案的前身，档案是文书的归宿；文书是档案的基础，档案是文书的精华；文书是档案的因素，档案是文书的组合。档案是由各种文书有条件转化而来的，这是档案形成的一般规律。

1.2.3 企业档案管理

企业档案管理即企业档案管理工作，它是指科学地管理档案，为企业各项事业服务的专门性工作。企业档案管理与一般档案管理一样，也有广义与狭义之分。广义的企业档案管理，是指企业档案工作的各个组成部分；狭义的企业档案管理是指企业档案业务工作，包括档案的收集、整理、鉴定、保管、检索、利用、统计和编研。这里指的是狭义的企业档案管理。

企业档案管理是一项管理性、服务性、政治性和文化性的工作，企业档案管理实行统一领导、分级管理的原则，以维护档案的完整与安全，便于社会各方的利用。

我国从中央到地方，设置了各种档案工作机构，有档案室、档案馆、档案行政管理机构及档案科研、教育、宣传出版机构，它们相互联系、彼此影响，构成了结构严密的全国档案工作组织体系，发挥着各自的职能和作用。

从全国的档案管理工作来讲，企业档案管理工作处在最活跃、最生动、最有亮点的前沿。20 世纪末以来，我国企业改革的不断深化，给企业档案管理工作带来了很大变化，主要表现在两个方面：

第一，大批中央企业的组建。20 世纪末以来，我国组建了一大批中央企业，许多企业由过去的主管部门管理，转变为直接由国家来管理。从档案管理工作来说，过去由很多部委管理的大企业，脱钩以后直接与国家档案局建立了联系，从而建立了自己的档案管理体系。中央企业基本上有五大类型：

（1）由部委直接转化而成的：石化、石油、国电、国防、十大集团（如航空、航天、兵器、船舶、核工业等）。

（2）与部委脱钩的：电子信息、电信、远洋、钢铁、汽车制造（如"一汽"、"东风"等）。

（3）与军队、武警、政法机构脱钩的：新兴集团、保利、远东贸易等。

（4）与部委脱钩的大型科研单位：钢铁研究总院、冶金自动化研究所、机械科学研究院（具有相当实力的国家级科研单位转为企业）等。

（5）打破行业垄断以后分离出来的：民航、电力、电信等。

总的来说，中央企业的档案管理工作基础较好、实力雄厚，而且档案管理工作水平提高也很快，没有因为企业的改革或中央企业的组建而受到影响，反而通过强强联合，使档案管理工作上升到一个新的台阶。

第二，伴随着我国加入世界贸易组织，众多中小型企业的档案管理工作也面临着要适应新形势、新情况，急需改进和调整变化的问题。

（1）加入世界贸易组织以后，企业要更加全面、深入地参与国际竞争，这就需要比以往更多的信息。档案管理工作的价值在企业发展过程中显得越来越重要。因为一个科学的决策取决于信息的量和正确性，档案是企业信息整体的一个非常重要的组成部分，企业对档案的需求比过去更迫切了。

（2）随着现代企业制度的建立，要求企业档案管理工作更加科学、规范。现代企业制度是一个科学的管理制度，企业档案管理工作属于现代企业制度基础管理的一项内容，档案管理工作要适应现代企业制度的要求。很多企业特别是外向型的企业还要注意本企业的档案管理工作应与国际惯例接轨，随着企业面向世界、面向国际竞争的发展，把档案管理工作提高到一个新层次。

（3）企业活动的范围逐步扩展，企业产生的档案种类和数量激增，应该优化企业文书的收集范围。随着我国加入世界贸易组织，企业在国内外的活动范围逐渐扩大。过去企业很少在境外设立机构和企业，现在大多数企业都有涉外机构；从企业自身的改革来看，过去企业只管生产，销售由国家来调控，现在企业以营销为导向来带动生产。随着企业活动范围的扩大和内容的变化，档案形成的种类和数量也越来越多。因此，如何优化企业文书的收集范围，使档案的质量和数量都能适应企业要求，这是企业档案管理工作的重要内容。

（4）企业的法律事务增多，档案的凭证依据作用越来越明显。随着企业法律事务逐渐增多，档案的凭证作用也越来越突出，档案的这一特性是其他文书所不可替代的，因此要注意发挥档案的依据和凭证作用。企业在法律诉讼过程中，很多时候是档案起了至关重要的作用，产生了可观的效益。

（5）市场竞争越来越激烈，要注意保护企业的知识产权档案（包括商业秘密档案），并发挥其作用。一方面，要注意档案的利用和开发；另一方面，属于企业商业秘密的档案必须保管好。过去国有企业对知识产权档案和商业秘密档案不够重视，随着市场经济的建立，竞争越来越激烈，企业对知识产权和商业秘密的保护越来越重要。

（6）档案行政管理部门要加强对企业中"对国家和社会有保存价值的档案"的监管，这符合《中华人民共和国档案法》的规定。企业进入市场以后，怎样对企业特别是中央企业中"对国家和社会有保存价值的档案"加强管理，确实是企业各级档案部门必须注意的问题。

（7）伴随着更多的企业走出国门，企业档案部门要采取措施，加强驻外企业的档案管理。国内的母公司对国外的子公司或分设机构的档案要进行科学有效的管理。有的企业就是因为没有保管好档案，致使企业遭受了严重的损失。

（8）随着企业信息化建设的加速，对企业电子文书的管理提出了新要求。企业要实现跨越式发展，从企业内部管理来讲，实行信息化管理有助于消除腐败、提高效率和增强企业的透明度；从企业增强自身竞争能力来讲，必须实行信息化管理。国外企业来考察与国内企业合作的条件时，首先会把企业的信息现代化建设作为考察的一项重要内容。企业是否建有网站，是否具有各种适合的软件，能否进行远程合作等，都是竞争的因素。

企业改革的不断推进与深入，给企业档案管理工作带来了许多新的变化，也对档案管理工作提出了挑战，要摆脱过去那种行政机关式的管理，真正走向企业档案管理，要随着企业改革的深化，不断提高档案管理工作的水平。

1.2.4　企业档案管理的基本任务

企业在从事各项活动中，形成并积累了大量的企业档案。企业档案不仅是企业所有的信息资源，也是国家档案财富的重要组成部分。企业必须根据实际工作的需要，按照《中华人民共和国档案法》和其他有关法规的规定，建立健全企业档案管理制度。

企业档案管理工作的基本任务是按照一定的原则和要求，科学地管理企业档案，积极地开发企业档案信息资源，及时、准确地提供企业档案为企业的现实工作服务，为企业的长远发展服务，为党和国家的各项工作服务。

1.2.5　企业档案管理的工作内容

企业档案管理的工作内容主要由两部分组成，一是企业档案行政管理工作内容，二是企业档案业务建设工作内容。

企业档案行政管理工作内容，一般是指对企业档案工作进行统筹规划、组织协调、统一制度、监督和指导等。国家和地方各级档案行政部门，行业主管机关和企业本身，都负有开展企业档案行政管理工作的责任，即依据国家的法律、法规和政策，研究、制定企业档案工作的方针、政策、行政法规性文件、规章制度、工作计划和规划，并组织实施，以及进行监督和指导等。

企业档案业务建设工作内容，一般是指对企业文书形成、积累、整理和归档的管理、监督和指导，企业档案的收集、整理、保管、统计、鉴定和企业档案信息资源的开发利用等工作。这些属于基础性工作内容。

企业档案的收集，是指将那些具有保存和利用价值的企业档案，按照制度予以接收或征集，实现安全和科学的管理。

企业档案的整理，包括企业文书的组卷和归档后案卷的分类、排列和编目等，是实现企业档案有序管理的基本措施。

企业档案的保管，是指设置安全的库房和设施，采取妥善的措施，保护企业档案的完整，保证企业档案的安全，延长企业档案的保管寿命。

企业档案的鉴定，是指有组织地进行企业档案价值的鉴定，确定其保存年限，对失去保存价值的档案进行剔除、销毁。

企业档案的统计，是指对企业档案和企业档案工作的各种数据进行统计和分析，如实反映企业档案及其各项管理的状况，为实现企业档案工作的目的服务。

企业档案信息资源的开发利用，是指大力开发企业档案中各种有用的信息，为企业生产经营及各项管理工作提供有效的服务。

下面重点阐述工业企业活动与文书、档案的形成。

现代工业企业的主要活动，按其任务可以分为管理、技术开发及生产等活动。管理活动是指企业各层管理者面向市场和企业内部技术开发、生产活动所进行的宏观经营管理，技术、生产管理工作，以及行政、组织保障性等工作；技术开发活动是指根据市场需求和现有技术条件所进行的技术创新、技术改造等工作；生产活动是指各生产单位（车间）或各道工序上的技术人员和工人借助设备按照规定程序要求，从事原材料加工、处理，并制成产品的工作。

在企业的管理、技术开发及生产活动中，都离不开文书与档案。企业管理活动是以企业外部国际与国内的指导性和参考性文件，以及企业内部的文件与档案为依据，进行宏观的经营管理和微观的技术、生产、行政及组织管理等；而企业技术开发和生产活动则是以企业外部的技术、市场调研文件和企业内部的管理与科技文件为依据，进行技术改造、新产品开发及产品生产。可见，企业活动与企业文书、档案的形成密不可分。就整体动态而言，由企业内部文书、档案和外部文书构成的信息流与围绕产品而形成的物质流是相互依存、融合并交替变化的，从而使企业得到成长和壮大；而就某一项具体的产品生产及其管理活动而言，物质流是单向的，信息流是双向的，企业文书、档案在企业管理和科技活动中不断补充、积累和丰富，成为企业创造财富的宝贵资源。

1.2.6　企业档案管理工作的基本原则

（1）遵守《中华人民共和国档案法》，并贯彻执行上级有关法律、法规和方针政策，依法管理本企业档案。

（2）建立企业档案管理组织机构（部门），成立企业档案管理网络，明确企业档案管理领导职责，配备合格的专职或兼职档案人员，提高职工档案意识，确保档案完整、准确和安全。

（3）建立企业档案管理制度，即制定企业文书归档和档案保管、利用、鉴定、统计、销毁、移交等有关规章制度。建立文书归档责任追究制度，企业文书归档工作应纳入企业各项工作计划，纳入企业领导工作议程，纳入有关人员岗位责任制。

（4）企业档案工作接受档案行政管理部门的监督和指导。企业档案部门负责本企业及所属单位文书归档工作的指导、监督和检查；指导本企业各部门文书的形成、积累、整理和归档工作。

（5）企业档案必须实行集中统一管理原则，企业档案集中统一由企业综合档案室或企业档案馆进行管理。明确文书的归档范围、时间和要求，归档的文书应保证齐全、完整、准确和系统。文书书写和载体材料应能耐久保存，文书整理符合规范。归档的电子文件，应有相应的纸质文件一并归档保存。

（6）企业档案现代化应与企业信息化建设同步发展，不断利用现代化管理设备和技术手段，进行档案管理工作，提高档案管理水平，适应企业发展的需要。

（7）做好企业档案信息资源的开发利用工作，为企业的生产、经营、管理及今后的发展提供及时、有效和优质的档案服务，为政府有关部门、司法部门依法执行公务及为上级主管部门提供真实、准确的档案信息资源。

（8）若企业体制改革，国有企业资产与产权发生变动，应按照《国有企业资产与产权变动档案处置办法》做好档案的处置工作，保证企业档案的完整和延续。

1.3　企业文书与档案管理的工作机构

1.3.1　企业文书工作机构

企业文书工作是企业日常工作的一个重要组成部分，是直接为企业领导工作、业务工作服务的，是企业行政部门行使职权、沟通信息、处理问题和办理事务的一项重要工作。因此，各企业一般都会设置文书工作机构。

根据任务的轻重、工作量的多少，企业文书工作机构的设置一般有两种情况：

第一，对较大的企业来说，由于文书处理工作比较繁重，可设立专门的文书部门，归企业办公室领导。同时采取分散的形式，一些文书处理工作由各业务部门办理，到年终将整理好的文件送回文书部门进行归档。

第二，对较小的企业来说，由于职能范围较小，内部机构单纯，文书处理工作任务比较少，则没有必要设置专门的文书工作部门，可采取集中的形式，一般是在企业办公室设立1~2名专职或兼职的文书工作人员。这样，既节省了人力、物力，又便于简化手续、提高效率。

1.3.2　企业档案管理机构

全国的档案工作，由各级档案行政管理机关统一、分级负责地进行监督和指导。这些保管和管理档案的机构，在全国形成了一个严密、完整的组织体系。

按照《中华人民共和国档案法》等法律、法规的规定，根据统一领导、分级管理的原则，对国家全部档案和全国档案工作，必须设置全国规模的档案机构进行管理。企业档案是国家档案的一个重要组成部分，企业档案应由企业内设档案室（处、科）集中管理；各企业形成的需要长远保存的档案和历史上形成的档案，则应由各级档案馆统一保管。建立和完善企业档案工作的组织体系，可以更好地为全社会服务。

企业档案管理机构主要有以下三种：

1. 档案馆

大型企业和某些建立时间较长的中型企业，根据实际需要，经企业领导批准后，在内部设立档案馆，如北京的首都钢铁公司档案馆、南京的扬子石化公司档案馆等。企业档案馆需要向同级档案行政管理部门备案。

企业档案馆与企业的档案室不同，企业档案馆是面向社会的开放型的组织机构，是提供档案信息为社会服务的中心，是科学文化事业的重要组成部分。

档案馆的主要任务是收集企业需要长远保管的档案和有关资料，加以科学的整理、编目、保管和研究，并采取多种方式为社会各阶层提供利用服务。

2. 档案室

档案室是各类企业统一保存和管理本企业档案的内部组织机构。它属于管理研究和咨询性质的专业机构，也是具有机要性质的部门。

档案室的主要作用有：一是为企业领导和各部门的工作提供可参考利用的档案资料，为企业生产活动服务；二是档案室的工作是整个档案工作的基础。它是国家档案不断补充的源泉，是先期保管档案的过渡性机构，为企业档案工作创造了前期的条件。

档案室的主要任务是对本企业各部门文书的归档工作进行指导和监督；接收和保管本企业各单位交来的档案材料，积极开展利用工作，为本企业各项工作服务；定期把具有长远保存价值的档案向档案馆移交。

档案室的类型主要有：

（1）普通档案室。负责管理本企业党、政、工、团、妇等组织形成的全部档案，这是数量最多、最普遍的档案室。

（2）科技档案室。负责管理本企业形成的全部科技档案，企业一般均设有此种科技档案室。

（3）声像档案室。负责管理本企业的影视胶片、录音录像带、照片、唱片、幻灯片等声像档案。一般艺术性质的企业都设有此种档案室，如唱片公司、影视公司等。

（4）人事档案室。它是企业人事部门设立的专门管理人事档案的机构，这种档案室比较普遍。

（5）综合档案室。它是企业设立的综合性档案保管机构。主要统一管理本企业的行政档案、科技档案、财会档案等。它是各企业档案机构设置的发展趋势，它更有利于加强本企业档案工作的统一领导和管理，便于综合开发和充分利用档案信息资源。

（6）联合档案室。它是同一地区由若干个企业联合设立的档案机构，它有利于统一管理，节省人力、物力。

3. 档案资料信息中心

档案资料信息中心也称档案资料馆。它是一些大型企业正在试行设立的统一管理档案、图书、情报等的机构，旨在为本企业提供信息综合利用服务。这种机构便于建立电子计算机检索系统，实现企业管理的现代化。

1.4 企业文书工作人员与档案管理人员的素质要求

【案例导入】

案例 4

档案工作并不轻松

李华是远航公司档案室的工作人员。到档案室之初，她认为档案室工作很简单，只要把档案保管好，不丢失、不破损，能在档案柜中找到阅档者要的档案就行了。所以，她所做的日常工作主要就是将档案柜中的档案摆放整齐，保持档案存放场所的卫生，为利用者查找档案提供服务，感觉工作很轻松。有一天，公司广告部的小秦抱着一摞文件到档案室找到李华，对她说："小李，我没整理过文件，你能告诉我怎么进行这些文件的整理吗？"小李接过文件放在桌上，翻了翻，不知所措，只好请档案室的老巩帮忙。老巩以这些文件为例，仔细讲解了文件整理的步骤和要求，一旁的李华和小秦连连点头。

【案例分析】

档案管理具有科学性和技术性，有独特的工作环节。做档案工作，不仅要保管好档案，而且要做好各项档案业务工作。李华作为档案室的工作人员，应该全面掌握档案管理理论和档案工作内容，具备档案工作的基本技能，明确档案室的工作任务，履行档案人员的职责，如对业务部门的归档工作进行指导和检查，不能坐在办公室"等客上门"。各种档案机构的地位和职责不同，档案工作人员应主动完成各项档案工作任务。

1.4.1　企业文书工作人员与档案管理人员

企业文书工作人员、档案管理人员与机关事业单位的文书工作人员、档案管理人员一样，具有从业方面的共性。

通常，人们把从事文书工作的人员，称为"文书"。但文书是一个广泛的概念，由于文书工作包括了文书的形成、处理、管理及机要等各方面的工作，因此，文书的职务名称并不好确定。一般而言，凡在机关企事业单位从事文秘工作的人员都可以看作文书工作人员。目前，从企业文书工作的内容和环节分析考察，可将文书工作人员分为：

（1）文书写作人员，负责文稿起草、修改、编号、用印等。

（2）文书处理人员，负责文书的拟办、催办、承办等。

（3）文书运转人员，负责文书的登记、分文、送批、传阅等。

（4）文书工作辅助人员，负责文书的打印、校对、收发、传递等。

（5）文书管理人员，负责文书的归档、立卷、保管等。

企业档案管理人员，主要是指在企业从事档案管理工作的人员，包括企业档案室、各类企业档案馆及企业档案事业管理机构的工作人员。

企业文书工作人员和档案管理人员是企业文书工作和档案管理的主体，他们具有不可替代的重要作用。

1.4.2　企业文书工作人员与档案管理人员的素质要求

企业文书工作人员与档案管理人员应具有以下素质：

1. 较高的政治素质

文书工作与档案工作具有较强的政治性，是企业正常运转的纽带。这就要求企业文书工作人员与档案管理人员，首先，必须具有较高的政治素质，在政治上、思想上和行动上同党中央保持高度一致，坚持以经济建设为中心，坚持四项基本原则，坚持改革开放，平时密切注意党中央的新精神、新政策，并在文书工作和档案管理中加以贯彻。在涉及档案工作的路线、方针、政策等重大原则问题上同党中央保持高度一致，恪守档案工作纪律。其次，要有较高的政治理论修养和政策水平。这就要求企业文书工作人员与档案管理人员要比一般工作人员看问题更深、更全，这样才能将自己的工作做好。

2. 高度的思想觉悟

首先，企业文书工作人员与档案管理人员应忠于职守。大而言之，要忠于党和国家的利益；小而言之，要忠于本企业的利益。其次，企业文书工作人员与档案管理人员应奉公守法、廉洁自律，不以权谋私，不接受贿赂。最后，企业文书工作人员与档案管理人员要做到严守秘密，不得泄露或出卖党和国家以及本企业的政治、经济、科技情报，保证党和国家以及本企业的机密安全，不得泄露领导尚未决定的关系企业利益的事情，也不得议论他人的隐私，以免造成矛盾，影响团结。

3. 较强的业务水平

作为一名企业文书工作人员或档案管理人员，应热爱本职工作，具有广博的学识和合理的知识结构，并要刻苦钻研业务技能，努力学习专业知识。对企业文书工作人员与档案管理人员的技能要求是：

（1）会撰写文书。

（2）会进行收文和发文处理。

（3）会进行文书的整理与归档，会编制文书整理分类方案。

（4）会运用电子计算机和新型办公设备从事文书工作。

（5）会进行档案的收集与整理。

（6）会对全部档案进行排列和编目。

（7）会进行档案的鉴定与保管。

（8）会进行档案的统计与检索。

（9）会编写企业组织沿革、大事记等各种参考资料。

（10）会进行档案的提供利用工作。

所以，企业文书工作人员与档案管理人员不仅要学习掌握文书与档案管理的专业理论知识，还要不断钻研企业专业知识，尽可能多地了解企业专业技术，熟悉与企业档案工作相关的文化理论和科学技术，这是完成企业档案管理工作的重要条件。

4. 强烈的现代意识和创新意识

企业文书工作人员与档案管理人员作为掌握大量企业档案信息的专业技术人员，要树立采用现代化手段开展档案服务工作的意识，大胆地进行编研更新，努力学习现代化设备的实践技术，促使企业档案管理工作的发展跟上时代节拍，增强应变能力，更好地为企业服务。

5. 良好的工作作风

企业文书工作人员与档案管理人员的工作性质和地位决定了其必须具有深入实践、调查研究的工作作风；任劳任怨、埋头苦干的工作作风；谦虚谨慎、认真负责的工作作风；踏实细致、一丝不苟的工作作风。每一名企业文书工作人员和档案管理人员，都应真正以高度负责的精神做好自己的本职工作。

总之，作为企业的一名文书工作人员和档案管理人员，只有具备各方面良好的素质，才能做好本职工作，更好地为企业服务。

【本章小结】

做好企业文书的形成、运转、积累、整理和归档工作，以便发挥文书在企业决策和管理中的作用。企业档案是企业历史的记录，是社会的财富，企业档案管理工作对企业具有重要意义。企业文书工作人员与档案管理人员应具备一定的素质。

【习题与训练】

一、思考题

1. 企业文书是怎样形成的？

2. 企业档案的形成条件有哪些？

3. 为什么原始记录性是企业档案的本质属性？

4. 为什么企业档案具有凭证作用和参考作用？

5. 生活中你曾利用过哪些企业档案？

6. 企业档案工作的管理机构是怎样的？

二、案例分析题

案例 1

被盗的图纸

××市一家机械厂于 2013 年 2 月与市机械研究所合作研制生产 2L30 型装载机。正当试制人员为试制做生产设计，晒图做生产技术准备时，厂办公室秘书杨××利用工作之便，趁档案员郑××将钥匙放在桌子上的不备之机，将档案室门上的钥匙压在事先准备好的一块胶泥上并配制钥匙成功，在夜间将档案室的门打开，盗出 2L30 型装载机的图纸，以 1 万元卖给外地一家工程机械厂。由于该厂没有及时发现图纸被盗一事，造成该厂拟作为拳头产品的装载机还在研制时，外厂已照图纸投入生产，致使该企业遭受严重的经济损失。

案例 1 提醒我们应如何加强自身的职业道德建设？各级领导又该如何强化档案室的内部管理？

案例 2

一页证书，一次机会

家住奉化市庄山五村的洪××是一家企业的工人，原来为高中学历。2013 年，他打算参加技师职称考试，但是在准备有关资料时，其高中毕业证书却怎么也找不到，这令他心急如焚。1 月 9 日，他抱着一丝希望，走进了奉化市档案馆，在馆藏档案里发现了当年的毕业证书存根，他终于获得了参加技师职称考试的机会。

案例 1 和案例 2 分别说明了档案具有什么价值？

【知识链接】

小何是这样开始从事文书处理工作的

小何刚开始做文书处理工作时，对文书处理的手续掌握不严，文件的传、借全无记录。因此，她工作不到三个月，就有两次因调不出文件而影响了工作。

事实使她认识到，文书处理工作是一项重要而细致的工作，要求从业人员必须具备一定的业务水平和办事能力，同时，要制定文书处理制度并严格执行，以保证工作质量。

于是，她采取了一系列的措施：

首先，固定文书处理人员。由她负责全局文件收、发、传、借阅和催办的工作，各处、室另设一名同志兼管文件，把住各处、室的文件处理关口。

其次，建立责任制。在简化手续、便利工作、保证文件齐全的前提下，只用收文簿和借阅卡片两种方式进行收、发和借阅文件的管理。具体做法是来文在收文簿上登记，传阅文件交给该处、室管理文件的同志，并在收文簿上签字。办文在此簿上注明"办"字，办完后卡片要放在文件的原位置上，送还时再抽出卡片。

再次，制定时间制度。传、借阅文件都规定阅读时间，对到期者及时催还，借阅文件到期如未阅完，可办续借手续，继续借阅。文件收回后，一般即时归档，如因工作忙，最迟也应在当日归档，这样才不致丢失文件，甚至泄密。文件归档后，要在收文簿上写"存"字，平时查找文件时，只要看一下收文簿就知道该文件是否归档，以及在哪个案卷里，同时，也减少了年终查对文件的手续。

得益于领导的重视，同志们的帮助，特别是各处、室兼管文件同志的认真协助，小何不但完成了文书处理工作任务，而且文件收集得很齐全。

档案行政机构

档案行政机构，如各级档案局、处等，是党和国家指导和管理档案工作的业务部门，由于我国的党、政档案工作实行统一管理，因而各级档案行政机构，既是党的机构，又是国家的机构。

1. 档案行政机构的职责

档案行政机构的基本职责是在统一管理党、政档案工作的原则下，分层负责地掌管全国档案事务，对全国档案工作进行监督、检查与指导。

《中华人民共和国档案法》规定：国家档案行政管理部门主管全国档案事业，对全国的档案事业实行统筹规划，组织协调，统一制度，监督和指导。县级以上地方各级人民政府的档案行政管理部门主管本行政区域内的档案事业，并对本行政区域内机关、团体、企事业单位和其他组织的档案工作实行监督和指导。乡、民族乡、镇人民政府应当指定人员负责保管本机关的档案，并对所属单位的档案工作实行监督和指导。

2. 档案行政机构的任务

档案行政机构的具体任务是：

（1）依据国家的法律法规和政策，拟定档案工作的规章、办法，建立国家档案工作制度。

（2）指导和监督各机关、部队、团体、企事业单位的档案工作，规划和筹建档案馆，在业务上指导档案馆的工作。

（3）研究审查有关档案保存价值、保管期限的原则和标准，监督和审议有关档案的销毁问题。

（4）组织和指导档案工作业务的经验交流、档案工作干部的专业教育等档案科学的研究。

据国家档案局统计，截至目前，全国有部分普通高校设立了档案学院、系、专业，设有本科、硕士、博士等教育层次。有部分成人高校和成人中专学校也开展了档案专业教育，在职人员中有许多人接受过专业证书教育，参加了岗位培训、继续教育培训，及专题培训等。

档案业务人员培训工作继续以岗位培训为基础，以继续教育为重点。国家档案局为落实《国家档案局关于加强档案业务人员培训工作的意见》的精神，继续与国家档案局档案干部培训中心合作，为在京中央和国家机关各部委、各人民团体、中央企业及下属单位的档案部门的档案业务人员举办档案业务人员资格培训班。

近年来，为适应新时期档案工作发展的需要，提高档案人员的专业技术水平，各地举办了许多档案工作人员资格培训班。培训班开设了《公文管理》、《文书档案管理》、《科技档案管理》、《档案保护技术》、《档案法律知识》、《计算机管理档案基础知识》等课程。

近几年来，随着档案事业的发展和几次机构改革，一些地区的档案局（馆）长，特别是县级档案局（馆）长调整、更换频繁，许多局（馆）长没有系统地接受过档案业务培训。为适应新形势对档案工作的要求，广西壮族自治区档案局、新疆维吾尔自治区档案局和贵州省档案局举办了局（馆）长培训班，局（馆）长培训班采取讲授与研讨相结合的形式，主要讲授领导科学、档案学等内容，并对当前档案工作中的热点、难点问题进行讨论。

各地在搞好岗位培训和继续教育的同时，以新的姿态、新的视角、新的思维和新的举措，积极探索档案人员培训的新路子，进一步加快了档案信息化建设的进程，跟上了国家信息化建设的步伐。

2 企业现行文书及其形成

【本章要点】

- 企业文书概述。
- 企业党群工作和行政管理文书的形成。
- 企业产品、科技研究、基本建设和设备仪器等文书的形成。
- 企业生产技术与经营管理文书的形成。
- 国家标准公文格式自动排版系统。

【案例导入】

案例 1

安钢集团公司科技档案的利用

安钢集团公司是 1958 年建厂的特大型钢铁企业。安钢档案馆是一个综合性档案馆，负责科技档案、文书档案、会计档案和人事档案的管理工作。自 1989 年公司成立档案馆以来，档案工作基本形成了以集团公司档案馆为主体，8 个分公司，9 个子公司，13 个事业单位、股份公司，13 个主体生产厂的档案室为基础的档案管理体系，对党群工作、行政管理、产品、科研、基建、设备、会计、人事、荣誉实物等档案实行集中统一管理，对保卫、环保、计量、房产、声像等专业档案实行集中统一领导下的归口管理。截至 2003 年年底，集团公司库藏各类档案 346 264 卷，底图 223 155 张。其中，档案馆库藏各类档案 84 265 卷，底图 135 399 张；科技档案中，基建档案 25 776 卷，底图档案 126 840 张；设备档案 2 021 卷；科研档案 3 829 卷。通过对 1999—2003 年馆藏科技档案借阅利用情况的调查，按基建、底图、设备和科研分类，公司对查询、利用科技档案资料的人次、卷次进行了统计。

科技档案利用情况有以下几个方面的特点：

（1）基本建设类档案利用率较高。馆内基建档案共有 25 776 卷，分 10 类，包括综合、总图、土建、工艺、机械、水、电、气、暖和通风，由于这部分档案较完整、齐全，因此利用率较高。借阅者通过利用档案，不仅能及时解决生产中遇到的技术问题，同时也为企业设计人员进行技术改造和科研活动提供了有力的依据和凭证。例如，在 90 m² 烧结机、105 m² 烧结机、380 m² 高炉和第二炼钢厂 4#板坯连铸改造项目中，档案馆提供了蓝图 3 650 张、底图 1 267 张，为安钢的工程项目建设和技术改革扩建顺利实施生产创造了条件，产生直接经济效益千万元以上。

（2）设备仪器档案共有 2 021 卷。这部分档案主要指企业固定资产的机器设备档案、仪器仪表档案和工艺装备档案。由于这部分档案大都是企业在购买设备时随机所带的技术文件，利用者主要是企业的管理和维修人员，对于随机技术资料中所缺的部分和设备档案配套所必需的图纸，企业则采取将其描成底图，晒出新蓝图与设备配套的办法予以解决，所以利用率低于基本建设类档案。

（3）科研档案共有 3 829 卷。主要是围绕着新产品的开发，新工艺、新设备的试验研究或现场生产线上的技术问题的试验研究形成的科技档案。任何一项科研成果的取得，都是在借鉴、利用前人成果的基础上有所突破，有所创新。注重科研档案信息资源的开发，主动为科技人员提供利用，可大大节省科研人员的劳动时间和精力消耗，从而产生经济效益和社会效益。

案例 2

苏州市国有制企业档案管理新模式

2007 年 6 月 13 日至 14 日，国家档案局在广东省广州市召开了全国国有企业改制档案处置工作研讨会，重点研讨国有企业产权制度改革大背景下，如何做好国有企业改制档案处置工作。会上，国家档案局李和平副局长就创新国有企业档案处置工作新模式，对苏州市建立改制企业档案资源管理中心的做法给予了充分的肯定和高度的评价。苏州市档案局在此次研讨会上详细介绍了苏州市档案行政管理部门紧紧依托苏州市工业投资发展有限公司的力量，建立改制企业档案资源管理中心，集中统一管理苏州市工业发展有限公司所属单位的改制企业档案资源，对改制企业档案实体进行集中统一管理，建立改制企业档案资源整合与共享平台，确保国家档案资源的完整与安全。在全国改制企业档案处置工作中，率先创新改制企业档案管理模式——"工投模式"，丰富了我国档案学理论的内容。

何谓"工投模式"？就是指在产权制度改革过程中，由市政府授权经营管理市属工业系统国有（集体）资产而专门成立的工业投资发展有限公司，为了管理所属工业系统各国有企业改制后应当属于国家所拥有的全部企业档案，而专门成立的改制企业档案资源管理中心。这种产权制度改革过程中对改制企业档案资源进行管理的机构和管理方式，称之为"工投模式"。

2002 年 9 月，苏州市委、市政府作出了进一步推进市属国有（集体）企事业产权制度改革的重大决定，提出了"四到位一基本"的改革原则，即企业整体改制到位、国有资本调整到位、职工身份置换到位、债权债务处理到位，基本建立现代企业制度的改制标准，让国有资本从一般性竞争领域中退出，从根本上解决生产力发展的体制性障碍。

随着产权制度改革的不断推进，国有企业档案资源的完整与安全面临着空前的危机。苏州市政府成立了苏州市工业投资发展有限公司，授权经营管理市属工业系统的国有（集体）资产。不久，又成立了苏州市工投档案管理中心，中心占地23亩，建筑面积2万平方米，工投公司分三期投入2 000万元进行改造，库房档案容量达200万卷，全部配置移动式档案密集架367列、2 993.5立方米，80%的档案库房配置了气体灭火装置，形成了以档案库房为重点并覆盖全馆区各重点部位的24小时全程数字网络视频监控系统。中心对工投公司下属所有改制企业档案资源进行集中统一管理，中心现已接收140余万卷（件、张）企业档案。其中案卷132.72万卷，照片3.73万张，底图2.2万张，产品实物5 000多件，以及一批录音、录像磁带及电子光盘档案。另有各类工业图书资料2万多册。同时对全市10余万退休职工档案进行集中管理。案卷排架长度达21.8千米。库藏档案中分别有清代和民国的企业档案143件、312卷。库藏8万多件来自苏州及国内外重点丝绸产地共13个大类的织花、印花绸缎样本档案。

【问题讨论】
1. 企业文书有什么作用？

2.1　企业文书概述

2.1.1　文书的含义

文书又称文件，是国家机关及其他社会组织在行使职权和实施管理的过程中所形成的具有法定效力与规范格式的书面记录，是传达政令，指导、布置和商洽工作，请示和答复问题，报告和交流情况，联系公务、记载工作活动的重要工具。

公文是具有法定效力与规范格式的文书，是国家机关及其他社会组织处理政务、办理事务的重要工具。任何一个机关、组织在日常的工作活动中都需要通过公文这一工具来表达意图、处理公务和实施管理。例如，向上级汇报工作，则使用"报告"；向下级布置工作，则使用"通知"；向有关单位联系公务，则使用

"函"；记载会议议决事项，则使用"纪要"等。

2.1.2　企业文书的含义

企业文书是企业经营管理和对外交往中必不可少的工具，是在企业的行政事务、生产管理、经营销售、基本建设等活动中形成和使用的，它既用于处理行政、党务、群众工作等事务，也用于上下级、平级之间相互联系工作、处理业务。企业文书包括公司常用的商用文书、行政文书、事务性文书、诉讼文书、广告文书等。公司通用文书又称公司通用文件，或简称公司公文、公司文件，也可以直接简称为公文、文件。它是公司与上级主管部门和领导、公司与其他企事业单位，以及公司内部处理公务时使用的书面材料。公司通用文书是按照特定的体式，经过一定的处理程序制成的，也是公司发布政策法令、拟订工作计划、传达工作意图、开展公司业务、记载工作活动和总结工作成果的一种工具。

企业文书应用范围较广，围绕企业的文书工作如拟制、处理、保管等，需要经过收发、登记、批办、拟稿、核稿、签发、缮写、催办、立卷和归档一系列环节，形成一个相互衔接的运转流程。企业文书质量与文书工作水平相关，影响一个企业的工作效率。

2.1.3　企业文书的特点与作用

企业文书是在各项工作、生产经营活动中按照特定体式，经过一定处理程序后制成的书面文字材料，作为发布厂规厂纪、传达工作意图、联系上下业务、记载工作活动的一种工具，它具有自己的特点和作用，与报刊、图书和资料有明显的区别。

首先，文书是由法定的作者完成和发布的，即依据法律法规以企业的名义行使法定的职能、权力，并担负一定的义务。企业领导以法人代表身份发文，是行使自己法定职权的一种表现。

其次，企业文书具有一定的权威性和效力，它传达企业领导班子的集体意图和决策，在本企业范围内具有权威性。例如，企业的一项"决定"要求各单位坚决执行；一个"通知"要求广大职工周知、了解；一份"报告"请示上级主管部门审阅等。

再次，与公务文书一样，企业文书要有特定体式并经过一定的处理程序。

企业文书的作用大体上有五点：一是书面指导作用。如上级对下级指导工作、各单位之间协商、沟通情况等。二是宣传教育作用。三是凭证和记载作用。在实际工作中，办公室起草一些文书，或者转发上级文件，发文对下级、业务部门工作进行指导；有时也用于沟通情况、接洽工作和处理问题；开职代会、工作会和董事会需要印发重要讲话作为学习材料，供广大职工学习。四是文书工作是做好档案工作的基础。企业形成具有保存价值的文件，经过处理程序和整理归档后，进入档案保管阶段，文书质量好就能保证档案质量高。五是枢纽作用。文书工作通过不断传递和处理信息，使国家、社会的正常工作顺利运转，也为企业工作指明了前进方向。

2.1.4　企业常用文种及撰写要求

在企业的生产经营活动中，文书文种的使用有一定的条件，要实事求是，根据工作需要行文。企业常用的文种有请示、批复、报告、通报、决定、章程、条例、制度、规定、办法、公函及协议、合同、记录、纪要。在撰写企业文书时，要明确起草文件的原则、要求，做到准确、鲜明和生动，把握领导意图，起指导作用。所以文秘人员必须熟练掌握撰写文书的要求和方法，在文字上表述清楚，语言流畅、通顺、合乎逻辑。另外，领导干部也应具备文书知识，重要文件必须亲自起草。

文书的撰写，是一种综合能力的表达。首先，要学习政治理论和党的方针、政策，有一定的政治理论修养；了解企业各部门的工作职责，熟悉各部门的业务范围；了解上级工作安排意见、指示精神；收集下级单位的工作情况，做到胸中有材料。其次，要提高写作能力，学习相关的写作知识。再次，要做到准确实际、简明扼要、符合格式，明确发文目的，公文起草后反复修改、认真检查。

2.1.5　企业文书档案管理的特点

（1）企业文书档案管理的重点在于收集、保存资料，记载"历史"。文书档案管理多以发生的人事、事件、过程记载、文件、书报和物品存档为管理对象。管理手段主要是用载体（主要是纸质或实质）记录下来，并分门别类地存放在档案室中。这个阶段管理的重点在于"收集"、"管理"、"编目编册"、"保存"、"借阅"等工作；同时，强调资料的完整性、安全性。档案管理起到的最大作用就是记载历史，后人可以引用和借鉴历史资料，这样档案才能产生作用。

（2）与文书档案直接产生联系的主要是文书工作。文书工作包括文件的收集、登记、运转、催办、承办，以及文件的整理、立卷和归档。文书工作的全过程是档案形成过程的一部分，档案工作是在文书工作的基础上对档案进行收集、整理、鉴定、保管、统计、检索、编研和提供利用。文书工作是档案工作的前提条件和基础。文书部门把本单位活动中形成的、具有保存价值的文书经过整理立卷，定期向档案部门归档。文书的质量，如文件的格式、书写材料的质量、能否收集齐全并及时进行归档等，对文书档案的质量和档案工作的推进都有重大的影响。

（3）文书档案内容丰富，载体多样。文书档案是单位工作各方面的真实记录和反映，涉及党群管理、行政管理，科技档案、会计档案、特种载体档案等方面，形成了档案内容的丰富多彩。由于文书档案包含单位及上级部门印发的各类正式"红头文件"，各类民主选举的选民登记和选票，单位签订的各种合同、协议、责任书，照片、录音、录像，以及各种电子档案等，这就形成了文书档案载体的多样性。

2.2 企业党群工作和行政管理文书的形成

2.2.1 古代的管理文书

中国从上古到清代末年各历史时期所使用的文书，其发展过程大体可分为三个阶段：战国以前为前期，秦代到南北朝为中期，隋、唐到清代为后期。前期的文书比较简单；中期的各种文书逐渐形成专用的文种名称，各文种也开始有了特定的程式；后期通用文种都已使用纸张作为载体，文书处理程序更加严密，各文种的程式也日臻成熟。

1. 先秦时期

我国是世界文明古国，有着悠久的历史与古老的文化。在上古时期，我们的祖先就创造了"结绳记事"的办法。随着社会的不断进步和越来越复杂的生产与生活的需要，又渐渐产生了表意与表声的原始刻写符号与文字。这在我国古代的经籍中是有记载的："人类有政治之组织，即有法令。有文字之法令即有公牍。"在我国，文书的出现可以上溯到夏、商、周三代。《周易·系辞》中说："上古结绳而治，后世圣人易之以书契，百官以治，万民以察，盖取诸夬。""书契"指的就是文书。有了文书，才能贯彻统治者的意图，以实现社会的信息传递，才便于"治"、"察"与"夬"。文书也就成了治世的工具。

在三千多年前的商代后期，出现了一种体式较为完整的甲骨文书。它是刻在甲骨上的记录商代后期王室占卜活动的文字，是我国考古学家发现的最早的文书珍品。到了西周，则设有专门管理文书与起草文书的官吏。据《周礼·天官·宰夫》云："五曰府，掌官契以治藏，六曰史，掌官书以赞治。"汉代郑玄注："治藏，藏文书及器物，赞治，若今起文书草也。"这说明，在我国，作为国家管理工具的官文书的产生已经有三四千年的历史了。

现在保留下来的《尚书》，即上古之书，被儒家尊称为《书经》，其中不少就是统治者对属下和民众发布的指令性下行文书，包括"诰"、"誓"、"命"等文种。如《汤诰》、《大诰》、《康诰》等篇，就是当时统治者商汤、周公、周成王发布的告民众书；《甘誓》、《汤誓》、《牧誓》等篇就是当时统治者夏启、商汤、周武王在出征前向军队发布的誓师词；"命"就是统治者发布的命令，如《文侯之命》等。以上这些内容都是有关国家政令大事的，故《荀子·劝学篇》说："《书》者，政事之纪也。"所以说，《尚书》是我国最早的一部政治文件汇编本。

2. 中期文书

秦汉时期，是我国封建社会文书工作的确立时期。秦代出现的"书"，是我国最早的上行公文。如李斯的《谏逐客书》，就是在秦王朝建立之前，秦国客卿李斯向秦王呈送的一份意见书。它用大量的事实，反复论证，终于说服秦王收回了驱逐客卿的成命。到了汉代，又出现了"章"、"表"、"疏"等上行文；两汉时，官府之间、平级官员之间的平行文种"移民"的使用也逐渐多了起来；下行文则有"令"、"谕"、"教"等。"文书"一词，最早见于西汉贾谊《新书·过秦下》："禁文书而酷刑法，先诈力而后仁义。"王充《论衡·别通》也有关于"文书"的记载："萧何入秦，收拾文书，汉所以能制九州者，文书之力也。"

汉代以后，"文书"作为公文与案卷的含义才逐步被确定和沿用下来。《汉书·刑法志》："文书盈于几阁，典者不能遍睹。"唐元稹《望喜驿》有"满眼文书堆案边，眼错偷得暂时眠"的句子。这些地方所说的"文书"指的就是公务文书。"公文"一词，出现于东汉末年和三国时期。汉代多称"文书"，称"公文"较少。三国以后，多称"公文"，指官府之间往来的公事文书。如《后汉书·刘陶传》："州郡忌讳，不欲闻之，但更相告语，莫肯公文。"东汉末年，张角等人势力强大，极有可能聚众起事，但州郡官员只是口头相互转告，不肯以公务文书的形式上奏朝廷。《三国志·魏志·赵俨传》中也有"辄白曹公，公文下郡，绵绢悉以还民"的记载。自此，"公文"就成了公务文书的统称。

秦、汉以后形成的许多文种，可以概括为三大类：一是皇帝使用的各文种，称为"诏令文书"；二是臣僚上书皇帝使用的各文种，称为"奏疏"；三是各官府相互行文使用的各文种，称为"官府往来文书"。

3. 后期文书

随着我国封建制度的确立和发展，文书工作也相应得到了较大发展，特别是唐朝以后，建立了一套比较系统和统一的制度，并形成了严格的规章制度。例如，在唐宋时期，文书工作形成了十种制度，即一文一事制、公文用纸制、公文折叠制、拟写誊写制、引黄贴黄制（引黄就是把章、奏等文书内容要点与日期摘附于封皮或正文之前；贴黄就是需改动处先贴黄纸再改）、签押用印判署制、封装和编号制、收发登记和催办制、移交制、保密制等。这已经是比较系统和完整的文书工作制度。

从唐代开始，官府对文种的名称有了明确的规定，以后宋、元、明、清各代也都有新的规定。清代规定的诏令文书文种名称有诏、诰和敕，沿用了明代文种；经常用于处理政务、告诫臣僚的文书称为"谕旨"，是新增的文种；制书在明代是文种名称，清代则只作为发布诏令的一种文体。清代奏疏沿袭明制，使用奏本和题本，康熙年间又新增一种称为"奏折"，而奏本在乾隆年间停止使用。明代官府往来文书中，下行文有札付、帖、照会、故牒等文种；上行文有咨呈、呈状、申状、牒呈、牒上等文种；平行文有咨、关、牒等文种。清代基本上沿袭明制，并且把明代下行文经常使用的牌文定为法定文种，中叶以后又增添程式比较简便的札文作为下行文种之一，把明代上行文使用的呈状简称为呈，把申状分为评文和验文两种。

2.2.2 近代文书

辛亥革命以后，南京临时政府为了适应其资产阶级政权建设的需要，对沿袭已久的封建王朝的文书工作进行了全面改革，简化文书种类，划一公文程式。

1912年元月，临时政府内务部奉临时大总统令，颁发了《公文程式》五条，专门规定了公文名称和使用范围，废除了几千年来封建王朝所使用的制、诏、诰、奏、表等公文名称，这是公文名称上的一次革命。《公文程式》指出："现今临时政府业已成立，所有行用公文程式，亟待规定，以期划一，而利推行。"并规定行用公文分为"令"、"咨"、"呈"、"示"和"状"五种，明确了这些文种的使用范围。此后，在北洋军阀政府和国民党政府统治时期，为了适应其统治的需要，又多次对文书工作进行改革，增加了一些文种。语体也由文言文发展为半文半白，并规定公文必须使用标点符号。

图2-1　《公文程式》封面
（来自百度图片）

中国共产党一贯十分重视公务文书工作。早在建党初期，就对公务文书工作作了许多规定。1921年7月，中国共产党在上海举行第一次全国代表大会。大会形成了党的第一个决议、第一个纲领、第一个宣言等，产生了党的第一批文件。之后，随着中央和地方机关的建立和扩大，上呈下达文件的日益增多，文书处理工作日益繁重，中央和地方机关建立了秘书文书工作机构和工作制度。1926 年 7 月，中国共产党四届三中全会作出决定，在中央执行委员会下设秘书处，又在秘书处下设文书科和文件保管库，文书处理和档案工作从此开始分立。从 1927 年"八七"会议到 1928 年 6 月召开"六大"期间，党在中央临时政治局的组织局设文书科和交通科，负责文书的收发、处理和保管。1928 年 12 月，党中央发出《关于文书工作的通知》，要求中央和地方机关下发、上报文件时，有条件的都用药水密写，并对拍发明码电报作了六条使用隐语和暗号的规定。1931 年发出的《文件处理办法》对中央机关形成和收来文件的编号、登记和管理等作了具体规定，如保存文件"如有可能，当然最理想的是每种二份。一份存阅（备调阅即归还），一份入库，备交将来之党史委员会"。当时的苏维埃政权及红军的文书工作也形成了许多制度，如 1931 年 11 月，《地方苏维埃政府暂行组织条例》对文书工作机构设置、人员配备和文件签署等制度作了明确规定。同年 12 月 10 日，中共苏维埃中央执行委员会发布第二号通令，规定了下级政府必须向上级政府进行口头报告和书面报告的报告制度。1931 年，周恩来同志组织文书部门制定了《文件处置办法》。1933 年颁布的《中国工农红军暂行编制表》、《地方部队编制表》，规定在军队各级组织中设置文书工作部门和人员，在少年先锋队中央总部和省队部也设文书科。

1938 年 4 月，晋察冀行政委员会发出了《改革公文程式的理论与实际》的指示信，重点改革公文的名称和格式。1942 年 1 月，陕甘宁边区政府又颁布了《陕甘宁边区新公文程式》，规定新公文分主要公文和辅助公文两大类。主要公文有命令、布告、批答、公函、呈文等五种；辅助公文有指示信、报告、快邮代电、签条、通知等五种。解放战争后期，陕甘宁边区政府又颁发了《陕甘宁边区政府公文处理制度》。党在战争中的文书工作形成了许多优良传统，诸如严格的保密制度、迅速传递的要求、讲究公文实效、端正文风等都是十分宝贵的经验。

2.2.3 现代文书

新中国成立后，党和政府进一步加强和改善了文书工作。1949 年中华人民共和国成立后，社会主义的文书和文书工作在革命战争年代奠定的基础上得到了迅速的发展。1951 年 2 月，党中央发布了《关于纠正电报、报告、指示、决定等文字缺点的指示》。1951 年 4 月 1 日，政务院召开了全国秘书长会议，通过了《公文处理暂行办法》，明确指出公文是政府机关宣布和传达政策、法令，报告、商洽、指导工作和交流经验的一种重要工具，并把国家公文规定为七类十二种。对公文的体式、写作，以及行文关系、收发文处理及立卷归档等作了具体规定。《公文处理暂行办法》的制定和实施，标志着全国统一的国家机关文书工作的建立。

1979 年，第五届全国人民代表大会号召反对公文旅行、提高工作效率，为实现"四个现代化"而奋斗。1981 年 2 月 27 日，国务院办公厅发布了《国家行政机关公文处理暂行办法》。经试用修订后，又于 1987 年 2 月 28 日发布了《国家行政机关公文处理办法》，规定了国家行政机关的公文主要有 15 个种类，并对公文格式、行文规则、公文办理和公文立卷、销毁作了规定。1989 年 4 月 25 日，中共中央办公厅发布了《中国共产党各级领导机关文件处理条例（试行）》，规定了正式文件有 13 个种类，并对行文规则、文件的起草、文件的校核、文件发布的主要形式、适用范围及审批权限、正式文件的标印格式、文件的处理、文件的利用管理、文件的立卷和归档、文件的保密等作了规定。《国家行政机关公文处理办法》和《中国共产党各级领导机关文件处理条例（试行）》的发布和实施，标志着我国社会主义的文书和文书工作进入了一个新的历史时期。

在国家一系列法规性文件的指导下，我国的公文和文书工作得到了迅速的改进和发展，不仅明确了公文、文书工作的基本原则和指导方针，而且统一了公文的格式、种类，确定了公文立卷、归档和文书处理部门的任务，开展了公文和文书理论的研究。在学科建设、理论研究、专业教育等方面都有根本性的突破，众多文书学著作的问世，标志着具有中国特色的文书学开始形成。培养的一大批公文写作与文书管理的人才，对于提高文书工作效率和公文写作质量起到了十分重要的推动作用。

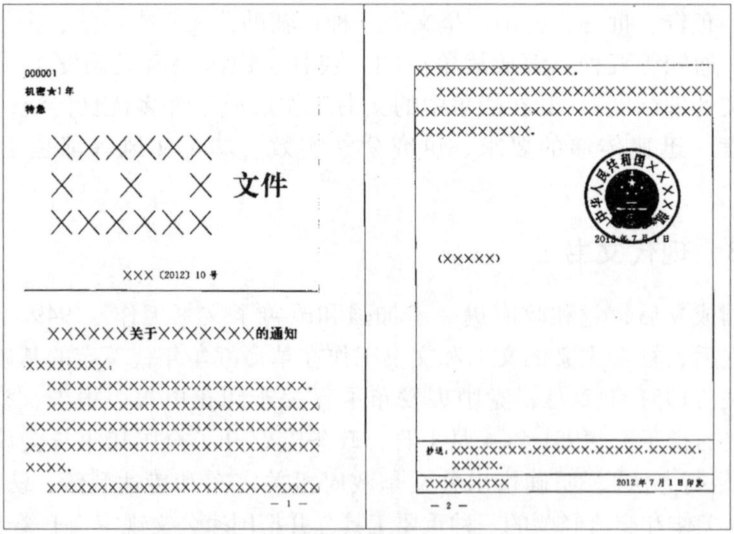

图 2 - 2　国家行政机关公文格式

2.2.4 机关文书档案管理中存在的问题

（1）文书工作与档案工作衔接方面存在问题。文书工作与档案工作既有联系又有区别，既有统一又有分工。在现实工作中，文书工作和档案工作应相互配合，形成分体式的管理体系。实际工作中，文书和档案实行的是分块管理制，这是一种有效的、比较科学的管理制度。但是，这种体制在某种程度上拉大了文书工作和档案工作的距离。文书人员档案意识淡薄，档案人员也很少考虑文秘工作，致使二者在衔接过程中出现了许多脱节之处。目前，在文书工作和档案工作的衔接主体上，即公文的格式和处理办法方面存在着诸多不规范现象。例如，用纸不达标，装订不规范；版记不全，附件不规范；文种使用不当，办理程序不规范；原稿不齐全，编号不规范等。

（2）人员偏少，并兼顾其他工作。一些单位的办公室里只有 2~3 名工作人员，缺乏专职档案员。于是，档案员往往由文秘人员兼任，他们要负责办公室的收发文、文字综合、后勤保障、信息宣传、档案管理等方面的工作，投入到档案管理上的精力十分有限，存在着收集范围不明确、收集工作不及时、材料真伪不分明、收集合力不强劲等方面的问题。另外，一些档案员对档案资料的收集普遍存在不到位、不完整的现象。正是因为档案员的素质参差不齐，主观上对档案工作缺乏能动力，使得很多单位在文书档案的收集工作上存在着很大的漏洞。

（3）领导对档案管理重视不够，存在片面的认识。档案工作在机关单位办公室众多职能当中的地位不高，在一些领导的心目中，档案工作是说起来重要、做起来却次要的工作。他们把档案工作想得很简单，而且，档案工作投入大、见效慢，看不见明显的经济效益，所以他们只要求把单位的文件保存好，工作需要的时候能够提供参考就行。

（4）档案员的培训工作仍需加强。一些单位的档案干部从事档案管理工作，却没有经过档案专业培训，对档案的分类、立卷等一知半解，不得要领，其素质与新时期档案工作的要求有一定的差距。一些单位的档案干部虽然有上岗证，却很少参加有关档案培训的继续教育，对档案工作有一定的概念和了解后，没能及时更新知识，无法进一步提高档案管理水平。特别是随着计算机网络技术的发展，开展利用微机进行文书档案管理是发展的必然趋势。档案员应重视和加强知识技能培训工作，才能使档案管理工作更规范化、标准化。

（5）各部门对档案工作的配合不够，制约了档案管理水平的提高。单位的归档工作需要从各个部门收集重要的文件资料，而一些部门为了自己工作的便利，不愿意将一些需要归档的文件资料交给档案员统一保管。一些责任心较强的档案员由于得不到有关职能部门的配合、支持，在档案工作中时常感到心有余而力不足。在多次催要未果的情况下，档案员最终也只有妥协，时间长了，一些重要的文件资料就容易散失，要追究责任也为时已晚。

2.2.5　提高机关文书档案管理工作水平的对策及思考

1. 提高单位文书档案工作的应有地位，转变观念，提高素质

领导重视是做好档案工作的前提，档案干部要积极主动地做好档案工作的宣传汇报工作，采取灵活多样的形式向领导和员工宣传《中华人民共和国档案法》、《中华人民共和国档案法实施办法》等法律法规，不断提高领导及员工对档案工作的认识，努力争取领导和员工对档案工作的理解、重视、关心和支持，力争使档案工作纳入到单位的总体工作规划和全年工作重点中去，加大档案设施的投入，不断向规范化、现代化、信息化方向迈进。在工作中变被动提供有关档案工作资料为主动参与领导决策需要，提高档案服务的主观能动性与前瞻性。另外，科学技术特别是信息技术的迅猛发展对档案工作提出了新的更高的要求，档案干部要充分发挥接受新知识、学习新业务的积极性和主观能动性，坚持素质教育、终生教育的理念，不断确定新的学习目标、任务和要求，主动学习信息技术、现代管理等相关知识，掌握和提高应用计算机、网络技术的能力和水平，努力成为管理型、技术型和复合型人才，努力为领导和员工提供方便、快捷和高效的服务。

2. 搞好文书工作与档案工作的规范衔接

文件是档案的前身，文件质量的好坏直接影响档案的质量，没有高质量的文件就没有高质量的档案，高水平的档案管理是建立在文书部门规范处理文件的基础之上的。文书人员要有较强的档案意识，做好文书的立卷归档。在文件处理中，要时刻想到档案工作，实现文书、档案工作一体化。这就要求文书人员要把好文件的质量关。诸如纸张大小、文体、格式要做到规范化、标准化，不能五花八门，并且严禁用圆珠笔、红墨水、铅笔、复写纸等起草、修改、誊印和批阅文件。另外，文件处理要及时、准确；收发文件要及时登记，发现缺少要及时查找。特别是账外材料，如领导讲话、领导外出开会带回的会议材料等，更应注意及时收集，保证文件齐全、完整。此外，要强化"文书部门立卷"工作。"文书部门立卷"是《中华人民共和国档案法》早已明确的一项基本制度。《国家行政机关公文处理办法》规定，公文办理完毕后，由文书部门或业务部门负责"及时整理（立卷）、归档"。公文立卷归档是文书工作的最后环节，也是档案工作的开始环节，并成为真正意义上的衔接点。只有文书人员具备了较强的档案意识，文件收集才能齐全、完整和系统，为立卷归档工作打下坚实的基础。

3. 加强部门间协作，做好文书档案收集工作

文书档案中许多利用价值较高的档案往往来源于各部门。因此，处理好与各部门的关系，不断完善档案的结构与质量，是档案部门的一项重要工作。档案管理人员必须做到"三勤"，即嘴勤、脚勤和脑勤。嘴勤，即经常主动了解业务部门开展了什么新的工作；脚勤，即要经常到业务部门走动走动，以获取有关信息；脑勤，即根据本单位的工作实际，思考档案如何围绕单位的中心工作，如何做好收集利用服务工作。加强与各部门的协调与沟通，保证档案收集信息渠道的通畅，要着重收集能够揭示一个单位的历史、现状和未来发展，为开展实际工作和科学研究服务，具有证据和情报价值的信息资料，切实发挥档案部门在"两个文明"建设中的参谋依据作用。

4. 建立有效的管理制度和工作程序，严格按照规范程序办理公文

这些规定和程序要尽可能细化，简捷明确，操作性强。要严格执行公文行文规则，严格审核签发制度，禁止滥发文件和发无效、无用的文件。不但在公文正式印制前要对审核签发手续是否完善、附件是否齐全、格式是否规范进行复核，印制后发送前应再次进行复核。若要修改实质内容，则应按程序复审。在公文用纸纸型、幅面尺寸、字体字号、排布规则、装订要求等技术指标上也要严格按机关公文标准把握。要发挥随文单据的控制作用，对"文件处理单"、"发文稿纸"等单据的填写要简明扼要，合理确定文件的发文范围，在控制文件"件数"的同时，严格控制文件的"份数"，禁止滥抄、滥送。

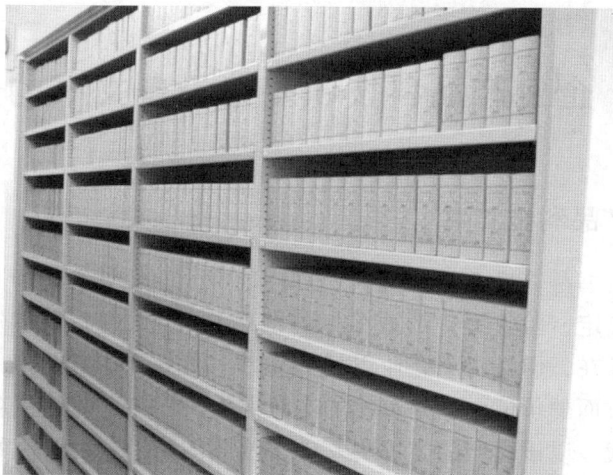

图 2-3　文书档案管理（来自百度图片）

5. 加强文书档案的收集工作

一是要明确范围，分类收集，统一规范文书档案载体字迹要求，立卷要规范，按照单位文书档案类目进行分门别类的整理、组卷，以保证案卷的质量。二是要严格把关，统一管理，规范收文、行文程序。文件的产生，必须经过起草、送审、核稿、呈签、签发、承印等程序；规范文件格式，严格按照《国家机关公文处理办法》和市委市政府有关公文处理的办法，统一制定文件格式。对文件选用、文号编发、标题制作、发文范围、正文提炼、标题字形、附件、主题词标示、印发科室等作详细规定，严格执行。对于上级机关来文和资料，在登记办理、传阅、立卷、归档和保密上做到环环紧扣，手续齐全。三是目录编号、检索系统的建立要科学。除了建立案卷目录、专题目录、计算机等检索体系外，还要逐步完善计算机等高科技检索工具。尽早进入网络信息系统，通过联网，扩大信息来源，了解更多的信息内容，通过各种渠道，丰富文书档案管理经验。

6. 做好文书档案的基础工作，调整文书档案的结构与内容

收集、鉴定、保管和统计工作是文书档案的物质基础和前提条件，因此，不仅要善于收集本单位与上下级形成的有关"红头文件"及各种材料，更要善于收集整理本单位在公务活动中形成的鲜活的、生动的、能揭示细节的档案资料，用心整合档案资源，对其进行分析、筛选、研究和综合整理，积极推进档案信息功能的发挥，不断丰富综合档案的资源建设。要努力把握不同时期工作的重点任务，明确主题，找准位置，自觉安排和考虑档案工作，形成服务大局的强大合力。

2.3 企业产品科技和基建设备文书的形成

2.3.1 产品科技文书

产品科技文书是企业在产品生产、技术、经营管理活动中（研制、设计、建造、试验、鉴定、验收等）形成的。产品售出以后，对于该项产品来说，似乎其价值已不存在，但是对于企业以后的生产和发展，其潜在价值却难以估量。这主要包括两方面的价值：一是直接的产品再生产，完全复用该套技术文书；二是产品升级换代，以该套产品文书为基础，改革创新。这种价值的意义比直接复用的价值还要大。因此，我们在判定产品文书的价值时，必须充分认识它的潜在价值。这样才能使产品文书的作用得到更好的发挥。

企业的产品科技文书是在生产过程中形成的全套技术生产、经营、管理的资料。它涉及企业的产品设计、生产工艺等，几乎是企业全部的生产活动。因此，它是企业生产中各个工序过程中工人和工程技术人员的共同智慧结晶。不能只把它当成产品设计人员的成果，更不能把它当成文书档案人员的成果。只有以综合性的观点对待产品文书和产品文书工作，才能正确把握产品文书的收集和整理工作，才能有效地发挥产品文书在企业生产经营过程中的真正作用。特别是在现代化的大生产过程中，有了对产品文书形成的这种综合性观点，才能更加明确知识产权，充分调动企业各方面人员的积极性。在商品经济的条件下，由于竞争的需要，企业在一定的时间和空间里，对产品文书进行适当的保密管理是必须的。只有真正认识了产品文书的这一性质，才能使企业在生产竞争中立于不败之地。这就要求我们要了解产品的市场形势，掌握产品文书的技术关键，要以不同于一般文书档案管理的方式管理产品文书，以确保它在一定的时间内不被竞争对手所了解。当然这种保密性不是永久的，企业应根据形势的变化而随时解密，以便促进产品生产的发展。

1. 做好前端控制

保证产品设计定型资料完整、系统。按照公司管理规定，设计定型前的资料由设计部门资料分室管理，定型后归档案部门，所以做好定型前资料的管理是档案完整、系统的保证。

（1）定型前科技文件的管理。在产品研制初期会产生一系列科技文件，如研制任务、合同、技术协议、设计方案论证及评审与批准、初样试样的设计与试制等。这些科技文件一般分散在各个设计员手中，设计员有时会因为自己利用方便而不愿意归档。随着时间的推移和人员的变动，这些文书档案就容易被损坏或者流失。而这些文书档案的利用率较高，这样就会给文书档案的保管带来一定的遗憾，使文书档案的完整性、准确性、系统性得不到保证。所以文书档案的管理必须延伸到定型前，确保设计员在产品研制过程中分阶段、分节点地把所形成的科技文件整理后向文书档案部门移交，由文书档案部门集中统一管理，保证文书档案的完整、准确、系统和安全。

（2）定型前底图的管理。用于复制蓝图的底图是以文字、技术符号、图表等形态记述与反映企业在科研生产中形成的各种硫酸纸文件的总称。产品在定型前研制各阶段形成的底图由编制单位自行保管，编制单位根据科研、生产的需求确定印制的份数，然后自行发放。定型前底图往往在定型后直接归档，底图保管的好坏，将直接影响日后的使用。因此，要求资料室做好底图扎边、保护工作，底图应卷放，不能折放。

2. 设计定型后科技文书管理

（1）对归档科技文件的管理。分散在设计员手中的原始科技文件，集中统一归档后通过档案部门的鉴定，划分保管期限。由于这些文件一般不会更改，具有唯一性且利用率高，尤其对后期设计文件的形成具有很高的参考利用价值，所以归档后一般复制一份备查、借阅，以达到保护原件的目的。文件编制部门编制移交清单一式两份，双方移交后签字，各持一份移交清单。

（2）设计定型后底图的归档管理。

①底图的接收。定型后归档的产品底图必须是文字书写工整、线条清晰、审批手续齐全、发放单位明确的图纸，应完好无损。设计员应将文件底图整理好，向档案馆移交并填写移交清单，一式两份。档案管理人员对底图资料的外观、幅面等进行检查，合格后接收、登账入库并根据底图中划定的路线确定印制份数，填写晒图通知单，送到晒图室及时晒制并发放到相关单位，严格履行签领手续。

②底图的保管。入库的 A2 幅面以上的底图四周应扎边，以增强机械强度，平放或者卷放。底图管理人员应定期对所保管的底图进行清查，发现有破损应及时修复，对不能修复的应要求制作单位重描，保证底图完好无损，账物相符。库房的应整洁、卫生、整齐，做好库房防潮、防霉、防虫、防火和防盗工作。

③底图的更改与修订。由编制单位按照规定的审批程序执行。更改人员持已批准的更改单更改底图；作废代替、重描、出新版底图时，须在旧版底图空白处注明"作废"字样及改版单号、日期、签名并晒制一份存档备查，作废底图保存一年后销毁。底图管理人员还应检查更改单的签署是否齐全，更改单是否涂改，否则不允许更改。更改后，底图管理人员还应检查底图的更改是否到位等。

（3）对现行文件运行进行有效控制。各单位资料员在领到已更改的文件后，必须立即将旧文件收回并加盖"作废"章以示区别，在一周内交回档案管理部门。档案管理部门收到废旧图纸核实无误后，在文件发放、回收登记簿的"回收栏"内注销。收回的废旧图纸，按销毁清单办理审批手续并销毁。文件发放、回收登记簿和销毁清单的保管工作由各单位专、兼职资料员负责。

2.3.2 基建设备文书

1. 基建设备文书分类

基建设备文书按设备的构造和使用形式，可划分为两种：一种是与土建工程连在一起的，如化工装置以及黑色和有色金属冶炼设备的文书档案；另一种是各种器械、设备和仪器、仪表在制造、使用、维修过程中形成的各种文书档案。一个单位自己设计、研制的专用设备仪器的文书档案材料，包括在设计、研制、试验和制造过程中形成的科技文件，以及该项设备仪器在安装、使用、维护、检修和改造过程中形成的科技文件。外购设备仪器的文书材料，主要有设备仪器的购置文件、随机文件和安装、使用以后形成的科技文件，如设备仪器技术经济计算文件、订购合同书；设备仪器图册、说明书、合格证、装箱单、配件目录、安装规程；设备安装记录、试用验收记录和总结、运行记录和大中修记录、事故记录、检查记录和使用分析表、履历表、改造记录等。设备仪器文书档案是企业事业单位技术装备水平和设备管理水平的记录。先进的仪器设备是现代化科技、生产活动重要的生产、技术手段，设备仪器档案则是实现仪器设备正确使用和科学管理的重要依据。

基建设备文书的来源，一般来说有两种：一种是本单位自己制造的，另一种是从外单位购买的。其文书的来源，也相应有两种情况。自制设备的文书一般由本单位形成，包括制造、安装、调试、使用、维修和改造过程中形成的各种文书。外购设备的文书主要由以下几方面构成：①设备购置前的有关论证文书：包括编制可行性论证报告前的调查材料、可行性论证报告、批准文件、申请订货卡片等。②设备订购过程中的有关文书：包括订货合同、生产厂商提供的安装图纸、到货通知、提货单和发票副本等。③设备到货后的有关文书：包括装箱单及说明书图纸和安装、调试记录，验收记录，以及验收报告等。④设备使用过程中的有关文书：包括各种规章制度（操作规程、使用管理办法、维修保养办法和修理制度等）、故障记录（故障分析报告、修理计划、修理记录及处理决定等）。⑤实验室用房的修建、使用的相关文书：包括存放设备的实验室的原设计资料、平面布置图、管线配置图，以及实验室的效益记录（包括承担的教学、科研、培训等任务所产生的效益）。

2. 基建设备文书档案管理的特点

（1）成套性。设备文书是实验室在仪器设备的申购、验收、使用、改造和开发各个环节中形成的以纸质载体为主的材料，它必须反映设备管理和设备项目从申购到开发的全过程，具有成套性，并必须与实物一致。

（2）多样性。

①按设备的来源区分：分为自制设备和外购设备。自制设备是各单位根据本身生产工艺或科研、试验的特殊需要而自行设计、研制的；外购设备则是各单位从国内市场或国外市场上购买来的。

②按设备的行业特点区分：机械动力类设备，其特点是以单机形式存在，独立承担生产过程中某一种作用的设备；与基建相联系的轻化工设备，其特点是生产工艺连续性强，任何一个生产环节都不能中断；仪器、仪表设备，主要用于检测、检修、计量和试验等方面工作。

③按设备的重要程度区分：机械行业分为精、大、稀设备和一般设备；建筑行业分为主要生产设备和辅助生产设备。

④按设备的使用性质区分：分为通用设备和专用设备。前者是指在某个行业中都能使用的、标准化程度较高的设备；后者是指只能在某个行业或某个生产环节上使用的、专业性较强的特种设备。

（3）准确性。设备需要改造或开发功能，应先提出书面申请，说明情况，充分论证，对改动情况作及时详细的记录，在进行性能测试、可行性研究中的每一个环节都要认真形成材料。若不重视这些环节，只重视结果，许多重要的材料没形成，就会导致材料失真、中间断层，破坏其系统性、连续性，造成人力、物力上的巨大浪费，甚至造成不可挽回的损失。

（4）全过程性。设备管理要求对设备进行全过程管理。一台设备从购置、安装到转移、报废，要实行全过程的跟踪管理。设备仪器档案管理也必须符合这一要求。因为设备文书形成单位不同，即来源不同。例如，一台机械设备，随机资料（装箱单、说明书、易损零部件图等）是生产厂家提供的，购置合同、计划及开箱验收单是企业设备管理部门形成的，而维修记录、改造图纸又是由车间或设计部门产生的。设备文书的载体形式不同，它们后期形成的文书内容也就不同。在某个具体设备文书的保管单位内，有文字记录（如购置报告、批复、使用说明书等）、图纸（如原理图、结构图、安装图、易损零部件图等）、表格（如维修记录、月报表、年报表等）及光盘等，没有统一的模式，也不可能作出统一的规定。

2.4　企业生产技术和经营管理文书的形成

当前，企业是自主经营、自我发展、自我约束的法人实体和市场竞争主体。其生产资料、技术信息、资金、劳动力、产品等都要直接面对市场，这就促使企业不能只以生产为中心，还要全力以赴地抓经营管理和开拓市场。由于企业基本职能的改变，企业类型已逐步从生产型转变为相对独立的生产经营型和经营开拓型。企业从决策、计划到供应、销售等都要独自承担经营风险。因此，有关经营、计划、决策、市场调查、预测、经济技术分析、销售合同协议等内容的文件材料数量激增。在市场竞争日益激烈的情况下，这些文件材料在企业扩大产品销路、保护合法权益、争取更好的经济效益等方面发挥了重要作用。

随着政企分开、企业改制的顺利进行，现代企业制度的建立，出现了企业集团、有限责任公司、股份有限公司等新的资产形式，使得过去针对计划经济体制下的国有企业制定的企业档案工作的规章制度、工作方法及业务指导、执法监督等方法和渠道已不能适应新形势的发展和需要。1991 年 7 月，国家档案局颁布的《工业企业档案分类试行规则》中关于十大分类的内容也有所变动。如由于两权分离、企业改制，党群工作类档案已有所减少；干部档案在企业档案中逐渐消失；出现了资产评估、企业股份、债券等方面的档案。近几年来，随着我国社会主义市场经济体制的确立与发展，破产、兼并、联合、分立、承包、租赁、股份制、合资合作等各种形式的企业资产产权变动频繁发生。而企业文书档案作为企业营运活动的伴生物，真实地记录着企业创建、发展和壮大的历程，它无疑是最具说服力的，因为它是企业的真实、客观的"见证人"和"记录者"。

企业改制前，鉴于企业文书档案本身的重要性——既体现经营管理性，又体现资产管理性。档案的本质属性是原始性和历史性，这决定了档案必然具有凭证依据和借鉴参考的作用，企业文书档案自然也不例外。一方面，它真实地记录了企业发展的方方面面，拥有关于企业情况的第一手资料，而且这些记录在案的原始资料及数据对于企业的持续发展具有长远的利用价值。从这个意义上说，企业文书档案实际是对企业未来的发展潜力及发展方向的一个真实说明，这是企业文书档案工作经营管理性的具体表现。另一方面，企业文书档案体现了资产管理性。因为作为企业的原始记录，企业文书档案记载了企业各项资产的详细情况。例如，固定资产的投入运转状况，流动资金及其他各项资金的来源、占用、周转和退出情况，无形资产的存在及使用情况等。可见，企业文书档案与企业资产的营运状况是息息相关的，它是企业资产有效的、合法的记录形式，是企业资产唯一权威的凭证。所以，从某种程度上说，对企业文书档案的管理，意味着对企业资产的妥善保管。

企业改制后，企业文书档案对于目前及以后的企业资产评估有着重大作用，与评估工作密不可分。这一点也包含在前述的企业文书档案的重要性中，但这显然不同于改制前的国有企业的情况。它产生于"企业变革及资产评估热"的背景下，而且企业档案对于企业资产评估这项工作的作用非常显著，因此有必要单独说明。企业文书档案是伴随着企业的成长同时产生的，因此它与企业资产必然有着不可分割的内在联系。企业档案中的各种会计账簿、报表记录了企业各种固定资产投资、建设、购进、维修、管理和转移的情况，它是企业拥有固定资产的法律凭证，是企业有形资产保值、增值的依据；同时，企业的无形资产，无论是可确指的专利权、版权、商标权、土地使用权，还是不可确指的商誉，它们在根本上都需要档案作为它们的载体，以成为它们的依据和凭证。所以，企业资产的评估能否正常、顺利地进行，评估结果准确与否，都有赖于企业文书档案。也就是说，企业资产评估工作必须要有企业档案的参与。

2.5 国家标准公文格式自动排版系统

1. 公文格式标准化

1988 年，国家技术监督局发布了 GB/T 9704—1988《国家机关公文格式》、GB 9705—1988《文书档案案卷格式》和 GB 826—1989《发文稿纸格式》等三项国家标准，并分别于 1989 年 3 月 1 日和 9 月 1 日正式实施。这是世界上第一个公文格式的国家标准。1999 年，根据国务院办公厅指示，中国标准研究中心、国务院办公厅秘书局组织对 GB/T 9704—1988 国家标准进行了修订，国家质量技术监督局于 1999 年 12 月 27 日发布了 GB/T 9704—1999《国家行政机关公文格式》国家标准。

从此，机关公文从起草、行文到文件的归档管理初步形成一套标准化格式体系，结束了我国没有文件格式国家标准的历史，标志着我国文件标准化事业迈出了可喜的第一步，为我国文件工作、档案工作及国家整个信息管理工作的现代化奠定了基础。其重要意义体现在：一是找准了一个突破口，即以公务文书的主干部分行政公文格式的标准化作为实现我国文件标准化的突破口。二是抓住了一个宝贵时机，即 20 世纪 80 年代末我国政府已将文件格式标准化活动列入重要日程。已有了党政领导机关发布的关于公文处理的规范性文件的基础，文件工作手段应用已从单纯的手工操作发展到手工处理和自动化处理两种方式并存的阶段，此时实施国家标准公文格式的难度相对降低，经济效益显著。三是强化了一种意识，即文件工作中的标准化意识。新中国成立后的三十多年间，由于各种原因，我国文件标准化工作水平长期很低。在 20 世纪 80 年代以前，我国标准化活动还基本限于工农业生产部门，限于制定和实施技术标准；相当多的机关工作人员对于"标准"这一概念一无所知；各机关单位行文在宏观上习惯于按上级的原则性要求办理，在微观上则用各自所熟悉和习惯的方式方法形成和管理文件，其结果是各种不必要的多样化使文件处理工作长期处于周期较长、效率不高的状态。所以公文格式等三项国家标准的发布实施，所带来的不仅是一些条条款款和一些新的公文外观，也不仅仅是文件形式、文件管理方法的一般变化，而是以科学代替老经验，以标准取代旧习惯，强化文件工作中的标准化意识，在机关文件领域进行一场革命性的变革。

2012 年，为更进一步地提高党政机关公文的规范化、标准化水平，国家质量监督检验检疫总局、国家标准化管理委员会发布了 GB/T 9704—2012《党政机关公文格式》国家标准。该标准于 2012 年 7 月 1 日起正式实施。

新标准根据中央办公厅、国务院办公厅印发的《党政机关公文处理工作条例》的有关规定，结合多年来党政机关公文格式的实际应用，对 GB/T 9704—1999《国家行政机关公文格式》进行了修订。标准对公文用纸、印刷装订、格式要求、样式等作出了具体规定。与 GB/T 9704—1999《国家行政机关公文格式》相比，新标准将适用范围扩展到各级党政机关制发的公文；新增了联合行文首页版式、信函格式首页、命令（令）格式首页版式等式样；首次统一了党政机关公文格式要素的编排规则，使党政机关公文的表现形式更加规范。该标准的实施，有利于进一步提高各级党政机关公文制作水平和质量，有力推动党政机关公文处理工作实现科学化、规范化及标准化。

2. 公文格式的改革

2012 年 6 月 29 日发布的 GB/T 9704—2012《党政机关公文格式》国家标准，较之 1999 年 12 月 27 日发布的 GB/T 9704—1999《国家行政机关公文格式》国家标准，其主要修订体现在：

（1）标准名称改为《党政机关公文格式》，标准英文名称也作相应修改；

（2）适用范围扩展到各级党政机关制发的公文；

（3）对标准结构进行适当调整；

（4）对公文装订要求进行适当调整；

（5）增加发文机关署名和页码两个公文格式要素，删除主题词格式要素，并对公文格式各要素的编排进行较大调整；

（6）进一步细化特定格式公文的编排要求；

（7）新增联合行文公文首页版式、信函格式首页、命令（令）格式首页版式等式样。

3. 国家标准公文格式自动排版系统

为全面贯彻、落实 GB/T 9704—1999《国家行政机关公文格式》国家标准，适应办公自动化技术发展的需要，改善公文处理质量和制作质量，中国标准化协会与北京天大天财智能卡系统有限公司联合研发了国家标准公文格式自动排版系统软件，作为国家标准的配套软件，与国家标准同步推广。

该排版系统软件具有良好的排版界面，且操作方便，只需按系统提示要求输入公文相应内容，系统就会按国家标准格式要求自动完成排版和输出，极大地提高行政机关公文处理工作的质量和效率。该系统是国家公文趋向规范化、标准化与自动化的重要技术工具，有着不可替代的突出功能：

（1）标准公文生成器是严格按照 GB/T 9704—1999《国家行政机关公文格式》国家标准的要求而设计的。使用公文自动生成器创建的五种公文文件，其各部分内容的字体、字号、位置完全符合《国家行政机关公文格式》中对公文的要求。系统还在公文自动生成器中建立了公文主题词库；同时把已输入的机关名称进行自动存储并显示，方便使用者查询、输入。

（2）独有的定制首页版心功能，只改变首页的版心大小，第二页即恢复原版心。使用文本框可在版心内、外进行排版，能够满足公文办理过程中各种版式公文对首页的特殊要求。

（3）在工作界面内打开的文本交换窗，是具有独特的数据交换功能的辅助窗口，使用文本交换窗可在工作界面内同时打开两个文件，减轻了在窗口间进行数据交换的工作。

（4）在公文中插入任意页面设置的文件后，程序将对插入的文件按当前工作文件的页面设置进行自动排版。

（5）在公文中运用改变行距大小的方法来消除"此页无正文"的情况时，不会改变公文首页文件头区域。

配合 GB/T 9704—2012 年《党政机关公文格式》国家标准的自动排版系统软件仍在研发中。

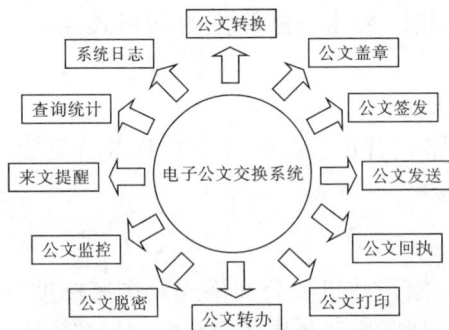

图 2 - 4　多维电子公文交换系统

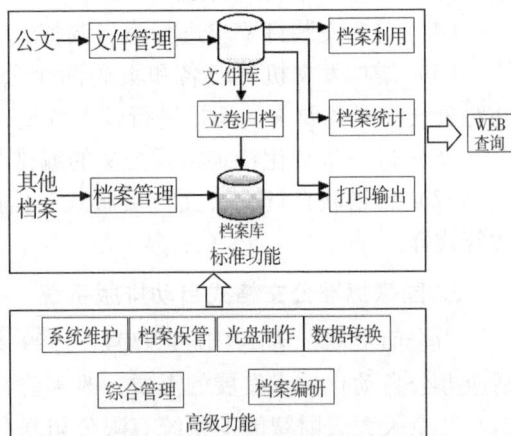

图 2 - 5　公文排版系统

【本章小结】

本章简要论述了企业文书的含义，对不同层次的企业文书进行了分析；简要介绍了企业党群工作和行政管理文书的形成，企业产品、科技研究、基本建设和设备仪器等文书的形成，以及企业生产技术与经营管理文书的形成，使读者对企业文书的历史沿革有清晰的认识。同时，介绍了国家标准公文格式自动排版系统，让读者对文书的未来发展有了简单的了解。

【习题与训练】

一、思考题

1. 什么是企业文书？

2. 企业文书工作的特点与作用有哪些？

3. 什么是公文格式标准化？

二、实训题

1. ××旅游公司的档案员小刘在指导文书立卷的过程中发现公司某次年会的文件中缺少一些会议记录和领导的讲话，以及一些重要的收发文件。经过查找，他不仅将文件收集齐全，而且找到了文件收集不全的原因：其一，一些承办人员不愿将自己认为有用的文件归档，担心用起来不方便；其二，一些文书人员未按归档范围收集文件；其三，公司内部未进行立卷分工，存在遗漏立卷和重复立卷的情况。如果你是小刘，你将如何帮助文书部门进行档案管理？

2. ××建筑公司成立档案室，录用一名档案专业的毕业生小叶为档案员，并责成他完善公司的文书档案管理制度。如果你是小叶，你将如何做？

3. 南京市××食品分公司自 2011 年成立后，一直没有成立专门的档案管理机构。随着资料、图片等内容的增加，该分公司决定向上级机关（南京市××食品总公司）请示成立专门的档案室。请根据《党政机关公文格式》国家标准代为起草该请示。

【知识链接】

案例 1

××公司于 2009 年成立，成立之初没有设置独立的档案室，档案工作由公司办公室负责。随着公司的逐步发展和扩大，2013 年招聘专职档案员两名，成立了公司档案室，经办公室移交公司各类文件 502 份，照片 838 张，卷宗 121 份，图纸 708 张，使企业的管理更加规范。

案例 2

××通信设备公司十分重视档案的管理工作，为了保障公司档案收集的齐全，档案管理人员协助公司以文件的形成阶段为起点建立了完善的文件管理制度。该公司的具体做法是清理自身各种文件的来源和种类，规定文件形成、管理和归档的分工，如规定各种会议文件、电话记录、照片、电子文件的管理责任人等。这样做，从档案形成的源头上保证了档案的齐全；同时，也使档案部门比较清楚地掌握了本公司档案的来龙去脉，文件归档时，档案管理人员就能够比较顺利地将有价值的文件完整地收集起来。

3 企业文书的管理工作

【本章要点】

- 了解企业文书建立档案的重要性、必要性和作用。
- 学习和掌握企业文书的管理、运转、立卷、存档等基本概念，为做好企业文书工作打好理论基础。
- 学习和掌握企业文书管理、运转、立卷和存档等的基本工作方式、方法。

【案例导入】

案例 1

一次中国企业反倾销应诉史上的胜利

2002 年，欧盟打火机制造商联合会向欧盟委员会提出反倾销申诉，指控中国生产的一次性燃气打火机在欧洲市场上倾销。2002 年 6 月 27 日，欧盟宣布对产自中国的打火机进行反倾销立案。

得知此消息，浙江温州、宁波等地的打火机生产企业在有关部门和行业协会的组织下准备应诉，并向欧盟申请市场经济地位和提出"产业无损害抗辩"。

应诉中的关键环节是提供公司生产、内销、外销、财务等各方面的材料和原始单据，以及经营过程中的合同、协议、企业章程、董事会决议记录等，更重要的是提供近三年来的财务报表和审计报告等一套完整的档案材料。

由于这些应诉企业平时注重生产、销售和经营管理等方面档案的收集和管理工作，因此，所需要的档案齐全，证据充足。经过应诉企业、代理律师等长达 15 个月的工作，2003 年 9 月，在针对中国产品的众多反倾销调查案中，一次性打火机生产企业的应诉取得了胜利，成为中国企业反倾销应诉史上的标志性事件。

【案例分析】

上述案例告诉我们：企业在生产和经营活动中形成的各种档案具有重要的作用，档案是否完整有时甚至关系到企业能否生存和发展。而且一个单位仅有档案是不够的，配合有效的档案管理工作才是档案充分发挥作用的前提。

案例 2

失之毫厘亦误事

一华公司总经理指示行政部的孙主任查查去年给锻接车间的"批复"中规定他们今年减少生产的 WH-6 组件的具体数字是多少。

孙主任吩咐文档室查找，结果文档工作人员查了去年所有文件也没有找到那份批复，仅仅查到锻接车间"要求减少生产 WH-6 组件"的请示。经工作人员回忆，当时移交文书时，就曾提出过未见"批复"件，但时间一长，也就不了了之了。

该文件一直没有找到。有关人员，包括办公室主任，都受到了应有的处分。

【案例分析】

上述案例告诉我们：在企业文书的运转过程中，一定要跟踪到位，特别是在存档的过程中，应该及时把缺失的文件追加到位。

案例 3

多而有序才是好

秘书李云平时非常注意资料和文件的收集保存，凡是工作活动中接触的各种资料和文件都会收集起来，存放在抽屉里。日积月累，文件、广告、宣传资料、参考书等已经填满了李云的好几个抽屉。一天，行政经理找到李云要查阅一份市场调查报告，李云望着几个抽屉的资料和文件有些不知所措，急得满头大汗，翻来翻去却怎么也找不到行政经理要的那份报告。最后，她花了一个下午的时间才把那份报告找到，不但浪费了很多时间，而且给领导留下了非常不好的印象。

【案例分析】

上述案例告诉我们：企业文书的定期整理是一件非常重要的工作，也是一件非常必要的工作，只有这样，企业文书管理才能更有效率。

【问题讨论】

1. 企业文书为什么要存档？建立企业文书档案有哪些作用？

2. 结合以上案例分析，说说怎样才能更好地管理企业文书档案。

3.1 企业文书管理概述

3.1.1 企业文书管理的概念

企业文书的管理，即对企业文书的保管、保密和监督利用，是指在企业文书的形成、传递、运转处理、存储利用直至归档销毁的全部"生命周期"中所进行的规划、组织、监督控制、保管、整理、统计、提供服务等职能活动。企业文书管理作为合理利用和保证企业文书安全而采取的一系列手段，是企业文书处理工作的一项重要任务，也是企业秘书工作的组成部分。

企业文书管理的主要内容一般包括实行严格登记制度，妥善保管，按照规定提供文书阅读和传达，将用毕的文书定期清退和销毁等。企业文书管理是办公室秘书日常工作中一项必不可少的非常严谨细致和十分重要的工作。管理企业文书的目的，在于充分发挥企业文书的效用，并确保其安全，避免出现丢失、泄密等问题。

企业文书管理工作的基本原则是"便于工作，利于保密"，基本要求是"准确、及时、安全、保密"。要正确处理企业文书管理与利用、企业文书管理与保密的关系，采取严格保管、保密措施等，确保企业文书能够方便、高效地被利用，确保企业文书的保密。

3.1.2 企业文书管理工作的特性

企业文书管理与其他工作一样，具有其自身的特性：

（1）重要性。企业文书是企业正常运转的体现，通过管理企业文书，确保其正常运转和安全保密，为企业和企业管理工作服务。

（2）程序性。企业文书制发处理是按照一定的程序进行的，需要经过若干环节，而每一个环节都涉及管理问题，对企业文书的运转、利用、保密提供监督和保证。企业文书管理实际是依附于企业文书处理过程的工作，也就是说，企业文书管理是按照企业文书处理的程序进行的，程序化管理是企业文书管理工作的一大特性。

（3）系统性。企业文书管理是一项系统性的工作，是一个系统管理的体系。企业文书涉及的对象是多层次、成体系的，这就使企业文书处理形成了一个有机的管理系统。

（4）保密性。企业文书是涉及企业商业秘密的主要载体，因此，保密性是企业文书管理工作的重要内容和鲜明特性。

除上述特性外，企业文书管理还有服务性、时效性等其他特性。

3.1.3　企业文书管理的作用

企业文书管理工作的作用，在于保障企业文书在整个处理过程中的正常运转并确保企业文书的保密性。具体表现在三个方面：

（1）保障作用。即保障企业的正常运转、有效利用和安全保密，也即在处理企业文书的每个环节中，通过一系列管理措施和手段，确保企业文书便于处理、充分利用，以及不遗失、不泄密。

（2）监督作用。即对企业文书运转处理各个环节的工作进行有效监督。企业文书的起草、印刷、收发、传递、承办、阅读、保管、立卷、归档、借阅、移交、销毁等各个环节的工作，在规范、程序和保密等方面都有明确的规定。企业文书管理的作用之一，就在于依据这些规定，通过对企业文书处理的全过程进行有效监督，保证其实施。

（3）保密作用。企业文书是企业发展的商业秘密的一种存在方式，企业文书管理对秘密企业文书在形成、处理、利用过程中的安全保密发挥着重要作用。

3.1.4　企业文书的管理与利用

企业文书的管理与利用是一项工作的两个方面。管理是基础，是手段；利用是主题，是目的，二者是辩证统一的关系。管和用要求在确保企业文书安全保密的同时，充分发挥企业文书的效用。工作中要求正确处理管和用的关系，一是要树立管用并重的观念，正确把握管与用的辩证统一关系，既看到管和用相互制约的一面，又看到管和用相互依存的一面，寻求二者的最佳结合点。二是从理论和实践的结合上，探索研究管好用活的内在规律和正确处理二者关系的基本方法，建立科学工作运行机制，做到管用并重，有机结合，相互促进，使之更好地适应企业发展的要求。

3.1.5　企业文书管理的主要措施

企业文书管理工作中采取的经常性措施主要有：

（1）控制企业文书发行范围。对上级来文，严格按既定发行范围办理，不随意扩大范围；对本级文书或一些平行单位、下级部门的来文，根据相关规定和工作需要，合理确定发行范围。

（2）控制企业文书的阅读范围。根据工作的需要，需要阅读的人必须阅读到位，而不需要阅读的人坚决不能让其阅读。

（3）控制企业文书印刷权限。要注意给指定的人和地方进行印刷，以避免文件内容的泄露。

（4）严格登记制度。对于在运转过程中的企业文书，一定要进行跟踪，制定登记制度，做好登记。

（5）固定存放地点。任何文件都要有指定的存放地点，以方便查找。

（6）建立清退、销毁制度。定期清理文件，需要清退和销毁的文件要定期处理。

（7）采取措施，确保运转过程的安全。要制定企业文书运转管理制度，确保运转安全。

（8）严格传阅制度。传阅的过程中一定要有传阅制度，以确保传阅到位且做好保密工作。

3.1.6　企业文书管理系统

企业文书管理系统，是指在一定范围内，以为管理企业文书提供有效信息为目标，相互有着密切联系的多种企业文书管理职能及管理过程的总体。其主要构成要素有人、制度、方法、手段、程序、设备等。该系统可以分为以手工管理为主的人工系统和以电子计算机、现代通信技术普遍应用为特点的自动化系统两种。

1. 企业文书管理系统的基本结构形式

主要有职能结构、功能结构和职能—功能复合结构三种。

（1）职能结构。职能结构是按照企业组织机构而建立起来的文书管理系统的形式。企业设置的每一个职能部门构成一个功能齐全的文书管理子系统，除个别接收、传递工作之外，一切文书管理活动都由各子系统独立完成。它适用于规模大、内设机构多但机构相对稳定、分工明确、部门间横向联系少的企业。

（2）功能结构。功能结构是基本上按照系统功能（输入、输出、加工处理、存贮、控制）建立管理系统的形式。承担某一方面功能的一个或若干机构构成一个子系统，其他子系统则由综合部门及其下设机构（或专职、兼职工作人员）分别构成。它适用于规模小、内设机构简单、业务活动及文书量较少且驻地集中的企业。

（3）职能—功能复合结构。职能—功能复合结构是前两种结构的复合形式。部分子系统分别由一个或几个职能部门构成职能子系统；另一部分子系统则是功能子系统。复合结构适用于驻地分散、职能复杂、业务频繁、内设机构层次较多的企业。

2. 规划企业文书管理系统的基本原则

规划企业文书管理系统的基本原则主要有：

（1）集中统一原则。要求文书管理活动置于企业负责人的直接领导下，日常管理活动由综合部门负责协调、组织，除文书承办以外的工作活动由各级文书管理部门或工作人员组织控制，文书管理工作的各项规章、制度、标准尽可能在最大范围和程度上实现统一，决定文书流向、流速、生效、归宿等部分处理业务（收发、分送、传递、用印、归卷、清退、销毁等）由文书管理人员分类集中处理。

（2）可靠性原则。要求系统能够准确、周密、完整、精确地提出文书信息，并使文书秘密得以保守，避免各种差错。

（3）及时性原则。要求系统确保文书得到迅速处理并产生特定效用。

（4）程序化原则。要求广泛建立和充分实施各种工作程序，维护各工作步骤之间的密切联系，保持其确定性与连续性。

（5）科学分工原则。要求对各项工作作适当的分解，由各机构或有关个人合理分担，使其分别在某一方面专司其职、专负其责，提高工作效率，建立稳定秩序。

3. 企业文书管理的系统控制

企业文书管理的系统控制主要包括：

（1）总体工作控制。根据企业文书管理工作的要求，提出工作计划实施方案；设计文书管理制度及各类具体标准、处理程序等；及时、广泛收集反馈信息，集中掌握文书收发、传递、制作、立卷归档、清退、销毁、核稿、分送等工作情况，以制度、标准和程序规范为依据，做好各项控制工作。

（2）控制文书运转。在文书运转处理过程中，对其流向、流速进行合理规划和把握，使之更及时、准确、有效地为企业工作提供服务。

（3）控制文书流向。一是合理划分各部门机构的管理职能，明确各级各类工作人员职责及对文书信息的需求与要求；二是提高批办、拟办、分送等决定文书流向的程序化程度，实现优化排序，使文书按内容性质、轻重缓急有秩序地投入运转过程；三是对非常规、非例行文书明确规定运转规程，选择合理的运转路线及结构形式，强化控制能力。

（4）文书流速控制。一是缩短流程，尽量减少层次和不必要的环节，提高运转速度；二是提高组织运转工作标准化程度，严格规范各种文书的处理时限，使各项操作标准化；三是完善运转过程记录，加强监督和催办工作。

4. 行文关系

企业文书要根据用途和工作关系行文。主要工作关系可以分为：

（1）隶属关系。隶属关系是指在同一管理体系内同时存在两种或两种以上规范系统，而其中一种优越于另一种，并由优越的一方来规定另一方的适用条件及效力范围等。属人管辖指行政机关对一定人（或组织）的管辖，在内部行政中指对下级机关和工作人员的管辖，行政管理学中通常称之为"隶属关系"。这里所说的隶属关系是指行政上下级关系，是上级领导机关与下级领导机关之间相互隶属的关系。行文就是对这种规范的最好体现，也是上级领导下级的重要手段。这是一个比较主要、常用的行文管理关系。

（2）业务指导关系。业务指导关系是指上级业务部门与下级业务部门之间指导与被指导的关系。这里要与隶属关系分清楚。同一组织系统中的上下级机关间是领导与被领导的隶属关系，同一专业系统中上级主管业务部门与下级主管业务部门之间是指导与被指导关系。如子公司下面的销售、生产、行政等部门都隶属于子公司，但总公司的销售、生产、行政等部门除了隶属于总公司外，也是子公司的销售、生产、行政等部门的业务指导部门，它们之间是业务指导关系。它们之间的行文管理就是根据业务指导关系来进行文书管理的。

（3）平行关系。平行关系是指同一系统当中两个不相隶属，而相互平行、并列的行政管理单位之间的关系。如总公司下面的各个子公司之间的关系，或总公司下面管理的几个部门之间的关系。平行单位之间的行文一般比较少，主要是事务商榷等方面。

（4）不相属关系。不相属关系是指以上三个关系之外的其他关系。如总公司的行政部门与子公司的销售部门之间的关系，或分别隶属于两个不同的管理系统之间因为工作或业务需要而产生的相互之间的行文关系。

要根据实际工作需要来把握上述四种类型，根据实际用途和工作需要确定行文的关系，有效控制和防止滥行文现象。

3.2　企业文书的运转与积累

3.2.1　企业文书的保管

企业文书的保管是指企业文书的保存和管理。秘密文书一般由专人保管。保管企业文书应根据不同的种类，分别登记、编号存放，应有专门的工作间（室）和安全措施、环境，存放文书的设备应当绝对牢固，必要时还要加强安全保卫工作。

3.2.2　企业文书的运转

企业文书的运转是指企业文书的制定、使用、归档等全过程。不同的文书类型具有不同的运转方式，但每一种文书都有其具体实在的用途，根据文书用途不同而产生不同的运转方式。

3.2.3　企业文书运转的管理手段

1. 跟踪管理

企业文书在运转使用过程当中，为了利于查找和保密，准确地掌握其流向，应随时做好登记，进行跟踪管理。登记可设专簿或采取"日记实"的办法。

日记实，是对本单位企业文书在传阅、承办过程中每个落脚点的当天进行记录。它是企业文书处理人员查找、调阅企业文书的得力工具。可以根据需要制作企业文书跟踪单，企业文书收回后，跟踪单另行存放。

2. 定位管理

工作人员将送阅（办）的企业文书取回后按照预先设定的位置存放，称为定位管理。

首先，制作（购买）公文橱柜。其次，按企业文书长、宽制作（购买）适当厚度的公文盒，盒上标注企业文书名称。公文橱柜可以根据时间长短分为几个使用期，或者按行文关系分为几种规格来存放。还可以在盒内设置"归盒文书记录卡"，记录卡标注文号、收文时间、归档日期、借出时间、还文时间等。查找盒内文书时，可以根据记录卡了解文书的下落。

3. 卡片管理

为了方便查找，企业文书还可以采取"文书卡片"形式管理。文书卡片是以卡片的形式揭示企业文书内容和成分的一种检索工具。

文书卡片原则上一文一卡，有的也可将内容相近或有密切联系的文书填在一张卡上；有些专题性会议材料，也可以把会议的中心内容作为企业文书标题。编制文书卡片的原则是既便于分类，又便于检索使用。

4. 制度管理

制度管理指建立企业文书借阅、传递、归档等项制度，依靠严格的制度进行管理。主要包括企业文书签收、登记制度，企业文书审批、借阅制度，企业文书归档、清退和销毁制度，企业文书检查制度，企业文书保密制度等。

根据企业文书的运转和使用，还要注意阅读管理、传达管理、翻印管理、汇编管理、复制管理、借阅管理等。

3.2.4　企业文书的处理

企业文书完成运转、使用后，要对相关企业文书进行清理，根据文书性质，确定处理方式。处理方式主要有三种：

1. 企业文书的清退

使用后的企业文书，除按规定留存外，有关人员应及时清理，定期退回企业文书制发单位或指定受理的部门。清理企业文书，即将一定时期内的企业文书进行清点，检查有无遗失、泄密、漏办、漏阅等情况。清退工作是在清理企业文书基础上进行的，退回的企业文书统一由受理部门按规定销毁。

2. 企业文书的销毁

企业文书使用后经过一定时间，除存档的以外，其余应当销毁。企业文书的制发单位和授权接受清退的单位，应根据企业文书退回情况，及时组织销毁。不要求退回的公文，受文单位也应按时进行清理和销毁。销毁秘密企业文书、资料和内部刊物时，必须按销毁企业文书保密的要求办理。销毁秘密企业文书应进行登记并履行有关审批手续。销毁企业文书可采用打浆、粉碎、焚烧等形式，销毁秘密企业文书要由两人以上进行监督。

3. 企业文书的积累

收集、整理归档的企业文书的过程就是企业文书的积累。

3.3　企业文书的整理

企业文书的整理是指对运转的各企业文书进行收集、整理，以便根据实际工作情况进行立卷归档。

3.3.1　企业文书的收集

企业文书的收集是指企业文书处理部门将本企业或本部门需要归档的企业文书材料集中到一起。收集企业文书，应根据企业文书的归档范围来进行。对应该归档的企业文书材料，要注意随时收集。

建立健全企业文书管理工作的各项制度，是做好归档文书材料收集工作的重要保证。企业文书管理和归档工作应制定具体办法和制度，对有关人员和企业文书管理各个环节的企业文书收集提出明确的要求，制定切实可行的措施，以保证办理完毕的企业文书材料及时进行集中。

企业文书的管理人员随时收集企业文书，应当做到"三要"、把好"五关"。

"三要"是企业文书收集、整理和归档的原则要求，根据这个要求来解决如何收集、怎样收集、收集什么等方面的问题。具体如下：

一要明确归档范围，分清应归档与不应归档的企业文书。一般而言，反映公司、企业经营运作情况的所有的文书材料都应该归档，包括重要通知、纪要、会议材料、公司章程、决议、规定、合同等；而一般性通知、草案等就未必需要归档。在归档的时候，如果档案材料比较复杂、繁多，则可以根据实际需要确定管理期限，分为永久、长期、短期等类别进行归档处理。

二要选择适当时机，及时把应归档企业文书收集齐全。作为文书负责人或档案管理负责人，在管理好企业文书的运转过程中，还要注意企业文书的归档时机。企业文书的归档时机一般根据文书的实际效用来决定，如果企业文书仍在使用有效期内，则要在运转上进行管理；而已经结束使用或已经过期的，则要及时把相关的企业文书收集齐全，防止流失或缺失，避免造成文书归档的混乱。

三要建立岗位责任制，把归档企业文书收集整理工作落实到人（包括承办人员及有关人员）。这就是要定岗定人，在公司企业行政管理中切实保证企业文书在运转后进行归档，一来保证商业机密不外泄，二来保证企业文书档案管理规范。

把好"五关"就是把好企业文书运转中的各个关口，以保证在企业文书的运转过程当中不至于流失或丢失。这不但保证了企业文书运转的效用正常发挥，也保证了企业文书的管理规范，保证了商业秘密不外泄。具体如下：

（1）把好发文关。企业文书由企业文书管理人员统一编号、送印、盖章和分发，发出时，要将定稿、存本及附件收齐归档。

（2）把好收文关。收文时把好登记、阅办、承办、注办等关。

（3）把好重要会议文书材料的收集关。重要会议文书材料在会议后一定要及时收集齐全，以免遗失或泄漏。

（4）把好外出开会人员带回文书的催收、登记关。要及时对外出人员开会所带回的会议材料进行催收和登记工作，以免因为疏忽而造成企业文书流失或泄露商业秘密。

（5）把好内部专用文书材料的保管关。对于公司企业内部专用文书特别是涉及商业秘密的秘密文件，一定要按照相关规定做好管理工作。

同时，要坚持平时归卷制度，按立卷类目的条款，将平时收集的文书随时归卷，放入事先准备好的卷夹，俗称"对号入座"。

3.3.2 企业文书的整理

企业文书的整理是指对企业运转的各种、各类的企业文书进行收集、整理和归类，以便根据实际工作情况进行立卷归档。企业文书的收集整理工作是企业档案整理中最为关键的一环，也是做好档案管理工作的前提。

需要立卷的企业文书，集中以后，要适时地进行整理与配套，使企业文书材料切实做到齐全、完整。整理配套的目的是便于立卷。对立卷材料进行整理配套，使其与立卷原则在内容上是一致的，即保持企业文书之间的历史联系，区分企业文书的保存价值，便于保管和利用。

整理配套的方法是：正式文书，可以根据文号分别依次进行系统排列。会议材料，可以按照时间、次序排列等；也可以根据企业文书的实际情况进行整理归类，使其条理清晰、归纳有序、管理方便。如有按文种分类整理的，也可以按单位事件进行分类整理等。

整理集中的企业文书，要注意以下三个方面：

（1）严格按照归档范围，突出重点，分清主次，进行系统整理。

（2）注意企业文书之间的内在联系。整理配套时，要认真阅读文书，注意找出企业文书之间的内在联系，分门别类进行整理，以备随时调用，方便立卷。

（3）适时进行整理配套，以免失去对企业文书不齐进行补救的时机。

企业文书的整理要注意系统性、整体性和全面性，只有做到文书齐全、分类清楚，才能使企业文书的运作和管理发挥更大的效用，并保证整个企业的高效运作。

3.3.3 企业文书的分类

企业文书的分类指按照企业文书的形成和内容的不同特点和相互间的联系，分成若干类并加以系统排列。分类要从企业文书形成的特点和规律出发，符合企业文书形成的实际情况，保持企业文书之间的历史联系，力求科学、合理、层次清晰、界限分明和概念明确，不可相互交叉或重复；分类的标准要统一，做法要一致，以利于管理和查找利用。

做好企业文书的管理，无论是运转还是档案管理，企业文书的分类都是非常重要的第一道工序。企业文书收集后，若不进行分类，仍是一堆杂乱无序的文件材料，就不方便查用。只有通过合理的分类，才能使企业文书或文书档案真正成为类别分明、条理清晰的有机整体，便于系统地查找利用。

常用的分类方式有以下几种：

（1）按文件的来源分类。具体形式有三种：组织机构分类法、作者分类法、通讯者分类法。

（2）按文件的形成时间分类。具体形式有两种：年度分类法、时期（或时代、阶段）分类法。

（3）按文件的内容分类。具体形式有三种：问题分类法、实物分类法、地理分类法。

（4）按文件的形式分类。具体形式有三种：按文件种类（名称）分类，按文件载体分类，按文件的形状、规格分类。

在上述分类法中，常用的方法主要有三种：年度分类法、组织机构分类法和问题分类法。

年度分类法是根据形成和处理文件的年度，将企业文书档案分成若干类别。按年度分类符合档案按年度形成的特点和规律，能够保持档案在形成时间方面的联系，可以反映出一个立档单位每年工作的特点和逐年发展变化的情况，便于按年度查找利用档案。

组织机构分类法是按照立档单位的内部组织机构，将企业文书档案分成若干类别。它能够保持所有文件在来源上的联系，客观地反映各组织机构工作活动的历史面貌，便于按一定专业查找企业文书档案。

问题分类法是按照文件内容所反映的问题（或称"事由"），将企业文书分成若干类别。它能够较好地保持企业文书在内容方面的联系，使内容相同或相近的企业文书集中在一起。这样既能较突出地反映立档单位主要工作活动的面貌，又便于按专题系统、全面地查找利用企业文书档案。

在实际分类过程当中，由于企业文书的复杂性，单纯采用一种分类方法的情况是比较少的，多是两种方法结合使用。这种分类方法也被称为复式分类法。常用的复式分类法有以下四种：

（1）年度—组织机构分类法。就是把企业文书先按年度分开，然后在每个年度下面再按内部组织机构进行分类。

（2）组织机构—年度分类法。就是对企业文书先按组织机构分开，然后在组织机构下面再按年度分类。

（3）年度—问题分类法。就是把企业文书先按年度分开，然后在每一年度下面再按问题分类。

（4）问题—年度分类法。就是先把企业文书按问题分开，然后在每个问题下面再按年度分类。

采用何种分类方法的主要依据是企业内部的管理和企业文书的实际情况。

3.3.4　企业文书的归卷

企业文书的归卷即将处理完毕的企业文书，依据已经编好的案卷类目的有关条目归入卷内，也就是把企业文书建立成企业文书文档，根据工作需要进行归档。

这里需要注意两个问题：

（1）跨年度或运转时间比较长的企业文书要注意正确归卷。例如，企业文书上有两个以上日期且不是同一个年度的，如计划、总结、纪要等；文件上没有准确日期的企业文书；跨年度的企业文书等。这些都要在归卷的时候根据实际需要进行归档，既要避免遗漏需要归卷的企业文书，也要避免重复或条理不清。

（2）要正确判定档案的所属机构。对涉及几个机构或是几个部门的企业文书，在一个立档单位内要有统一的规定，将企业文书合理而有规律地归卷，以便查找时有规律可循。

3.4　企业文书的归档

所谓企业文书的归档，就是指本公司企业的行政管理、秘书部门或业务部门将在工作活动中形成的具有保留价值的企业文书整理立卷，定期交给档案管理部门或负责管理档案的人员集中保存的过程。办理完毕的企业文书，一般第二年必须归档。

3.4.1　企业文书的案卷

企业文书的案卷就是若干具有共同特征、相互联系、经过系统处理的企业文书的组合体，是企业文书档案管理的基本保管单位，通常也是统计企业文书档案数量的基本单位之一。一个案卷一般由若干份企业文书组成，有的也只有一份。组成、制作案卷的过程就是企业文书归档的过程。

1. 归档企业文书的范围

概括地讲，凡是本企业在工作活动中形成的、办理完毕的、具有查考利用价值的收发文书、会议文件、内部文件、电话记录、会议记录、本单位编印的出版物原稿（附印本），以及编制的图表、有关照片等文书、文件和材料，均应该立卷归档保存。一般有：

（1）企业法规及企业代表大会文件。

（2）董事会及其他重要会议的文件。

（3）有关经营方针及事业规划。

（4）预算、决算材料。

（5）各项规章制度的制定、修改和废止情况。

（6）发至企业内部机构的指示及命令。

（7）重要的权利、财产的得失、保全及其变更的情况。

（8）重要契约、合同的缔结、解除及其变更的情况。

（9）有关企业职员的升迁、赏罚及授予的重要内容。

（10）向官方提请的文件及官方批复文件中的重要内容。

（11）重要的诉讼文件。

（12）重要的统计和调查文件。

（13）除上述外被认定为重要的企业文书。

2. 一般不归档的材料

（1）重份文件。

（2）无查考利用价值的事务性、临时性文书。

（3）仅供参考、参阅或征求意见而不需要办理的文书。

（4）未经领导审批或会议讨论通过的未定稿文书、未生效文书。

（5）企业内部相互抄送的文书。

（6）本单位负责人兼任外单位职务形成的文书。

（7）为参考而从各方面收集的文书。

（8）参加非主管部门召开的会议之后带回的不需要贯彻执行和无查考利用价值的文书。

（9）下级单位任免、奖惩非本企业工作人员的文书。

（10）越级和非隶属单位抄送的一般不需要办理的文书。

（11）下级单位送来的不应抄报或不必备案的文书。

3. 归档时间

归档时间是指文书处理部门或有关业务部门将需要归档的文书向档案室或档案管理人员移交的时间，或者说是行政秘书人员或档案管理人员收集归档的时间。

归档时间有两种：一是指定或规定时间，一般来说一年收集一次；二是对于某些专业方面的文书、特殊载体的文件及驻地分散在外的文书等，为了方便管理，也可以定期或不定期地收集归档。

4. 企业文书归档的要求

这主要是指归档案卷的质量要求。总的要求是遵循企业文书形成的规律和特点，保持企业文书之间的有机联系，区分不同价值，便于保管和利用。具体要做到：

（1）归档的企业文书材料的种类、份数以及每份文书材料的页数均应齐全、完整，不遗漏、不缺失。

（2）归档文书必须经过科学系统的整理。在归档时，应当将每份文书的原件与附件、印件与定稿、批复与请示、转发文件与原件，分别归在一起，不得分开。

（3）在进行文书排列时，要合理安排文书的先后次序，一般按照重要程度或时间顺序排列，密不可分的文书材料应依序排列在一起，即批复在前，请示在后；原件在前，附件在后；印件在前，定稿在后等。其他文书依据其形成规律或特点，按有关规定排列。

（4）归档案卷在技术加工上应符合有关要求。装订的案卷应统一在有文字的每页材料正面的右上角、背面的左上角填写页号；不装订的案卷，应在卷内每份文书材料的右上方加盖档号章，并逐件编号。图表和声像资料等也应在装具上或声像资料的背面逐件编号。

（5）案卷必须按规定的格式逐件填写卷内目录，有关卷内文书材料的情况说明都应逐项填写在备注表内。

（6）案卷封面的各个项目均应填写清楚，案卷标题要确切、简明地反映卷内文书材料的内容。

（7）案卷装订后，要按一定的次序系统排列，编订案卷号。

3.4.2　企业文书归档的意义

企业文书归档对于企业文书管理和档案管理工作具有非常重要的意义，主要体现在：

（1）归档处理是企业文书管理的最后环节，也是检验文书管理工作质量和效率的重要手段。归档要保持企业文书之间的有机联系，若企业文书管理某个程序运转不及时或将文书散失，就会影响归档质量。

（2）组合成案卷的企业文书保持了彼此之间的历史联系，便于查找和利用。

（3）企业文书组成案卷有利于保护企业文书的完整与安全，便于企业文书的保管。

（4）为档案管理工作奠定基础。

（5）企业文书组成案卷，有利于转化为信息资料，为企业领导的科学决策服务。

3.4.3 立卷

立卷就是对已经办理完毕的企业文书，将其中有查考、保存价值的，按照它们在形成过程中的联系、规律组成案卷。立卷是企业文书管理的一项重要工作任务，其主要内容和工作步骤如下：

（1）收集企业文书。

（2）区分全宗和甄别企业文书。

（3）企业文书分类。

（4）组卷。

（5）归类。

（6）卷内编目。

（7）填写卷皮。

（8）案卷排列和编号。

（9）填写案卷目录。

（10）移交归档。

3.4.4 立卷要求

1. 立卷的范围

立卷的范围即确定哪些企业文书应当立卷，哪些不应立卷。概括地说，凡是反映本企业工作活动、具有查考利用价值的企业文书材料均属立卷归档范围。

2. 立卷的原则

立卷的原则是指秘书人员在立卷工作中的指导思想、工作形式和方法。企业文书立卷的原则，要求立卷企业文书要收集齐全、完整，同时既要保持企业文书之间的历史联系，又要区分保存价值，便于保管和利用。

3.4.5 立卷的方法

根据立卷原则和实际情况采取不同的立卷方法，主要有六个特征立卷法、一事一卷法、分级立卷法、按企业文书类型立卷法等。比较常用的是按照企业文书的作者特征、问题特征、名称特征、时间特征、通讯者特征和地区特征，以问题特征为主，灵活运用六个特征的立卷方法。

1. 一事一卷立卷法

一事一卷立卷法也称一案一卷，即一件事情（如一次会议、一个问题、一项工作等）组成一个案卷（也可组成几个案卷）。其优点是基本上保持了企业文书之间的联系，易于操作，便于查找、保密。缺点是既有一件事情组成多个案卷的，也有多个事情组成一个案卷的，对综合性问题无法组卷，且难以很好地体现出分级立卷和区分保管期限。

2. 按企业文书类型立卷法

将企业文书区分为综合性、专题性等若干类型并采取不同方法立卷。综合性企业文书可按作者、地区立卷；专题性企业文书可以按照问题结合作者和通讯者立卷等。

3. 六个特征立卷法

六个特征立卷法即将最能反映企业文书面貌的作者、内容、名称、时间和地点这五个基本部分概括为作者特征、问题特征、名称特征、时间特征、通讯者特征和地区特征，并据这些特征立卷的方法。

（1）按作者特征立卷。作者特征指企业文书的制发单位特征。将同一作者的企业文书组成一个案卷，称为按作者特征立卷。作者可以是企业、企业部门，也可以是个人。采用这种方法立卷，便于从立成的案卷中看出企业文书的来源和行文关系，从作者的不同地位、不同作用区分企业文书的重要程度和保存价值。采用这种方法立卷，不仅可保持同一作者的公文之间的联系，也便于按作者特征查找利用。因而，这是一种被普遍采用的立卷方法。

（2）按问题特征立卷。即把关于同一个问题的企业文书材料组合在一起，组成一个案卷；也就是将有关同一事件、同一人物、同一单位的问题或同一业务等所形成的企业文书集中在一起立卷。这种立卷方法在立卷工作中比较常用。优点是可方便、鲜明地反映出企业工作活动的全过程和整体面貌，保持企业文书之间的历史联系，便于检索和利用。

（3）按名称特征立卷。"名称"是指企业文书文种的名称。按名称特征立卷，就是把相同名称的企业文书集中在一起进行立卷。这种方法可以反映企业、企业部门不同的工作活动，也可以适当区分企业文书的重要程度和保存价值，便于保管和检索利用。

（4）按时间特征立卷。"时间"是指企业文书形成的时间和企业文书内容所针对的时间。按时间特征立卷，就是把形成于同一时期的企业文书或内容针对同一时间的企业文书集中在一起立卷。这种立卷方法突出了保持企业文书之间在时间联系上的特征，反映出一个企业、企业部门之间在同一时期的工作活动中心。其优点是便于按照时间线索查找企业文书，以及查考企业在不同阶段的工作状况。按时间特征立卷要注意解决好跨年度的问题，防止由于所属年代区分不准，拆散企业文书之间的联系。

（5）按通讯者特征立卷。通讯者特征立卷方法是作者特征立卷方法的另一种表现形式。通讯者是指某一企业与另一企业或某一企业的部门之间相互往来文书的作者。按通讯者特征立卷，就是将通讯者双方就某一问题或几个问题进行工作联系或达成协议而形成的来往文书集中进行立卷。需要注意的是，不能将通讯者特征和作者特征在一卷之中混用。

（6）按地区特征立卷。指企业之间或企业各部门、子单位之间的企业文书中，根据文书来源或内容针对（涉及）地区立卷。这种立卷方法要注意与按作者特征立卷加以区别。

在企业文书立卷归档时，要根据具体实际情况灵活运用各立卷方法。

4. 分级立卷法

分级立卷法就是将企业文书根据管理级别的行文进行分类，然后再按问题组合成案卷。

立卷归档的主要目的是便于保管和利用，在企业文书的立卷归档的工作中要根据实际情况灵活运用各立卷方法，做到条目清楚、查考方便。所以，在立卷归档的过程当中，一方面要注重规范性，另一方面要注重实用性和可操作性。只有这样，企业文书的管理、整理才能更好地为企业的运转起到更大的作用，提高企业经营运转的效率和水平。

【本章小结】

企业文书工作对于企业来说，具有很强的时限性和机要性。企业文书是企业运转的重要工具，必须做到及时、准确、安全、统一、简化和保密。档案工作是企业运作的活记录，是一项服务性的工作，保密性和管理性都是非常强的。企业文书是档案的基础。企业文书转化为档案需要具备使用完毕、有保存价值和有序保存这三个条件。本章介绍的就是从企业文书到档案管理的运转、转化、整理、立卷、存档等的过程。

【习题与训练】

一、思考题

1. 什么是企业文书管理？
2. 如何做好企业文书的整理？
3. 如何做好企业文书的立卷归档？
4. 对于做好企业文书的管理工作，工作人员应当注意哪些问题？
5. 做好企业文书的管理工作，要求工作人员具备哪些素质？

二、实训题

1. 组织到一家公司进行调研，详细了解该公司的企业文书管理过程，将有关管理过程简要记录下来，并对该公司在企业文书管理过程中的优点及存在的不足之处进行点评，然后提出自己的意见和建议。

2. 下面是××公司的行政事务文书处理流程图，请对其进行点评，指出规范之处和优点，也指出不足之处或需要改进的地方。

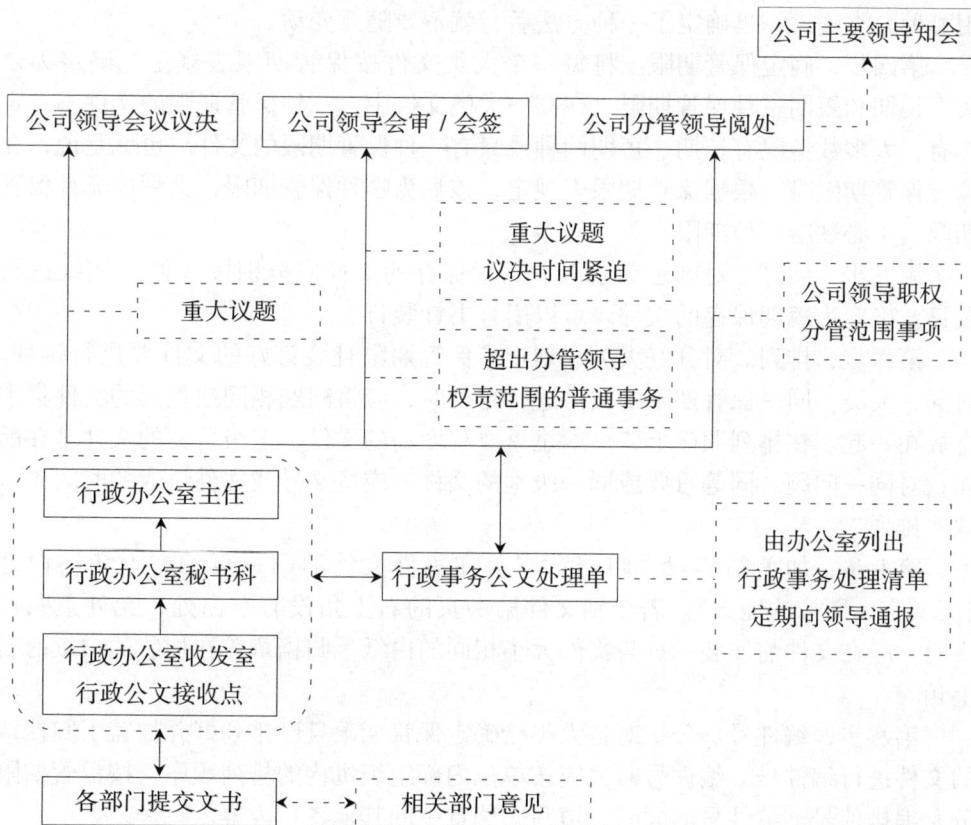

【知识链接】

1. 归档文件整理步骤

第一步，收集。将属于归档范围的、需要整理的文件收集齐全、完整。所谓齐全，就是把应归档的所有文件全部收齐，包括收文、发文、已编号的文件、没有编号的文件、会议文件等；所谓完整，就是每份文件的正件、附件、底稿、签发单、处理签、领导批示等都收齐。

第二步，分年度。将收集的文件按文件形成的年度分开，即把相同年度形成的文件归在一起整理。

第三步，分大类。将各年度的文件按单位内部组织机构分成若干大类，即根据文件的内容和办理文件的内部组织，属于哪个部门职能范围，由哪个部门办理的文件材料，就分到哪个大类去。如果单位文件很少，内部组织机构的职能又不十分严格，且变动频繁，也可将一年之内形成的文件按问题分成几个大类。不管用哪种分类法，一旦确定了一种方法后，就不要随意变动。

第四步，确定保管期限。将每一个大类文件按保管期限表规定，确定为永久、长期和短期三种保管期限。在某一大类文件中，三种保管期限的文件不一定都有，大多数情况有长期、短期两种或只有一种保管期限的文件。也就是说，在确定保管期限时，根据保管期限表规定，该划为哪种保管期限，就划成哪种保管期限，不必硬凑三种期限。

第五步，装订。对确定为永久、长期保存的文件应分别按"件"用线进行装订。确定为短期保存的文件，可以用订书针装订。

第六步，排列。对分好大类、划定了保管期限且装订好的文件要进行排列。对同一大类、同一保管期限的文件进行排列时，应将问题相同或相近的文件集中排放在一起。在排列顺序上，一般是重要程度高的文件、上级机关的文件排在前面；对同一问题，同等重要或同一级别的文件，应按文号或文件形成的时间先后顺序排列。

第七步，加盖归档章。归档章应盖在每件文件的第一页的右上角空白处（无文字、图像的地方）。若个别文件第一页的右上角没有空白处，无处盖归档章时，应在文件前加装一页与文件大小相同的白纸，归档章盖在加装的白纸的右上角。

第八步，编件号。分别对各大类已确定保管期限且已排列好并加盖了归档章的文件进行编件号。编件号时，应按单位内部组织机构的排列顺序，按保管期限分别编排件号。编件号的同时，填写归档章中的其他各项内容。

第九步，录入计算机。按归档文件要求，分永久、长期和短期三条线，把每件文件中相应项目录入计算机中。最好是一边录入一边备份，以避免数据丢失。录入完成后，应及时打印出永久、长期和短期三个归档文件目录，并按不同保管期限分别把归档文件目录装成三本。

第十步，装盒上架。把整理完毕的文件装入卷盒中，并按要求填写卷盒正面、背脊上的各项内容。卷盒上"盒号"一栏一般不要求填写，可留空，或用铅笔填写，一般由档案馆填写。

在每一盒文件的后面，可加上一页备考表。备考表必须填写立卷人、检查人、立卷时间。如有其他要说明的问题，也应填在备考表上。

2. 编写立卷说明

（1）立卷说明。立卷说明又称为"案卷文件目录序言"，就是文书处理部门在立卷工作告一段落后，为了方便日后的保管和利用，向档案室移交，并对机关当年的职能活动、立卷情况和文件的大体内容作出的叙述式的文字简介，其形成的文字材料就是立卷说明。它不同于"案卷文件目录"（又称"全引目录"，新的《归档文件整理规则》实施后，机关档案就只生成"归档文件目录"）。案卷文件目录是由某一全宗或全宗内某一部分案卷目录和卷内文件目录汇编而成，可以案卷和单份文件为检索单位，揭示和介绍档案的内容和成分的一种检索工具。立卷说明侧重于对立档单位当年的工作概况和立卷情况的说明，案卷文件目录侧重于立档单位当年形成的文件内容和成分情况的说明。

（2）掌握立卷说明的具体内容。根据立卷说明本身的要求，立卷说明大体包括立档单位的工作活动情况和立卷、归档基本情况。具体内容应包括以下几个方面：

①工作概况：要立足于本企业，反映本企业主要职能活动；要写明一年来立档单位的主要活动情况，做了哪些具体工作及其生成的数据。

②立档单位的组织机构及内部分工：机构如有变化要求写明（如机构何时成立、更改名称、改变隶属关系等）；内部分工要求写明具体的分工内容。

③人事任免变动：要写明一年来立档单位主要领导干部职务的任免、调离、招聘或解聘、奖惩的具体内容和具体人次。

④立卷、归档的基本情况：

● 案卷数量：注明本年度形成案卷的数量（包括永久、长期和短期卷的数量）。

● 归档范围：案卷所包含文件的内容、形式。

● 立卷的方法：说明根据什么特征立卷（如时间特征、问题特征等）。

● 立卷组织和立卷说明：注明哪些案卷具体由哪个部门立卷，有利于责任明确。注明立卷日期。

（3）掌握立卷说明的编写原则。立卷说明的编写原则是坚持历史唯物主义观点，真实地反映本企业的本来面貌，按照本企业各种活动的开展情况和立卷情况客观地加以记述。

①坚持历史唯物主义观点，真实地反映本企业的本来面貌。编写立卷说明是为了日后方便查找本企业每年的主要活动情况，提高利用效率。所以，档案工作者要自觉地坚持历史唯物主义观点，实事求是，持对党、对国家、对历史负责的

严肃态度，忠于职守，让本企业的面貌真实地展现在人们的面前。

②按照本企业各种活动的开展情况和立卷情况客观地加以记述。编写立卷说明着重客观地记述事实，一般不加评述，它不同于学术论文，无须分析和阐述，只要实事求是地提供事实的脉络。

（4）了解编写立卷说明的注意事项。

①材料的收集。这是编写的前期准备工作，也是关键性的工作。编写前要有针对性地广泛收集所需要的材料，它要求档案工作者平时注意积累材料，充分地占有材料。具体包括立档单位当年的人员编制、机构设置和变动、人事任免、主要任务和职能、重大业务活动和中心工作等方面的文件。

②对收集来的材料要进行严格挑选和文件考证工作。只有充分地占有材料，才有选择余地，要严格挑选，去粗取精，去伪存真，坚持一切从实际出发，实事求是。只有这样，才能如实地反映事物的本来面貌，确保立卷说明的可靠性和真实性。

③摘抄的内容要简明扼要，详略得当，文字表达要准确无误，数字表达要确切，尽量不用"大概"、"大约"之类不确切的字词。

④系统条理，脉络清楚，要给人条理清晰之感。

⑤先编初稿，经立档单位负责人审核后再定稿打印。

4　企业档案的收集与整理

【本章要点】

- 企业各种文件材料的形成及归档范围。
- 企业档案的基本构成。
- 企业档案实体分类及分类大纲的编制方法。

【案例导入】

一纸瑕疵几乎毁了一项成果

2012年，南粤××市一家国家级高新技术企业，为了与国外同类企业展开竞争，借此拓展国外市场而投入巨资研发××型号医疗器械产品。由于属于高精尖技术，国外企业取得多项技术专利的同时，对此技术严密控制。该企业组织技术人员持续研发、攻关，但一次次的攻关都以失败告终。经过技术人员近两年的不懈努力和不断探索，研发工作终于成功，并制造出样机。经临床试用、检测，其效果达到国外同类产品水平，而产品价格将大幅度低于进口同类产品。经申报国家有关部门批准，该产品获得生产许可证书。该企业迅速组织生产，拟将产品快速推向市场，为企业创造效益，收回投资。

但是第一批产品经企业内部检测，却是不合格产品。企业主管生产的领导召集相关技术人员进行质量分析，调查原因。经调查，生产工艺流程、原材料质量、工人的操作、相关质量控制措施等各方面全部符合设计要求，产品按设计图纸生产加工，没有出现人为错误。问题出在哪？大家一时陷入困境，甚至怀疑此次研制是否还是失败了。这时，有一位技术人员将注意的重点转移到对档案材料的审核上来，经过认真的审查，发现了问题的症结。原来，在该产品的档案材料中，混有以前研发该产品失败时的一组图纸，与研发成功的产品图纸有微小的尺寸调整，这一细微的差距，导致产品不合格，同时造成了很大损失。产品质量不合格的症结找到了，但其根源是什么？经过深入分析发现，根源是企业档案管理不到位、借阅手续不全，缺乏严格的档案管理制度。多次研发的图纸管理混乱，导致生产出的产品只能是废品。

问题解决后，该企业领导充分认识到企业档案科学管理的重要性，召集全体员工，总结此次事件的经验教训，对员工开展档案意识教育。同时，迅速加强档案管理，配备档案人员，完善档案管理制度，严控档案借阅，并请求当地档案行政部门加强培训，投入资金对档案进行规范化管理。

【问题讨论】

1. 企业档案收集工作中应注意哪些问题？
2. 在编制企业档案分类大纲时，应如何科学设置企业档案的种类？
3. 文书类文件材料整理的两种方法有哪些利与弊？

4.1　企业档案的收集

企业档案的收集工作是档案业务工作"六环节"的源头性工作，是一项由文件管理转入档案管理的承前启后的工作，是档案日常管理的首要任务，是整个企业档案工作的基础。这项工作如果做不好，其他工作也无从谈起。

企业档案的收集与企业文件材料的归档是相对应的，收集工作一般通过文件材料形成部门按制度归档来完成。收集与归档所针对的对象是同一档案实体，只是承担此项工作的主体不同，所处的角度不同，具有不同的称呼，因此收集工作与归档工作需要同步进行，不能割裂开来。

4.1.1　企业文件材料的收集

4.1.1.1　收集的概念

收集是指按照国家和有关部门的规定，将分散在企业各部门和个人手中的各种文件材料集中到企业档案机构，以实现集中统一管理。

收集工作的对象是企业形成的各种文件材料，其主要通过接收各部门文件材料的归档来实现。企业自身的档案机构按照一定的原则和规范，通过接收本企业各职能部门的文件材料归档这一方式，将各部门分散形成的文件材料集中起来，实现集中统一管理。

4.1.1.2　收集工作的内容

档案收集工作包含两个方面：一是按制度接收文件材料归档（按照国家有关规定接收文件和档案）；二是零散文件材料的收集（对漏归的文件和档案采取一定的方法进行收集）。企业单位常常有零散的文件材料形成，这些零散的文件材料都具有保存价值，所以要随时收集这些零散材料。

4.1.1.3　企业档案机构收集工作的措施

（1）协助各科技、业务部门建立健全文件材料归档制度，并对归档制度执行情况进行严格监督、检查，把归档工作落实到人。

（2）抓住科技、生产和建设程序中的关键环节和关键阶段开展收集工作。科研档案抓住课题年度总结、成果鉴定阶段；机械产品抓住样机鉴定和定型鉴定两个环节；工程设计档案抓住初步设计完成、设计结束阶段；基建档案关键抓住竣工验收阶段；设备档案视情况而定，与工程相连的设备抓住竣工验收阶段，自制设备按照机械产品档案方法收集，外购设备抓住开箱验收和安装调试阶段。

4.1.1.4　企业文件材料的积累与归档工作

1. 文件材料的积累

文件材料的积累是指通过一定的方法，将管理和生产建设活动中形成的所有文件材料适当集中并妥善保管的一项经常性工作。

企业文件材料的形成，是伴随着管理、生产建设活动的进程而形成的，只有在文件材料形成的同时做好积累工作，才有可能使文件材料完整保存下来；否则会散失在个人手中，容易造成文件的丢失。要做好文件材料平时的积累工作，包括两方面：

（1）企业内部管理、生产部门和有关人员根据文件材料的形成规律和特点，及时把已经形成的文件材料集中起来，指定专人和专用箱柜、卷夹妥善管理。

（2）企业档案机构参与科技项目（生产、基建、科研等）的鉴定验收和设备开箱，监督、指导文件材料的平时积累。

文件材料积累的范围比归档范围宽泛，不仅包括归档范围内的全部文件材料，还包括具有现行效能的成文或未成文的文件材料，以及为参考而收集的各种资料。

2. 加强文件材料积累的措施

按照"三纳入"的要求加强对文件材料的形成、积累的控制，即将文件材料的积累工作纳入科技工作程序和计划管理，纳入领导议事日程，纳入有关人员的岗位责任制。

（1）把文件材料的形成、积累工作纳入科技工作程序和计划管理。要做到计划上有位置，工作上有安排，主要包括：

①在下达或布置工作任务时，同时布置有关文件材料的形成、积累要求，明确职责范围。

②在检查工作任务的进度时，同时检查文件材料的形成、积累情况，检查文

件材料管理工作现状及存在的问题。

③在进行工作总结、鉴定、验收时，同时总结、鉴定、验收文件材料的完整、准确、系统等质量情况。

④在购置或引进设备开箱时，档案部门参与开箱验收工作，验收随机文件。

（2）把文件材料的形成、积累工作列入有关部门和有关人员的职责范围。主要指在科技人员的岗位责任制之中，把文件材料的形成、积累工作作为科技人员业务技术考核的内容，或可设置专职或兼职人员做好文件材料的积累工作。专、兼职人员的职责是：

①负责协助项目负责人督促、检查本项目在进行过程中文件材料的登记、积累、保管和整理工作。

②负责日常的借阅管理工作。

③协助项目负责人做好文件材料最后阶段的整理、鉴定、编目等工作，并负责审查组卷质量。

④负责向档案机构移交文件材料或案卷的具体工作。

（3）抓住薄弱环节，促进文件材料的积累工作。文件材料积累在企业活动过程中，普遍存在着一些薄弱环节。活动开始阶段，常因为各种原因（如人员不足、基础不牢、准备不足及制度不全等）致使文件材料的积累工作出现困难，这就形成了文件材料积累工作的薄弱环节。因此，在一项活动的开始阶段，就应做好文件材料的积累工作。

4.1.2　企业文件材料的归档

企业文件材料的归档是指企业内部各业务部门和所属单位，将各项活动中形成的、具有保存价值的文件材料，按归档制度移交给企业档案机构集中保存的过程。归档是企业文件材料结束现行使命向企业档案转化的标志。归档转变了文件材料的性质，使文件材料转变为档案。归档工作是文件材料管理的最后环节，档案工作中与此相对应的流程性环节是档案的收集。因此，企业文件材料归档与企业档案收集，基本围绕同一个对象展开，是一项完整工作的不同方面。企业档案的收集主要根据各企业制定的"归档制度"来完成，其含义是企业各业务部门按照归档制度的要求，将各类文件材料向企业档案机构（档案室、档案馆、档案信息中心等）归档移交；从另一角度讲，它是企业档案机构依据归档制度的规定接收各业务部门的归档。这是在正常情况下收集工作的收集形式和主要方法。

文件材料归档制度是企业档案管理的一项重要制度，是确保企业档案完整、准确、齐全、系统，以及档案载体和信息安全的重要保障，一般被列为企业管理的基本制度之一。归档制度的内容包括归档范围、归档时间、归档份数、归档要求、归档手续等。

4.1.2.1　归档范围

归档范围的作用是确定哪些文件材料应该归档。归档范围是归档制度的主体和重要部分。在制定本企业的归档范围时，要注意将本企业基本职能活动中形成的文件材料纳入归档范围。

归档范围与保管期限表是一个共同体，在编制归档范围的同时，应标明每一种归档文件的保管期限。经过多年的实践，目前，一些工作职能、业务范围明确且相对稳定的系统都编制了有行业特色的"企业文件材料归档范围和保管期限表"，具体的可参照国家档案局 2012 年 12 月 17 日发布、自 2013 年 2 月 1 日起施行的《企业文件材料归档范围和档案保管期限规定》（国家档案局令第 10 号）及《企业档案工作规范》（DA/T 42—2009）。

4.1.2.2　归档时间

归档时间是指各业务部门将应归档的文件材料向本企业档案机构移交的时间。由于企业文件材料类型很多，不同的文件材料有不同的归档时间和方式。正确的归档时间，对文件材料的保管、保护和业务部门的正常工作秩序有实际意义。归档时间过迟，文件材料长期分散在业务部门或个人手中，容易散失、损毁，增加档案机构收集的难度；归档时间定得太早，则会影响业务部门或人员的使用。因此，在实际工作中可采取随时归档、定期归档两种方式，具体情况按下列方法执行：

1. 文书类文件材料的归档时间

文书类文件材料主要是企业管理方面形成的材料。由于管理工作具有年度的特征，因此，通常情况下，文书类文件材料按年度归档。例如，企业的党群工作、行政管理、经营管理、生产技术管理等方面形成的管理性文件材料，应在文件形成的第二年上半年归档。

2. 科技类文件材料的归档时间

科技类文件材料主要是企业科技活动方面形成的材料。由于科技活动具有多样性，因此，通常情况下，按不同活动的特征决定文件材料的归档，一般有以下五种情况：

（1）科技活动结束后归档。一般而言，形成周期不太长的科研、生产和建设活动的科技类文件材料，适宜采用这种方式归档。例如，专业技术会议的文件材料应在会议结束后及时整理归档。

（2）按阶段归档。周期过长的科技活动，其文件材料可以按形成阶段归档。

例如，产品设计文件材料应在产品定型鉴定后立即整理归档，工艺文件材料在正式投产后归档。

（3）按项目的子项完成时间归档。大型的设计项目、工程项目或研制项目（课题），不仅设计、施工和研制的周期较长，而且每个项目都由若干子项、单项工程或若干专题组成。这些子项，作为整个工程或课题的组成部分，不仅相对独立，而且进展上常常不平衡，为保证工作的正常进行和科技档案的完整、系统，在一个子项或单项工程、一个专题结束后即可归档，工程竣工后，再全面整理归档。

（4）按年度归档。分三种情况：

①活动周期较长，且按年度界限归档更合适的科技项目的文件材料，可按年度归档，如农、林、牧、渔、副业等。

②作为科技档案归档保存的管理性文件材料，可按年度归档，如基建项目的批准文件等。

③对某些自然现象的观测、观察活动中形成的科技类文件材料，可按年度归档，如气象观测、水文等活动。

（5）随时归档。

①科技类文件材料的复制部门同档案部门合一的单位，科技类文件材料随时设计、随时归档、随时复制发放。

②机密性较强的科技类文件材料，随时产生、随时归档。

③外来材料，如设备开箱随机文件随时归档，然后提供利用。

3. 会计类文件材料的归档时间

会计类文件材料主要是企业会计核算活动方面形成的材料。由于会计工作有其特定的要求，因此，通常情况下，在会计年度终了后，可暂由会计机构保管一年，期满后移交本单位档案机构统一保管。

《会计档案管理办法》第六条规定：各单位每年形成的会计档案，应当由会计机构按照归档要求，负责整理立卷，装订成册，编制会计档案管理清册；当年形成的会计档案，在会计年度终了后，可暂由会计机构保管一年，期满之后，应当由会计机构编制移交清册，移交本企业档案机构统一保管。

会计类文件材料的归档，仅指会计核算专业材料的归档，其归档范围是会计凭证、会计账簿、财务报告等。

4. 企业员工个人文件材料的归档时间

员工个人文件材料主要是企业员工在企业工作期间形成的个人材料。由于人力资源管理的特殊性，因此，通常情况下，企业员工个人文件材料一般在办理完毕后15日内归入个人档案。

5. 特殊载体文件材料的归档时间

特殊载体文件材料主要是企业专项活动方面形成的区别于纸质载体的材料。由于这些活动具有非确定性，且活动时间相对短暂，因此，通常情况下，特殊载体文件材料在活动结束后，即可归档。

4.1.2.3 归档份数

归档份数是指企业文件材料的归档数量。确定文件材料归档份数，应考虑以下三种需要：①满足日常查找利用的需要；②保护档案原件的需要；③报送专业档案馆的需要。在实际的材料归档过程中应掌握以下原则：

（1）一般情况下，文书类、会计类、特殊载体等文件材料归档一份，重要的或者使用频繁的可以增加归档的份数，专供日常借阅使用。

（2）科技类文件材料视情况而定。科研、产品文件材料，重要的、需永久保存的文件材料归档两份；设备文件材料，包括随机文件、安装调试等归档一份；基建文件材料，归档两份以上，一份自存备用，另一份根据城市建设档案管理的有关规定，移交专业档案馆。

4.1.2.4 归档要求

归档要求是指归档工作应当满足的要求，包括归档工作的责任要求和文件材料归档的质量要求。

（1）归档工作由企业各业务部门承担，企业档案机构要对归档工作进行监督、指导和检查。这是国家档案法律法规规定的职责。

（2）归档文件材料符合完整性、系统性和成套性的要求，必须收集齐全、完整。

（3）归档文件材料的载体必须符合国家规定，要求内在质量高，文件材料的线条、字迹清晰，纸质优良，签署完备，书写材料能长久保存，不能用铅笔、普通圆珠笔及复写纸书写；在当前大量通过打印机输出文档的，必须使用经国家权威部门检测认可的耐久性打印耗材（耐久性墨水和碳粉）打印归档文件。

（4）归档的科技类文件材料必须通过归档审批，应由归档单位项目负责人审定和有关领导审核签字。

（5）归档文件材料应经过系统整理和编目，材料分类科学，封面填写清楚，标题确切，文件材料排列有规律。

（6）几个单位协作完成的科技项目，主办单位应保存一套完整的科技文件材料，协作单位保存自己承担任务的部分，并将复制本送主办单位保存。

4.1.2.5 归档手续

归档手续是指在向企业档案机构移交归档文件时必须履行的交接手续。其内容包括两个方面：

（1）归档部门对归档文件材料基本情况要作简要说明，编制归档说明书。

（2）必须办理必要的交接手续。归档的文件材料，必须编制移交目录或清单一式两份，移交时按清单交点清楚，交接双方签字，各存一份，以备查考。

4.2　企业档案的整理

企业档案整理就是按照企业档案业务标准和规范，遵循一定的原则和方法，对企业档案进行系统整理，按一定的分类集中、排列组成案卷，以便科学保管企业档案。

档案整理工作是企业档案工作规范化建设中最基础、最重要的业务环节，是日常档案管理中最主要的业务工作内容。整理工作必须严格遵循国家有关档案业务的标准、规范，无论是文书档案，还是科技档案，以及其他专业类型档案，务必按照国家及行业部门的标准、规范进行整理，这是必须坚持的原则。

4.2.1　企业档案整理工作的内容与步骤

4.2.1.1　整理工作内容

档案整理的实质就是使文件材料实现有序化、规范化管理。整理工作内容就是以企业各类型文件材料为对象，进行分类、组卷、排列、编目及编制档案目录等。从企业文件材料形成和运动的全过程来说，整理工作通过两个阶段来完成：

第一阶段，文件材料归档前的整理。由文件材料的形成部门，在本企业档案机构的指导下所进行的整理。其主要内容是对归档文件材料进行鉴别，确定文件材料归档范围，同时，将文件材料组成案卷，并进行基本的编目工作。

第二阶段，在文件材料归档后，由本企业档案机构独立进行的整理。其主要内容包括对已归档的档案案卷进行科学的分类、排列和编制档案号。

4.2.1.2　整理工作步骤

整理工作按照程序进行，可以获得事半功倍的效果。整理工作的开展，须在本企业编制了科学的、切合本企业实际的"档案分类大纲及编号方案"的前提下方可进行，因此，在整理工作开始之前，必须完成本企业的"档案分类大纲及编号方案"。整理工作的一般步骤如下：

（1）编制"档案分类大纲及编号方案"。明确本企业档案的类别，包括大类（一级类目）、属类（二、三级类目）及其相互之间的关系，绘出"档案分类大纲"图表；分类大纲应当包含本企业所有档案的类别，包括文书档案、科技档案、会计档案、企业员工档案、特殊载体材料档案等。

（2）区分档案的类别归属。按照本企业档案的归档范围，首先将档案分门别类归入对应的大类；再将一个大类内的档案相对集中，列明属类。

（3）鉴别。对收集、积累的每一类别的文件材料按照归档范围进行鉴别，剔除不属于归档范围的文件材料和重份文件。

（4）对需归档保存的文件材料进行组卷。将零散文件组成独立案卷，进行卷内文件材料排列，编写页码，编制卷内目录，填写案卷封面、封底（仅指纸质档案）。

（5）编制档案号。根据分类大纲及编号方案的规定，编制档案号，并填写"档号"（仅指纸质档案）。

（6）案卷装订（仅指纸质档案）。

（7）编制档案目录。按要求根据类别进行编制，每一类档案编制一种目录。

（8）装盒。组卷完毕后，需装入符合国家标准的档案盒内，以一盒为一个案卷的，需在盒内放入卷内目录，填写档案盒封面及背脊相关内容；一个盒内放入若干案卷的，档案盒起包装作用，可不填写档案盒封面，但需填写背脊相关内容。

4.2.2　企业档案实体分类

4.2.2.1　档案分类理论

分类就是根据对象的共同点和差异点，将对象区分为不同种类的逻辑方法。分类的方法是比较，即先根据共同点将对象分成较大的类，再根据差异点把对象划分为较小的类，从而把对象区分为具有一定从属关系的不同等级的系统。

企业档案分类就是将企业形成的所有档案作为整体对象，根据企业档案的内容性质、形成规律和相互联系，把企业档案划分为一定的类别，从而使企业的全部档案成为一个具有一定从属关系（纵向）和平行关系（横向）的不同等级的系统。

企业档案分类主要指对企业档案的实体进行分类。它以档案实体为对象，目的是解决档案实体在档案室中的秩序和位置问题。企业档案分类是档案整理的第一步，是档案整理工作的核心内容。分类是否科学，决定着档案整理的质量，也影响着企业档案的保管、鉴定、统计和利用工作，因此，企业档案的分类须慎重对待。

1. 企业档案分类的原则要求

分类必须以企业的全部档案为对象，根据企业管理职能，结合档案内容及其形成特点，保持档案之间的有机联系，便于科学管理与开发利用。

2. 企业档案分类的具体要求

（1）企业档案分类要符合特定企业的性质特点。由于企业类型的多样性，不同类型的企业，其生产经营和管理工作的性质、任务、程序和特点各不相同，形成文件材料的种类、内容构成也不尽相同。一个专业系统内部不同类型企业之间，也因为分工不同、生产和管理活动不同，档案也存在较大差异。因此，在进行企业档案分类时，必须针对企业的生产、经营和管理状况，选择适宜的分类方法。

（2）在一个单位内部或一个专业系统内，同一层次的科技档案分类标准应一致。企业档案的分类是根据某种特性、特征或关系而划分类别的，因此，分类标准是多种多样的，但是，在一个单位内部，同一层次之间只能采用一个分类标准。例如，××建筑设计院对于工程设计档案，可以采用按项目分类，也可以按专业分类。那么，在具体的分类中，或者按项目分类，或者按专业分类，不能在同一层次上既有项目分类，又有专业分类，交替使用将导致档案整理的混乱，必须杜绝交叉分类。

（3）分类成果应当"固化"。对于一个单位档案的分类，必须在确定类别前，对本单位的全部档案，进行准确的、系统的研究，在划分类别后，应当保持相对固定、稳定，不得随意更改，否则将造成严重后果，如重复劳动、增加运营成本、降低利用效率等。

4.2.2.2　档案实体分类

企业档案实体分类重点在于编制"企业档案分类方案"，就是通过文字、数字、代号和图表来表现企业档案的类目体系及其纵向和横向的关系。借助于这个分类方案，可以使本企业全部档案的归属脉络清晰，一目了然，从而掌握企业全部档案的基本情况。分类方案的编制应与本企业文件材料的分类方法一致。

1. 企业档案分类方案的编制规则

（1）分类方案类目体系的可包容性有足够的容量，可以随着档案种类的增长而不断扩容。类目体系由大类和各级属类的类目组成，也就是说各大类与各级属类构成的分类方案的类目体系。所以分类方案应能包括全部内容，使每一种档案都能够在分类方案的类目体系中找到自己应有的位置。同时，还要预测企业在一定时期内档案的增长情况。

（2）分类方案类目体系的严谨性，纵向关系展开和横向类目排列具有严密的逻辑关系。分类方案的类目体系，是由各大类和各级属类构成的反映类目之间关系的分类系统，体现出一种层次关系。它表现在纵向和横向两个方面：

从纵向来说，它表示大类及由其逐级展开的各级属类之间的从属关系，类似于总体和部分的关系。例如，一个大类包含若干较小的类，一个较小的类又包含更多更小的类，依此类推。它表现为上位类与下位类的关系。凡是上位类，一定要能包含它所属的下位类；下位类一定要是它上位类的组成部分。分类方案中每一个纵向排列的各级类目，构成一个类目系列，简称为"类系"。

从横向来说，它表示各级同位类之间的关系，用平行排列方式表达同位类之间的并列关系。同位类，既有大类间的同位类，也有属类（包括各级属类）之间的同位类。各同位类之间存在互相排斥的关系，即同位类之间只能并列、平行，而不能交叉、重叠。同位类的类目构成"类列"。

综上所述，企业档案的分类方案，实际上是由类系与类列组成的一个严谨的企业档案的类目体系。

（3）分类方案类目体系的相对稳定性。一个企业档案分类方案必须保持长期的相对稳定性，不宜经常或频繁地更改分类方法和分类体系。分类事关企业档案工作的全局，如果分类经常变化，则牵一发而动全身，将引起相关业务工作的一系列变化，甚至导致重复劳动，因此，企业档案的分类必须在较长时期内保持相对稳定，形成固定模式。

（4）企业档案分类力求简明，易于掌握。企业档案分类主要针对企业档案实际工作，必须简单明了，层次清晰，便于理解、掌握和使用。

（5）企业档案分类方案的结构包括分类表、说明、代号和索引。

2. 企业档案分类体系的类目设置

类目设置是编制企业档案分类大纲的核心内容。类目体系的设置必须科学、合理，符合企业档案实际情况，其具体内容包括设置大类、属类（含若干等级属类）。

（1）企业档案大类编制方法。大类，也称一级类目，即分类大纲中的第一层次。由于企业类型不同、规模大小不一，因此，大类的设置也不尽相同。根据国家档案局制定的《工业企业档案分类试行规则》，国有工业企业（主要针对制造类企业）设置了十个一级类目。党群工作、行政管理、经营管理、生产技术管理、产品、科学技术研究、基建、设备仪器、会计、干部职工档案统称"十大类"，体现了企业管理职能分工的特点，这是企业档案一级类目的基本类别。非国有工业企业，非工业生产型企业、企业集团在设置一级类目时，具体情况具体分析，可适当增减、调整一级类目。

（2）企业档案属类编制方法。档案分类方案确定了企业档案的大类（一级类目）后，还必须充实分类方案的多级属类，也就是对每个大类的二级及二级以下类目进行再分。这种分类方法很多，不同的类别应采用不同的分类方法来确定属类。

①年度—组织机构—问题—保管期限分类法或年度—问题—保管期限分类法。文书类文件材料适用此分类方法。由于文书类文件材料是在企业管理中形成的，因此，有的书籍将其称为管理性文件材料。这类档案存在四种具体情况：

一是国有工业企业将这类文件材料归为四大类别档案，即党群工作、行政管理、经营管理、生产技术管理，这四大类档案基本采用此种方法。

二是非工业生产型企业或规模较小的一般性企业设置的"企业管理类"档案，采用此种方法。

三是有的企业根据实际情况另设的经济合同类或合同档案类，可采用此种方法。

四是某些特殊行业，如金融、保险和证券类企业，另设的信贷档案、客户档案等，可采用此种方法。

此种方法的特点是先把文件材料按形成年度分开，相同年度归为一类，再按企业内部组织机构进行分类，并按所反映、针对的问题，区分不同保管期限，进行单份文件归档。档案数量不多的企业，可直接按年度—保管期限分类。

②工程项目分类法。基建档案一般采用工程项目分类法。针对企业全部基建档案，以工程项目为分类单元，划分类别。这种方法适用于建设单位对基本建设档案的分类、工程设计单位对工程设计档案的分类、城建档案馆对基建档案的分类。企业基建档案分类基本框架如图4-1所示。

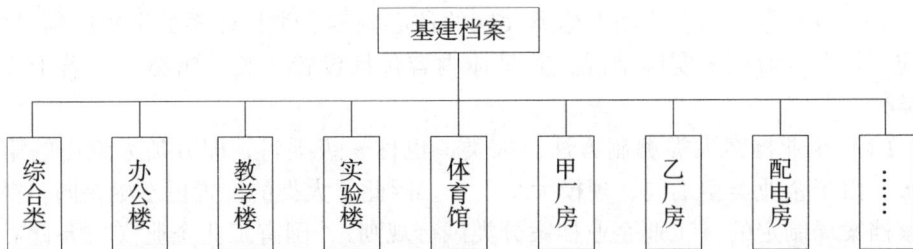

图4-1 企业基建档案分类基本框架

本分类的基本框架可同时适用于机关、事业单位（包括文化、科技事业单位）基建档案的属类设置。

用工程项目分类法进行分类时，应注意掌握分类的层次。对于大型生产型企业，由于基本建设项目多，且工程项目的使用性质不同，档案数量多时，为便于管理，在分类的时候，往往加上工程的性质，一般情况下按"使用性质—工程项目分类法"进行第二、第三、第四层次的分类（即第三层为单项工程，第四层为子项工程或工程阶段）。按工程项目的使用性质，可以分为生产性建筑、辅助性建筑、办公和生活性建筑等几个属类。对于中、小型企业，由于基本建设项目少，档案数量少，可在一级类目下，直接按时间先后设置单项工程，而不加"性质"这一层。大型生产型企业基建档案分类基本框架如图4-2所示。

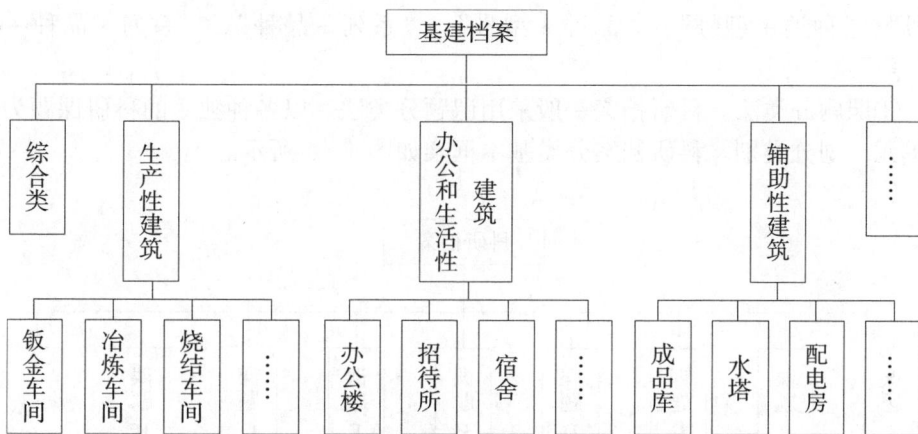

图4-2 大型生产型企业基建档案分类基本框架

企业在发展中，会不断地扩大规模、扩展生产能力，因而分期开发建设或分地域建设的，可在"基建档案"下，设置一个层次。

③型号分类法。设备档案和产品档案一般采用型号分类法。针对企业设备档案和产品档案，以各个型号的设备和产品为分类单元，划分类别，适用于设备档案和产品档案。设备档案分类基本框架如图4-3所示。

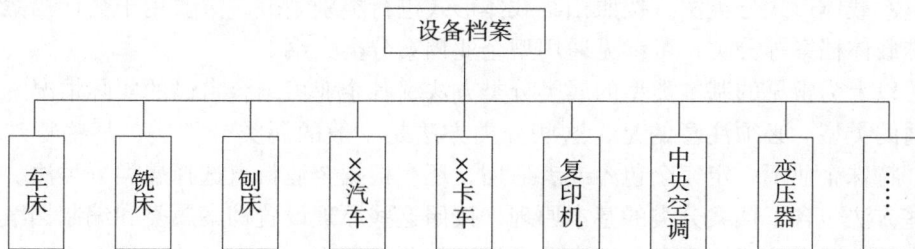

图4-3 设备档案分类基本框架

设备档案采用型号分类法进行分类时，其分类组合有"性质＋型号"、"工序＋型号"，还有"车间＋型号"。"性质＋型号"，适用于机械厂、矿山设备档案；"工序 + 型号"，适用于轻纺、化工设备档案。

与设备档案分类相同，产品档案一般也采用型号分类法。但是，由于产品涉及的范围和行业非常广泛，既有工业用产品，又有民用产品；既有机械产品，又有电子产品；既有化工产品，又有纺织产品，不胜枚举。因此，在分类上有多种形式，可根据本企业产品的实际情况进行分类，采取不同的组合，如"性质 + 型号"、"种类 + 型号"、"品种 + 型号"、"系列 + 品种"、"系列 + 品种 + 型号"等。

④课题分类法。科研档案一般采用课题分类法。以各种独立的科研课题为分类单元，划分类别。科研档案分类基本框架如图 4 - 4 所示。

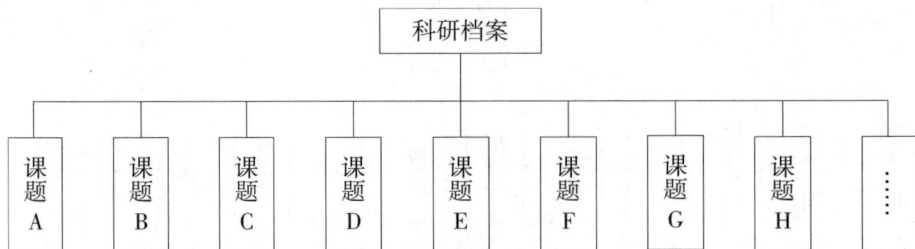

图 4 - 4 科研档案分类基本框架

对于科研课题较多、形成科研档案数量较多的企业，可在一级类目下按专业设置二级类目，第三层次再按课题设置类别。

⑤专业分类法。按照企业的科技档案所反映的专业性质，划分类别。这种方法一般在第二、第三级类目设置中较常用到。例如，单位工程基建档案，如果图纸量较大，可按专业设置下级类目，如土建、结构、水暖、通风、电气等。

⑥载体形式分类法。按照档案载体形式进行类别划分，主要用于会计档案和特殊载体档案等分类，可参见通用型企业档案分类大纲。

以上为常见的基本类型的属类分类方法，各企业可结合自己的实际情况选择合适的类型。必须注意的是，这些分类方法是一般的属类分类法，某些特殊行业、特殊企业不一定完全包容或者适用，还应根据企业特点选择属类分类法。但这些方法包含了档案分类的基本原理，按照这些原理设置档案属类和编制档案分类大纲，不会违背国家有关档案业务标准规范的原则，不至于造成档案人员的劳动成果遭到否定而导致档案整理的返工。

档案分类大纲编制完成后，必须通过代字和代号来固定分类的层次和顺序。一般而言，大类（一级类目）的"代字"用英文字母来标识，属类各层次的

"代号"用阿拉伯数字来标注。特殊情况下，大类也可以用阿拉伯数字来标识。但必须注意的是，按照有关标准规定，属类代号不能用字母标识。有个别的行业采用"十进制"来固定层次和顺序。

由于企业类型不同，如工业企业、商贸企业、服务性企业、企业集团等，不同类型企业的档案分类大纲也不尽相同，各企业要根据自身的特点，编制档案分类大纲。例如：

（1）工业企业按照"十大类分类法"，包含党群工作、行政管理、经营管理、生产技术管理、基建、设备仪器、产品、科研、会计、干部职工档案。

（2）规模较小或民营、外资企业可按以下设置类别：企业管理、基建、设备、产品、科研、会计、职工、特殊载体档案等类别，还可设置合同类。

（3）特殊企业可按以下设置类别：企业管理、基建、设备、产品、科研、会计、职工、特殊载体档案和业务档案（可更换实际名称）等。

（4）某些大型国有企业系统编制有自身特点的档案分类大纲，相关企业可遵照执行。

4.2.3　文书类文件材料整理及编目方法

企业文书类文件材料，根据企业规模、企业产权性质不同有不同的归类，国有工业企业一般将文书类文件材料归为四个类别：党群工作、行政管理、经营管理、生产技术管理，其他类型的企业一般将以上四类合并归为"企业管理类"，有的企业根据本企业实际还设置了合同管理类、客户档案类等。这些类别基本遵循文书类文件材料整理方法。

文书类文件材料的整理，经历了从"立卷方法"到"单份文件归档方法"的发展过程，以 2000 年为界线，分为两个阶段。2000 年，国家档案局颁布了《归档文件整理规则》，提出了机关文书类文件材料整理方法改革方案，并自 2001 年开始施行。在此之前，机关文书类文件材料的整理基本沿用立卷方法，在此之后，采用单份文件归档方法。由于立卷方法和单份文件归档方法并存，因此，由企业自主决定，选择其中一种方法对文书类文件材料进行整理归档。故本节对这两种方法分别论述。

4.2.3.1　立卷方法

立卷是使办理完毕的、具有保存价值的文件材料进行有序化管理的过程。其按照文件的形成规律和内在联系，将文件材料组合成具有密切关系的集合体，分别组成基本的保管单位，这种保管单位被称为"案卷"。文书类文件材料的立卷应遵循以下原则：

一是遵循文件材料形成的规律和特点，维护文件材料的真实原貌。

二是保持案卷内文件材料的有机联系，把相同年度、相同问题、相同内容的文件材料组合在一个或相邻的若干个案卷内。

三是基本保证同一案卷内文件材料价值大体相同，即具有相同的保管期限。

四是一个案卷内的问题相对单一，内容相对集中，以便准确拟写案卷标题。

五是尽量组成薄卷、小卷，以便提供利用。

1. 文书类文件材料整理立卷的方法步骤

文书类文件材料立卷按照以下步骤进行：选择分类方法—鉴别归档文件—文件分类—组成案卷—卷内文件排序—编写卷内文件页号—填写卷内文件目录—拟写案卷标题—填写案卷封面—填写备考表—编制档号—著录打印—案卷装订—案卷排列—案卷装盒。其工作流程如图4－5所示。

图4－5　档案整理立卷工作流程图

2. 具体分类方法的选择

（1）年度—内设机构—问题—保管期限。这是"年度分类法"与"组织机构分类法"结合而成的复式分类法，其特点是突出了文件材料的年度、机构两大特征，一般简称为年度—机构分类法。其操作过程如下：

第一步，将归档文件按形成年度分开。文件形成年度一般指文件的落款年度，但某些特殊形成时间的文件必须特殊处理，如计划、总结、预算、决算、统计报表等，必须放入文件内容的针对年度，而非放入文件落款年度；跨年度的会议材料放入会议结束年度；长远规划应放在文件内容针对的第一年；多年度的总结、报告应放在文件针对的最后一年；其他文件应放在文件形成的年度。

第二步，将同一年度的归档文件按其形成（或承办）机构分开。企业内部设置了不同的管理部门，行使不同的管理职责，因此，这一步的工作内容是将一个年度内的归档文件按照内设机构再分一个层次。

第三步，将同一机构形成（或承办）的归档文件按文件所反映的问题分开。将相同内容或问题的文件集中在一起，尽量做到问题的单一性，如将文秘、财务、人力资源管理、后勤保障、安全保卫、各种会议等文件归在一起。

第四步，将归档文件按保管期限分开。每份文件都应根据其价值确定保管期限。

表 4 – 1　企业管理类档案分类

年度	机构	保管期限		
2012 年	办公室	永久	长期	短期
	人事部	永久	长期	短期
	市场部	永久	长期	短期
	质检部	永久	长期	短期
	……	永久	长期	短期
2013 年	办公室	永久	长期	短期
	人事部	永久	长期	短期
	市场部	永久	长期	短期
	质检部	永久	长期	短期
	……	永久	长期	短期
……		……	……	……

（2）年度—问题—保管期限。这是"年度分类法"与"问题分类法"结合而成的分类法，其特点是突出了文件材料的年度、问题两大特征，这种分类法一般简称为年度—问题分类法。其操作过程如下：

第一步，将归档文件按形成年度或内容针对年度分开，与前一种方法相同。

第二步，将同一年度的归档文件按其内容反映的问题分开，将相同内容或相同问题的文件集中在一起，尽量保持问题的单一性。

第三步，将归档文件按保管期限分开，与前一种方法相同。

表 4 - 2　企业管理类档案分类

年度	类别	保管期限		
		永久	长期	短期
2012 年	行政类	永久	长期	短期
	人事类	永久	长期	短期
	客户类	永久	长期	短期
	质量管理类	永久	长期	短期
	……	永久	长期	短期
2013 年	行政类	永久	长期	短期
	人事类	永久	长期	短期
	客户类	永久	长期	短期
	质量管理类	永久	长期	短期
	……	永久	长期	短期
……	……	……	……	……

　　这两种分类方法主要适用于机关和事业单位文件材料的整理，企业文书类文件材料的整理同样可以采用这两种方法，只是企业必须根据自身管理特点谨慎选择分类方法并加以应用。同一企业仅能采用一种方法，不能两种方法并存。

　　3. 保管期限问题

　　以上两种文书类文件材料的分类方法，都涉及保管期限这一问题。对于文书类文件材料的保管期限，国家有关档案业务规范有明确规定，但是在不同的时期执行不同的标准。原标准分为永久（50 年以上）、长期（16～50 年）、短期（15 年）三种。2006 年，国家档案局颁布第 8 号令《机关文件材料归档范围和文书档案保管期限规定》，将文书档案保管期限定为永久和定期两种；定期再分为 30 年、10 年两种。在此特别强调：企业文书类文件材料的保管期限，无论是立卷方法，还是单份文件归档方法，目前仍然按照永久、长期和短期三种保管期限执行，这是因为国家档案局尚未明确规定企业可以执行第 8 号令。

　　4. 组成案卷

　　完成了分类、区分机构（问题）、区分保管期限等步骤后，应将归档文件组合成案卷。案卷是一组具有紧密关系的文件材料集合体，因此，组卷时应尽量保持文件之间的有机联系，案卷内文件所反映的问题要相对单一，同一问题或相关问题的文件要集中在一个案卷中，尽量避免出现多问题案卷。组卷中常用的案卷组合方法有：

（1）问题组合法。突出"问题"要素，将同一问题的相关文件组合成一个案卷。同一问题文件材料较多时，可以分组若干案卷。例如，企业各种业务文件、调查研究材料、规章制度等，应按文件内容所反映的问题组卷。

（2）文件名称组合法。突出"文种"要素，将名称相同的文件材料组合成一个案卷。同一名称文件材料较多时，可以分组若干案卷。例如，企业工作计划、总结报告等综合性文件，以及简报、刊物等，一般按文件名称组卷。

（3）工作活动组合法。突出"活动"要素，将同一活动的文件材料组合成一个案卷。同一活动文件材料较多时，可以分组若干案卷。例如，企业的各种会议文件，可按数量多少组合成一卷或数卷。

（4）问复问题组合法。突出"问题"要素，将关于同一问题的询问与回复、请示与批复等组合成一个案卷。往返文件材料较多时，可以分组若干案卷。

（5）其他组合方法。突出"专题"要素，按文件材料的形成时间、责任者等特征，将同类文件材料相对集中地组合成一个或若干案卷。例如，企业各种统计报表、名册等，一般按同一种格式、名称组卷。

5. 卷内文件排序

组合成卷之后，应按照一定的规律将一个案卷内的文件材料进行系统化排列，使其有条理，便于查阅。

卷内文件排列的方法要根据实际情况确定。例如，处理同一问题、同一作者、同一文件名称组成的卷，可按日期进行排列；一个案卷内的文件有几个作者、几个具体问题或几个名称时，可按重要程度进行排列；一个案卷内有几个名称的文件时，先排领导性、指导性的文件，后排一般性的文件；一个案卷内有涉及几个人物的文件时，可按姓氏笔画排列；对于来文与复文组成的案卷，可将本单位形成的文件排在前面，上级与下级机关送来的文件排在后面；对于同一份文件的各种稿本，规定打印、铅印的文本在前，定稿在后，保存历次稿本时，规定定稿在前、历次稿本依次在后，转发件在前、被转发件在后，正文在前、附件在后。

6. 编写卷内文件页号

卷内文件经过系统排列后，须采用编写页号形式"固化"排序成果。具体要求如下：一个案卷内所有文件编一个流水顺序号并用号码机打在文件页面右上角；双面印刷的要编为两页，即正面的号码编在右上角，反面的号码编在左上角；凡是有字的页面均编制页号，空白页不编号，卷内目录也不用编号；一个案卷只许编制一个连续流水号。

7. 填写卷内文件目录

卷内文件目录是检索卷内文件的工具。每个案卷都必须在本案卷文件材料的最前面，附上卷内文件目录，便于查阅利用。国家标准卷内文件目录式样见表4－3（纸型有16K、A4两种规格）。

表4－3 卷内文件目录式样

顺序号	文号	责任者	题名	日期	页号	备注
1					1	
2					5	
…	……	…	……	…	…	
10					31～36	

8. 拟写案卷标题

案卷标题即案卷的题名，是对卷内全部文件材料主要内容与成分的概括和揭示，是重要的检索项目。案卷标题要求全面、准确、概括地反映卷内文件内容，文字简洁通顺、符合语法，切忌笼统、冗长，切忌罗列、堆砌文件标题。

按照传统的方法，案卷标题一般由"作者＋问题＋名称"构成。作者是指卷内文件形成的单位或个人，尽可能用全称，也可用规范性简称，但不能用"本企业"、"本公司"、"本单位"等字样。问题是指卷内文件材料所反映的内容。它是标题的重点，应用简练的文字全面、概括、确切地把卷内文件的内容揭示出来，不要漏写、错写某一个问题，也不能罗列所有问题。名称是指卷内文件材料的名称（文种）。如卷内文件名称多，也可概括地填写，但应突出主要的名称。内容涉及一定地区或时间的案卷，应标明地区和时间。

几种案卷标题拟写格式如下：

（1）××××××公司　　　董事会会议　　　纪要

　　　　作者　　　　　　　问题　　　　　名称（文种）

（2）××××××公司　　　关于增加工时工资的　决定、通知

　　　　作者　　　　　　　问题　　　　　名称（文种）

（3）×××公司、×××公司　关于××原材料供应的　合同、协议

　　　　作者　　　　　　　问题　　　　　名称（文种）

9. 填写案卷封面

案卷封面是卷内文件材料相关信息的综合反映，通过提炼相关"要素"信

息来揭示案卷的内容成分。这些"要素"包括全宗名称、组织机构名称或类目名称、案卷所属年度、案卷标题和卷内文件页数、保管期限、档案号等。填写案卷封面，要用耐久的字迹材料书写或打印，字体工整，标点符号清楚，现阶段基本采用打印机打印案卷封面。案卷封面一般采用无酸牛皮纸制作，规格执行中华人民共和国国家标准《文书档案案卷格式》（GB 9705—88）。

10. 填写卷内备考表

卷内备考表一般用于对卷内文件材料特殊情况的说明，如文件缺损、修改、移出等情况，便于管理者和利用者了解卷内文件的特点。卷内备考表置于卷末（封三）位置，一般印制在卷皮上，不另行单独印制。填写过程中，"卷内情况说明"栏目，有变化的填写变化情况，否则，可不填。但立卷人、检查人和立卷时间必须填写。

11. 编制档号

档号是指各类档案馆、档案室在档案整理过程中，以字符形式赋予档案案卷的一组代码。这组代码代表的是每个案卷在一个单位档案中的固定代号，赋予了每个案卷特定的信息，是档案保管和利用过程中的存取标记。按照《文书档案案卷格式》（GB 9705—88）的规定，文书档案档号由全宗号、目录号和案卷号构成。由于企业有国有企业与非国有企业之分，因此，在档号的编制上稍有不同。由于国有企业列入了当地国家档案馆进馆范围，一般有全宗号，其他企业则没有，因此，全宗号为非必备项。目录号、案卷号为必备项，无论何种类型的企业都必须填写。在某种情况下，目录号大体相当于分类号。

（1）全宗号。全宗号即档案馆指定给立档单位的编号。各级国家档案馆对列入进馆范围的单位的档案给予全宗号，除同级机关、事业单位外，政府所属的国有企业一般属于进馆范围，故也有全宗号。

（2）目录号。目录号即针对档案目录编制的顺序号，每一本目录一个序号。在一个企业内部，同一种类的档案不允许出现重复的目录号。

（3）案卷号。案卷号即目录内案卷的顺序编号，在同一个案卷目录内不能出现重复的案卷号。每一个案卷都有一个固定的案卷号，案卷号表明案卷在同一个目录下的排列序号，其来源于对案卷的科学排列。

12. 案卷装订

在完成以上步骤后，必须将已整理好的案卷装订成册，以便于固定案卷的整理成果，保护文件不受损坏。一般使用无酸卷皮装订，案卷各部分的排列顺序为案卷封面（无酸牛皮纸）—卷内文件目录—文件材料—备考表—封底。案卷装订必须做到装订牢固结实、整齐美观。要拆除文件上的金属物，对破损和大小不一的文件要进行修补、切齐和折叠。没有装订线的文件要另用纸加宽。切齐文件时要注意不要把文件边上的批示切掉。案卷在左边和下边取齐，在左边三孔一线装订。案卷装订好后要逐页检查是否存在脱页等问题。

13. 案卷排列

案卷排列实质就是对案卷的排序，确定类内每个案卷的固定位置，巩固和体现系统整理成果，便于案卷有序化"上架入柜"保管。

（1）案卷排列方法。企业文书类（企业管理类或党群工作、行政管理、经营管理、生产技术管理四类）档案案卷的排列，采用保管期限排列法。其模式为大类—年度—保管期限—案卷号。操作步骤如下：首先，将同一大类的案卷按年度分开；其次，将同一年度的案卷按保管期限分开，即分为永久、长期和短期，把相同保管期限的案卷排列在一起；再次，将同一保管期限内，同一问题或同一机构形成的案卷排列在一起；同一问题或机构内，按照案卷内容的重要程度、时间先后等因素排列。

（2）具体排列案卷。案卷排列与案卷号紧密相关。在案卷排列完成后，即应通过编制案卷顺序号方式，固定排列顺序。企业文书类档案案卷号的具体编号方法，主要采用"保管期限内大流水法"，即按永久、长期和短期来分别编制案卷号，如表 4 - 4 所示。

表 4 - 4　保管期限内大流水法

保管期限	年度	案卷号	保管期限	年度	案卷号
永久	2012	1～70	永久	2013	1～55
长期	2012	1～80	长期	2013	1～66
短期	2012	1～90	短期	2013	1～77

14. 案卷装盒

文书类文件材料立卷完成了以上各个步骤后，必须对案卷实行装盒保管。装盒模式为大类—年度—保管期限—案卷流水号。

操作方法如下：区分大类，不同类别的档案案卷不能装在一起；分开年度，不同年度的档案不能装在一起；按照保管期限内案卷的流水号装盒。企业文书类档案使用国家标准无酸文书档案盒装盒，一般以厚度 5 cm 的档案盒为宜。

装盒工作完成后，必须编制档案盒背脊的栏目。

4.2.3.2　单份文件归档方法

单份文件归档也称单件归档，是适应计算机在档案管理中普遍应用的需要而提出的一种新方法。2000 年，广东省档案局颁布了《广东省文件材料归档方法改革方案》，在广东省率先实施单份文件档方法。同年，国家档案局颁布了档案行业标准——《归档文件整理规则》（DA/T 22—2000），在全国推广。广东省的方法与国家标准内容基本相同，但在某些方面有一定的差别，本书以介绍《广东省文件材料归档方法改革方案》为主。

单份文件归档是文书文件材料整理方法的改革，就是在整理过程中，取消"案卷"这一实体保管单位，将归档文件变"卷"为"件"，以"件"为归档单元和整理单位，以"件"为单位对归档文件进行分类、排列、编号、装订和装盒，使之有序化。

1. 关于"件"的具体含义

在归档文件整理中，"件"有六种基本含义：

（1）单份文件，即自然件，一份文件为一件。

（2）特殊文件材料。主要是各种报表、名册、图册、书刊等，每册（本）内容相对完整，具有独立的检索价值，应按照其原来的装订方式整理，一册（本）为一件。

（3）文件的正本与定稿，作为完整的一件。这是针对一般文件而言，如果是重要文件（如法律法规等），因为须保留历次修改稿，作为一件则过厚，其正本和历次修改稿可各为一件。

（4）文件的主件与附件，作为完整的一件。主要有正文附带的图表、统计数字，正文批准或发布的法规文件等。

（5）文件的正文与文件处理单（表）。较规范的机关在文件运转过程中一般都附有文件处理单，这些单（表）真实地记录了文件的形成或办理过程，是归档文件不可分割的重要组成部分，应与被处理文件合为一件。

在整理过程中，不论文件处理单是否有具体的内容，都不能撕毁，应保持原样，这与立卷方法有所区别。如果文件处理单是文件的一半大小，可继续放在文件的前面，不算页数；如果是电脑打印的与文件一样大小的文件处理单，可放在文件的最后，算页数。

需要注意的是文件处理单不能采用胶水粘在文件上，应用装订机装订，以免在整理过程中破坏文件。单位文秘人员兼档案员的，应对这一点进行把关。

（6）关于转发件与被转发件。转发件与被转发件是一份文件的不同部分，在发挥文件的效力方面难以分割，应视为一件。

按照归档范围的规定，凡应归档的文件必须齐全、完整。这一点是文件材料形成、积累、收集和归档最基本的要求。

2. 单份文件归档整理步骤

单份文件归档整理应遵循文件材料的自然形成规律，保持文件的原貌和完整，准确划分文件材料的保管期限，适应新技术应用的需要，便于文件保管和利用。其步骤如下：鉴别归档文件—区分文件年度—选择分类方法—划定保管期限—文件修整—文件装订—文件排序—编写页码—归档文件编号—填写归档文件目录—装盒。

3. 具体整理要求

（1）鉴别归档文件。鉴别工作相当于文件材料的清理工作，主要是决定文件材料的归档与否问题。企业通过日常的收文与发文，以及日常工作的管理，每年都形成大量的文书文件材料，这些文件材料具有不同的价值。通过鉴别工作，可将有价值的文件材料集中起来，无价值的则剔除出去。整理工作主要是围绕有价值的文件材料开展。

（2）区分文件年度。文书类文件材料基本按照年度形成，原则上按形成年度归档，因此，整理工作的一个重要步骤就是区分文件年度。正确判定文件的日期并归入相应年度是一项基本工作。区分年度应遵循以下原则：一般的文件材料，应按照其形成年度归档；计划、预决算、总结、报告、统计报表等，应按照文件内容针对的年度归档；长远规划应按照文件内容针对的第一年归档；多年的总结、报告，应按照文件针对的最后一年归档；不同年度的文件一般应分开排放；一系列内容有联系的文件，应尽可能待文件处理完毕后，将相关文件集中在同一年度归档；时间跨度特别长的，可分别按照文件形成的年份归档。

（3）选择分类方法。《广东省文件材料归档方法改革方案》提出了"年度—机构—保管期限"和"年度—保管期限"两种分类形式。至于选择何种分类方法，应根据单位实际情况而定。就机关单位而言，国家机关、省直机关适宜采用"年度—机构—保管期限"分类形式，地级市以下的机关单位不适宜按机构分类，而应采用"年度—保管期限"分类形式；就企业而言，两种方法均可采用，企业可根据其规模、文件材料数量及专项工作性质来选取一种方法。

①"年度—机构—保管期限"方法的具体含义：在文件材料的年度属性明确的情况下，按文件材料的承办机构分开（一般指单位内设机构）。同一机构承办的文件材料按永久、长期和短期三种保管期限各归一类进行文件材料排序。此方法适宜推行部门整理归档的单位。

表4-5 "年度—机构—保管期限"分类法

年度	机构	保管期限		
2011 年	办公室	永久	长期	短期
	人事部	永久	长期	短期
	经营部	永久	长期	短期
	……	……	……	……
2012 年	办公室	永久	长期	短期
	人事部	永久	长期	短期
	经营部	永久	长期	短期
	……	……	……	……
2013 年	……			

②"年度—保管期限"方法的具体含义：在文件材料的年度属性明确的情况下，直接按永久、长期和短期三种保管期限各归一类进行文件材料排序。这种分类方法适用于每年形成文件数量较少的单位。

表4-6 "年度—保管期限"分类法

年度	保管期限	机构
2011 年	永久	办公室、人事部、经营部……
	长期	办公室、人事部、经营部……
	短期	办公室、人事部、经营部……
2012 年	永久	办公室、人事部、经营部……
	长期	办公室、人事部、经营部……
	短期	办公室、人事部、经营部……
2013 年	……	

（4）划定保管期限。保管期限的划定参照立卷方法中讲述的划分方法。特别提示：由于单份文件归档是以"件"为单位确定期限的，所以允许同一事由或问题的文件分散在不同期限；而立卷方法则强调同一问题的文件材料集中在一起组卷，这也是两者的不同之处。

（5）文件修整。由于文件在装订过程中，可能遇到文件不规则、纸张质量差、字迹褪色或模糊等问题，为保证档案能够长期保存和有效利用，必须对归档文件材料进行必要的修整，主要包括对破损或不规则的文件进行托裱，对字迹模糊的文件进行复制，去掉文件上易生锈的金属物。

①修裱破损文件。使用黏合剂和选定的纸张对破损文件进行修补或托裱，以恢复文件的原有面貌。修补主要是对残缺或折叠处已被磨损的文件进行补缺和托补；托裱主要是针对小于16K规格的纸张，使其达到规定的文件尺寸，如介绍信等。托裱采用单页平面方式，要使用宣纸或白纸，不能用废纸。

②复制字迹模糊或易褪变的文件。考虑到延长文件档案的寿命，必须对有上述状况的文件进行复制。

③超大纸张的折叠。国家对于公文用纸有明确的规定，公文用纸包括A4型和16K型两种，因此，工作中产生的特殊形式的文件，如报表、图样等，都要按照A4规格进行折叠；文件页数少时，可以整份折叠，文件页数较多时，宜单张折叠。

④去掉易锈、蚀的金属物。主要是订书钉、曲别针、大头针等易氧化和易腐蚀的金属。在实际工作中，我们强调永久、长期保存的文件材料不能有易锈物品，短期保管的文件材料则不作强调。

（6）文件装订。归档文件整理完毕后，需用一定的方法固定文件的页次。立卷方法可以采用线装方法固定文件的整理次序；而单份文件归档，不需用线装，但也不能用普通的、可能生锈的金属物装订，因此，单份文件归档的装订应从长远考虑，通过一定的方式固定文件的页次。《归档文件整理规则》和《广东省文件材料归档方法改革方案》提供了若干种装订方法。例如：粘接式，采用裱糊糨糊、热封胶、乳白胶等；穿孔式，采用不锈钢装订钉；使用变形材料，如钢夹、塑料夹等；用缝纫机扎等。装订方法各有利弊，各单位可根据实际选择适用的方法。常用方法是在文件的左侧或左上角位置用棉线或不锈钢钉装订，或用无酸纸纸袋套装。短期的文件可以不起钉，直接按原样装订归档。

（7）文件排序。单份文件归档方法的文件排序不同于立卷方法中卷内文件材料的排序。单份文件归档方法的文件排序是针对同一年度、同一保管期限之下的文件的排序。具体方法如下：先将归档文件材料按三个保管期限分开，不同期限再分别排序。同一期限内，原则上按时间先后排序即可。为了便于归档文件的集中调阅及特殊情况下的手工检索，一般要将同一个保管期限的文件材料，按照机构—时间先后排列，尽可能将关系密切的（如同一次活动、同一项工作、同一个会议形成的）文件材料排列在一起，尽可能按照职能、问题、关系、责任者、文号等特征有规律地进行排列。同一文件的不同稿本，正本在前，定稿在后；正件在前，附件在后；转发文在前，被转发文在后；不同文字的文本，译文本在前，原文本在后。要使文件实体排列尽可能有规律，以备特殊情况的查阅利用。

（8）编写页码。《归档文件整理规则》和《广东省文件材料归档方法改革方案》对归档文件的编写页码未作特别规定，但实际工作中，缺少页码仍存在一定的安全问题，因此有必要编写页码。编写页码必须针对一个完整文件的有效页面来进行，即包括正件和附件、正文和底稿、转发件和被转发件、予以保留的文件处理单等。文件全文中原有页码不连续、不完整或不符合页数计算规范的，应重新编制连续、完整和规范的页码。

（9）归档文件编号。归档文件编号是指将归档文件在全宗中的位置进行标识。归档文件在经过整理排序后，需按照国家规范标准规定的方式固定整理成果。单份文件归档方式固定整理成果的主要方式是填写档号章，通过加盖"档号章"的形式在归档文件上注明。填写档号章是文件材料归档管理的标识之一，是文件材料有序化管理最基本的要求，档号章填写方法如表4-7所示。

表4-7　档号章式样及填写方法

全宗号	186	类别号	A	期　限	永久
年度	2013	机构		件号	081

①档号章的位置。档号章一般盖在归档文件首页上方的空白处。如果归档文件首页上方是全空白的，可以考虑盖在右上方；右上方有文字的，则居中或偏左盖章。档号章尽量不要压住文字，不要与收文章交叉。还有一种特殊情况，即文件上方写满文字的，则盖在其他空白位置。

②档号章印泥的选用。在盖档号章时，一般采用红色印泥为主，其他颜色原则上认可，但一个单位内必须统一一种颜色。

③档号章内容的填写。档号章包含全宗号、类别号、年度、机构、期限和件号等六项内容，其中"期限"、"年度"和"件号"为必填项。"全宗号"、"类别号"和"机构"为选填项。具体的填写方法为：

●全宗号：档案馆给立档单位编制的代号，是档案进馆后的实体管理号。因为是选填项，有全宗号的单位直接填写，没有全宗号的单位可以不填。有进馆任务的单位不能自行编制全宗号。

●类别号：主要是指一个单位里不同门类档案的代号。各个单位的档案都有分类大纲，并设置有不同的类别，只需填写类别代号的英文字母，如文书档案的企业管理类填写"A"，业务档案填写"G"等，不能填写类别的汉字。

●期限：即文件的保存时间。各单位可根据本单位的保管期限表规定每一份文件的保管期限。在档号章中，只标注归档文件的永久、长期和短期三种期限，用汉字标识。

●年度：一般情况下，指文件的形成年度，但对于某些特殊文件而言，它并非指文件成文年度，而是指文件内容针对的年度。年度应采用公元纪年，以四位阿拉伯数字标注。如"2004"，不能简化为"04"。

●件号：也就是文件的排列顺序号。它是反映归档文件在全宗中的位置和固定归档文件的排列顺序的重要标识符号。

●机构：即归档文件的承办机构名称（或规范化简称）。不按机构分类的，此项可不填。

归档章的六项内容，"件号"需要另行系统编制，其余五项可在平时填写完整。

档号章内容的填写必须使用符合档案保护要求的字迹材料，最好用碳素墨水、黑色签字笔等填写，也可以使用打号机打号。禁止使用圆珠笔、铅笔、纯蓝墨水等不耐久的书写材料进行填写。

④编制件号。"件号"一般由档案室的档案人员统一编制，各业务部门将应归档的文件收集齐全后，进行初步的整理，再交由档案室统一编制件号。

关于"件号"的编制有两种方法，即"大流水号"和"小流水号"：一是以年度为界线，由单位档案室集中整理归档，一个保管期限编一个大流水号，即每年分期限共编三个流水号（永久、长期和短期）；二是由单位内部各机构整理归档，每个机构内按保管期限整理归档，一个保管期限编一个小流水号，共有三个小流水号。

"件号"的编制，可以采用"三位数"编号法，如"001"，与计算机录入相对应。由于采用保管期限编制流水号，因此，每个流水号必须从"1"开始，既不能跨年度连续编号，也不能跨期限编流水号。

表4-8　"件号"大流水编制方法

2011 年	2012 年
永久：001、002、003……	永久：001、002、003……
长期：001、002、003……	长期：001、002、003……
短期：001、002、003……	短期：001、002、003……

表4-9 "件号"小流水编制方法

		永久：001、002、003……			永久：001、002、003……
	办公室	长期：001、002、003……		办公室	长期：001、002、003……
2011		短期：001、002、003……	2012		短期：001、002、003……
	人事部	永久：001、002、003……		人事部	永久：001、002、003……
		长期：001、002、003……			长期：001、002、003……
		短期：001、002、003……			短期：001、002、003……
	……			……	……

在每年的归档工作结束后，如发现有其他应归档的文件材料未及时归档，可将该文件排在已归档文件之后编号归档。

（10）填写归档文件目录。编目是归档文件整理工作的重要内容之一。编目应以"件"为单位进行，在目录中一件只体现为一条条目。归档文件目录包括以下基本项目：机构、件号、责任者、文号、题名、日期、页数、备注，需要时可以增加其他项目。

①归档文件目录项目的填写。

● 机构：即文件形成或承办机构的简称或代号。不按机构编档号的单位可以不填写。

● 件号：参照"档号章"的件号填写。

● 责任者：制发文件的组织或个人，即文件的发文机关或署名者。责任者可以是一个单位或单位内部的一个机构，一般应使用全称或通用简称，注意不能使用"本部"、"本局"、"本公司"等简称。联合发文时一般应将所有责任者照抄实录，责任者过多时可适当省略，但主办单位必须抄录，以体现"以我为主"的思想。

● 文号：即文件的发文字号。一般由单位代字、年度和顺序号组成，如粤档字〔2013〕9号，填写文号项时应照抄实录，不能省略。

● 题名：即文件的标题。一般应照抄实录。原文没有标题的应当加拟标题，外加"〔 〕"号；原文有标题但不能说明文件内容的，应重拟标题，标题重拟的部分外加"〔 〕"号附于原标题之后。如："××市档案局关于转发档发〔2011〕180号文件的通知"和"××市档案局通报"应重拟标题为"××市档案局关于转发档发〔××省档案局关于加强汛期档案安全管理的几点意见〕的通知"和"××市档案局〔关于市直机关达标升级情况〕的通报"。

● 日期：指文件的形成日期。填写时可省略"年"、"月"、"日"三个字，在表示年、月数字的右下角加"."，如"2011.4.3"。

● 页数：指每一份归档文件本身的有效页面数，空白页不计。被转发文件、文件的附件、予以保留的文件处理单、文件定稿等，不论原有页码如何编制，均应一并计算总的有效页面数。大张的文件或图表折叠后，仍按未折叠之前有图文的页面计算页数。

● 备注：用以标注归档文件的变化情况的文字或参见档号。

②归档文件目录的份数。除计算机数据外，要求打印并装订纸质目录，至少一式两份。

③归档文件目录的尺寸。由于修订后的《国家机关公文处理办法》中，取消了国内通用的 16K 型（260 mm × 185 mm）公文用纸规格，现统一为国际标准的 A4 型（297 mm × 210 mm），与之相适应，目录及封面用纸幅面也统一为国际标准 A4 用纸。

④计算机著录。单份文件归档管理的目的是适应计算机在档案管理中的普遍应用，因此，需要将文件目录录入计算机，以方便管理和检索。实行这一方法的前提，一是实现计算机管理，二是使用国家档案局推荐的优秀档案管理软件。计算机录入要按照归档文件目录的基本项目和著录规范进行，尽量完整、准确。录入完毕，要打印一式两份的纸质的归档文件目录，便于装订。

（11）装盒。装盒包括将归档文件按件号顺序装入档案盒、填写备考表、编制档案盒封面及背脊等工作。归档文件应严格按照件号的先后顺序装入档案盒，与归档文件目录一致。档案利用后的归位，也要按照件号顺序装入相应的档案盒中，否则一旦归位错误，就很难找回。

①装盒的具体要求。不同形成年度的归档文件不应放入同一档案盒内。每一个盒内只装入同一类别、同一形成年度的文件，不同年度的文件尽量不要混装在一个盒中。每一个盒内都必须放置备考表。需要注意的是：形成年度并不等同于文件的落款年度，关于"年度"的划分问题，前文已叙述；不同保管期限的归档文件不应放入同一盒内；按机构分类的单位，不同机构形成的归档文件不应放入同一盒内，即使文件的数量少，也不宜混装入其他档案盒内；标准对档案盒内是否放置归档文件目录未作明确规定，但为了管理方便和查阅快速，宜放置归档文件目录；盒内的最后放置备考表。

②备考表的填写。备考表只用于对盒内文件情况进行说明，包括文件的缺损、修改、补充、迁移、销毁等情况，如无上述情况，可不填写。整理人、检查人和日期的填写方法参见立卷方法。

③档案盒背脊项目的填写。档案盒背脊项目的填写，可按照"档号章"的内容填写。其中，"起止件号"填写本盒内文件材料的开始与结束的件号。

（12）上架排列。将归档文件分开期限上架排列，各期限适当留有空盒或空位，同期限内按年度连续上架，以便于管理和移交。

4.3　企业档案目录的编制

档案目录是一种重要的档案检索工具。各类文件材料经过分类、组卷、排列和编号等整理环节后，形成了一个规范的案卷实体管理体系。这个体系需要通过一种方式把整体成果固定下来，通常采用编制各种目录的方法来固定。

目录一般包括卷内文件目录和案卷目录。卷内文件目录是以每个案卷内的文件为对象编制的目录，通常在文件材料组卷过程中即已编制完成；案卷目录是在文件材料组卷完成后，以每个案卷为对象编制的一种目录。

在实际工作中，一般不单独分别编制卷内文件目录和案卷目录，而是将卷内文件目录和案卷目录合成为档案目录。档案目录是一种相对完备的档案检索工具。因此，文件材料整理全部完成后，档案目录的编制是档案整理后续工作中必不可少的一项内容。

档案目录是档案馆（室）档案材料的基本检索工具，也是档案保管、统计、检查等一系列工作的主要依据。在机关、事业单位，档案目录可作为机关档案室向档案馆移交档案的清册。

由于文书类文件材料存在两种整理方法，因此，档案目录也存在两种不同的编制方法。

4.3.1　文书档案立卷方法下档案目录的编制

文书档案的档案目录由立卷说明、案卷目录和卷内文件目录三部分组成，外加硬质档案目录夹。永久、长期保存的档案，其档案目录应编制一式两份；短期保存的档案，其档案目录应编制一式一份。

1. 立卷说明的编制

（1）立卷说明的内容。

①本企业主要职能或业务范围。

②年度工作概况。

③内部机构设置与变化情况。

④主要领导成员任职及其变化情况。

⑤本年度文书立卷情况。

（2）立卷说明的写法。

①本年度工作概况。一般是本单位年度工作总结的缩写。特别提示：撰写时注重工作主干，内容要全面，但不必太细。

②本年度组织机构设置与主要领导人的任免情况。

• 组织机构设置情况：文件依据、内设机构数并列举内设机构名称（用全称）；机构增设、变更、改名、撤并等情况；年度机构数、实际人数；新进人数，退休、死亡人数。

• 主要领导成员任免情况：首先列出党委（党组、党支部）正副书记及成员姓名，任免职时间、文号；其次列出行政领导正副职任免情况，内部机构的正职负责人，如无正职则写负责全面工作的副职。若同一职务中有任职、免职情况的，按时间先后全部列出。

③本年度文书立卷情况。主要介绍立卷工作的组织情况（收集部门、分类整理方法等）、文件材料完整与否、案卷数量（其中永久、长期、短期保管的案卷数量）、有何缺陷和问题、分类案卷排列顺序、档案目录编制及目录号情况、其他需要说明的情况，以及编制部门、时间等。

2. 案卷目录的编制

案卷目录主要是对文书档案案卷的标题、保管期限、卷内文件页数等有关信息的登记。单位（企业）一个年度内的文件材料经过整理立卷、系统排列编号形成案卷后，必须将案卷逐个登记到案卷目录上。从这一层面上理解，案卷目录是一个单位一年的案卷名册，它是档案目录的重要组成部分。通过编制案卷目录，可进一步揭示和巩固一个单位一年的全部案卷的分类体系、案卷内容和案卷的排列次序，以便档案材料的利用、保管、统计等。不同保管期限的案卷要分别按顺序填写案卷目录。

表 4 - 10　案卷目录

案卷号		题名	年度	页数	期限	备注
档案室编	档案馆编					
1		××公司董事会纪要	2013	5	永久	
2		××公司关于增加工时工资的决定、通知	2013	3	永久	
3		××公司、××公司关于××原材料供应的合同、协议	2013	53	永久	
……	……	……	……	……	……	……

3. 档案目录的组织

文书档案的档案目录在案卷目录、卷内文件目录和立卷说明全部完成后，即可按照案卷的排列方法组合在一起，装订成册。其排列顺序为：立卷说明—案卷目录—卷内文件目录。

4. 档案目录号的编制

目录号由三部分组成：一是文书档案大类代字；二是保管期限代号；三是档案目录的顺序号。目录号由"大类代字＋保管期限代号＋目录顺序号"构成，如图4-6所示。

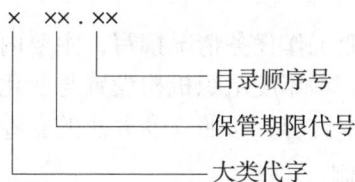

图4-6　目录号的结构

目录号的编制说明如下：

（1）按照企业档案分类大纲编制。通常情况下，文书档案（或企业管理类）排在分类大纲的第一位，在大类代字中，一般用"A"来代表。

（2）通常情况下，保管期限用数字做代号，即永久为"1"，长期为"2"，短期为"3"。国家档案局第8号令颁布以后，机关文书档案保管期限改为永久、定期两种，其中定期又分为30年、10年两种，由于未对企业提出贯彻要求，故企业仍按照原有的保管期限执行。

（3）目录顺序号，即档案目录本的顺序号。目录顺序号不能重复，一本目录一个号，每本目录内的案卷号只能用一个案卷流水号，都应是从"1"开始的连续自然数。如果案卷编号采用分保管期限流水方法，则每个期限至少有一本档案目录，总共三本目录，其号码分别为A1.1、A2.1、A3.1。如果第二年案卷号仍然连续编号，则目录号不变；如果案卷号重新编制（从1开始），则目录号分别为A1.2、A2.2、A3.2等。

（4）按照这种格式，目录号类似于分类号。

5. 档案目录封面和背脊标签的填写

档案目录的封面及背脊有全宗名称、全宗号、目录号、起止年度等项目。其填写方法如下：

103

4

企业档案的收集与整理

（1）全宗名称：填写档案形成单位的全称。

（2）全宗号：填写档案馆制定的编号。企业没有全宗号的，可以不填。

（3）目录号：填写该目录的排列序号，如 A1.1、A2.1、A2.2 等。

（4）起止年度：填写目录内档案的所属年度。

4.3.2 文书档案单份文件归档方法下档案目录的编制

运用单份文件归档方法整理后，日常的档案检索主要依靠计算机检索来完成，纸质档案目录的使用相对较少，纸质档案主要考虑备份和在某些特殊情况下手工检索的需要。档案目录由两部分组成：一是归档说明；二是归档文件目录。

1. 归档说明的编写

由档案人员根据本企业工作任务情况撰写，主要内容包括三个方面：本企业基本情况及年度工作概况；本年度组织机构设置与变化情况；本年度归档文件整理情况。其编写方法和基本内容，参照立卷方法的立卷说明。

2. 归档文件目录的编制

归档文件目录编制完成后，除计算机数据外，必须打印相关的纸质目录。永久、长期保存的归档文件目录，至少打印一式两份，短期的可以只打印一份。如有其他特殊要求的，可以增加目录份数。有向档案馆移交档案任务的企业，将永久、长期的目录移交一套给档案馆；没有移交任务的，则保存两套备查。

表 4-11　归档文件目录

件号	责任者	文号		年度	期限	机构
				2013	永久	
				日期	页数	备注
001	甲公司		××公司董事会纪要	2013	5	
002	甲公司		关于增加工时工资的通知	2013	3	
003	乙公司		关于××原材料供应清单	2013	15	
……	……	……	……	……	……	……

3. 档案目录的编制

档案目录的编制应与分类方案中件号的编制相一致。原则上每年形成三本目录（三个保管期限），按不同保管期限分别装订。按"年度—保管期限"分类的，每年应形成三本目录，即按三个期限的目录分别装订。实际工作中，如单位

（企业）归档文件较少，其目录也可在同一期限内按顺序跨年度装订在一本目录夹内，即同一本目录内有多个年度，多条流水号；按"年度—机构—保管期限"分类的，则每个机构三本目录，装订时，可以将同一期限的文件跨年度装订在一本目录夹内。

4. 档案目录的组成

单份文件归档方法的档案目录由归档说明和归档文件目录构成，其排列顺序为归档说明—归档文件目录，外加硬质档案目录夹。

5. 档案目录封面标签的填写

档案目录封面标签包括全宗名称、全宗号、类别、保管期限、年度五个基本项目，需要时还可以增加其他项目。其填写方法如下：

（1）全宗名称：填写档案形成单位的全称。

（2）全宗号：填写档案馆制定的编号。企业没有全宗号的，可以不填。

（3）类别：填写文书档案（企业管理类）在分类大纲中的大类代字，一般为"A"类。

（4）保管期限：填写该本目录内归档文件所属的保管期限，如永久、长期或短期。

（5）年度：填写目录内档案的所属年度。

【本章小结】

本章主要介绍了企业档案实际业务工作内容，重点阐述了企业档案收集措施及要求，企业文件材料的形成与归档，整理中的具体分类标准、原则、组卷方式和案卷质量标准等内容，以及档案目录的编制方法和要求等，对于从事企业档案具体管理的人员具有直接的借鉴和参考作用。

【习题与训练】

一、思考题

1. 企业档案的概念及内涵是什么？

2. 如何编制企业文件材料归档范围及保管期限表？

3. 简述文书类文件材料单件归档的整理规则。

4. 选择两种不同类型的企业分别编制企业档案分类大纲。

二、实训题

××事业单位需要兴建一座办公楼，以"请示"或"报告"形式向市政府呈文，市政府将此文转批市建设项目立项的主管部门（如发展改革局，简称发

4

企业档案的收集与整理

改局），发改局在经过研究后同意兴建，以市发改局正式文件下达建设计划，并批复该单位。该单位马上以正式文件呈给规划国土部门，要求划拨土地。规划国土部门以文件形式将划拨的土地附以土地使用红线图批复给该单位。财政部门在收到市发改局的立项文件后，以文件形式分期分批下拨办公楼的建设资金。在建设过程中，该单位还将不断地与市政府、发改、财政及环保、卫生、城建、消防、金融、设计等部门有函件来往，这样就会形成大量的政府部门的"红头文件"。请根据所学理论回答以下问题：

　　1. 这些文件在形成部门应归入哪个档案类别？
　　2. 这些文件在该单位应归入哪个档案类别？为什么？
　　3. 这些文件在该单位应选取单份文件整理还是组卷方法整理？

【知识链接】

档案法律法规对企业档案工作的规定

　　《中华人民共和国档案法》及《中华人民共和国档案法实施办法》对企业做好档案工作作出了规定：企业档案机构或者档案工作人员，负责保管本单位的档案，并对所属机构的档案工作实行监督和指导。对应当立卷归档的材料，必须按照规定，定期向本单位档案机构或者档案工作人员移交，集中管理，任何个人不得据为己有。必须按照国家规定，定期向档案馆移交档案。企业档案机构应当建立科学的管理制度，便于对档案的利用；配置必要的设施；确保档案的安全；采用先进技术，实现档案管理的现代化。

　　企业档案机构应依照《中华人民共和国档案法》的规定，履行下列职责：①贯彻执行有关法律、法规和国家有关方针政策，建立、健全本单位的档案工作规章制度；②指导本单位文件、资料的形成、积累和归档工作；③统一管理本单位的档案，并按照规定向有关档案馆移交档案；④监督、指导所属机构的档案工作。

5　企业档案的鉴定、保管与统计

【本章要点】

● 了解企业档案鉴定的步骤。
● 理解企业档案保管工作的重要性。
● 掌握企业档案库房管理的具体措施。
● 掌握企业档案统计工作的内容。

【案例导入】

案例1

广东史学界遇幸事——北水村献出人民公社史料

顺德市杏坛镇北水村献出的人民公社时期史料，目前正由广东省社会科学院加紧整理。去年9月的一天，顺德市杏坛镇北水村村干部电话通知省社科院，又找到了3麻袋原生产队的工分资料，请科研人员前往收集——这是自1996年社科院研究人员在北水村发现史料收藏之后，该村第三次奉献史料。至此，北水村共向省社科院献交了32麻袋本村农业社、人民公社时期（1956—1984年）的文件档案和会计资料，成为我省当代史学界的一大幸事。

"北水史料"是迄今为止在我省农村所发现唯一基本完整的人民公社基层史料。它的主要内容包括原北水大队和12个生产队两级核算单位的会计账册870本，会计单据3 760册，工分表册723册（张），证明存根近200册，各类文件报表2 500多份。这批史料不仅类别齐全，而且工整规范。除了上级文件以外，大多资料出自原大队会计简国庆和12个生产队财会人员的手笔。这些普普通通的农村会计不曾料到，数十年前他们日复一日伏案而作的流水记录，他们绞尽脑汁反复斟酌的经营方案，最终会成为永驻史册的共和国珍贵文献。

（《南方日报》，2001 – 07 – 04）

【问题讨论】

根据企业档案保管期限表，会计账簿和会计单据一般保管15年。"北水史料"中的大部分档案已经超过会计档案的保管期限。请问这些档案是否需要销毁？为什么？

5.1 企业档案的鉴定

企业档案的鉴定，是指有组织地进行企业档案价值的鉴定，确定其保存年限，对失去保存价值的档案剔除销毁。保存有用的档案，以供开发利用，这是企业档案工作的根本目的。各类档案的作用和价值是不同的，有的只在短期内有用，有的长期有用，有的则需要永久保存。失去价值的档案就应该销毁，否则会造成企业人力、物力、财力和时间的严重浪费。企业档案鉴定工作提倡与时俱进，全面考察与判断档案价值，预测企业未来的档案需求。企业档案室应不断适应企业发展变化的需要，将一切与企业发展变化不相适应的档案及时清理出去，而将新的档案吸纳进来，实现室藏的吐故纳新。只有这样，才能更好地维护企业历史面貌，更好地服务于企业。

5.1.1 企业档案鉴定的原则

1. 全面的观点

全面考察档案的价值，不仅要看到局部，还要看到整体，既要考虑企业本身对档案的利用，也要考虑整个社会的需求。我们还要从档案之间的相互关系上分析其价值，考虑文件材料之间横向、纵向的关系，充分理解每一份档案的内容和在企业中的用途，从而作出正确的价值判断。

2. 历史的观点

档案本身就是历史的记录，因此鉴定时企业档案人员应当用历史唯物主义的观点来分析档案的价值。根据档案产生的时代背景、具体的事件、本身的历史作用等方面来考察档案的价值，反对狭隘的实用主义观点。

3. 发展的观点

企业在不断发展，这就决定了企业档案的价值也在不断发生变化，企业对档案的利用需求也在不断发生变化。在鉴定时，我们不仅要看到档案在当前的作用，还要估计和预测档案在未来的作用，为以后的档案利用者着想。

4. 效益的观点

企业保管档案需要人力、财力和物力的支持。企业档案的保管期限越长，消耗越高，费用也越大。效益的观点就是要求鉴定档案时考虑投入和产出比。只有企业所保管的档案发挥作用的效益超过保管代价，我们才判定其具有保存的价值。保存档案的效益要做到经济效益和社会效益两个方面并重。

企业档案人员在鉴定时被赋予决定文件取舍的"生杀大权"。在鉴定时可能没有运用历史眼光，也没有时间和精力去考虑未来整个社会对这些档案文件的需要，在这种情况下，一些有价值的文件极有可能被送进废纸堆，其损失将是无可挽回的。如案例1中的"北水史料"，虽然大部分档案已经过了保管期限，但因为其具有巨大的历史研究和社会利用价值，所以我们不能将之销毁，反而要尽全力做好保管工作。

5.1.2　企业档案鉴定的方法和步骤

一般情况下，企业档案工作人员采用直接鉴定法进行企业档案价值的鉴定工作。直接鉴定法就是直接、具体地审查每一份文件的方法。要求鉴定人员以反映企业主要生产经营和管理活动为出发点，逐件、逐张地审查档案的价值，从成文时间、内容、作者、文种、名称等方面全面考查其价值，并进一步判定其保管期限，而不能仅根据文件名、文种、卷内文件目录等去确定档案的价值。

企业档案鉴定工作一般分三个步骤完成，其工作流程图如图5-1所示：

（1）对处理完毕的文件，确定其归档范围，剔除不需要归档的文件。

（2）对归档文件确定其保管期限。

（3）档案工作人员定期对档案价值进行鉴定，对失去保管价值的档案进行销毁。此项鉴定工作由企业负责人、专业人员和档案工作人员组成的鉴定小组负责，直接对档案进行鉴定，逐卷、逐件鉴定档案的价值，并形成鉴定报告。对失去保存价值的档案列出销毁清单，报经企业法定负责人审批后销毁，由档案鉴定小组人员监销，销毁清单永久保存。其中，会计档案按《中华人民共和国会计法》的有关规定执行。

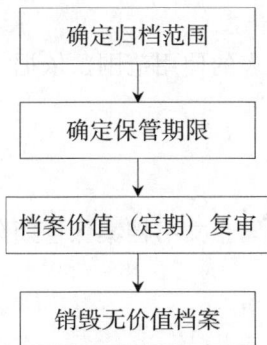

确定归档范围

↓

确定保管期限

↓

档案价值（定期）复审

↓

销毁无价值档案

图5-1　企业档案价值鉴定工作流程图

5.1.3 企业档案的保管期限表

档案保管期限表是用表册的形式列举档案的来源、内容和形式，并指明其保管期限的一种指导性、标准型文件。它是企业档案管理部门鉴定档案价值、确定档案保管期限的依据。

档案保管期限表的主要作用有：①统一档案鉴定人员的认识，避免因个人认识的局限性造成误判，保证鉴定工作的质量和效率。②企业在进行档案整理工作时可以依据档案保管期限表初步确定待归档文件的保管期限。③企业档案工作人员可以依据档案保管期限表对归档、移交和保管期限满的档案进行复审。

档案保管期限表一般由顺序号、条款、保管期限、附注及说明等部分组成，条款和保管期限是最基本的项目。

顺序号是档案保管期限表的各条款经系统排列后，统一在前面编排的号码，起固定条款位置的作用。

条款是一组类型相同的文件的名称或标题，如"本单位董事、监事、持股会理事会议、股东会会议的记录、纪要、决议、决定"等。在拟写条款的时候，要用简洁、明确的语言反映同一组类型文件的来源、内容和形式，以便企业档案工作人员查找、使用。

保管期限是根据各类文件的保存价值所确定的保管年限，一般列在条款之后。根据 2006 年 12 月 18 日国家档案局发布的《机关文件材料归档范围和文书档案保管期限规定》，机关文书档案的保管期限分为永久、定期两种。定期一般分为 30 年、10 年两种。

附注是条款之后对条款及其保管期限所作的必要的注解和说明，如对条款中"重要的"和"一般的"进行注释。企业经常产生的一些文书，如经济合同、协议书等文件的保管期限，往往从有效期满后开始计算，因此，可以在保管期限后注明"失效"的字样。

说明常用于指出保管期限表的使用范围、依据、结构和计算方法等。

【阅读资料】

××大型国企文书档案保管期限表选摘

一、会议文件

（一）本单位党政工团纪召开的代表大会及工作会议的文件材料

1. 通知、名单、议程、报告、领导讲话、选举结果、讨论通过的文件、决

议、纪要、主席团会议记录、简报等　永久

2. 大会发言、提案、重要的照片、录音（像）带等　长期

3. 一般简报、参考文件、小组记录、会议服务的计划、总结　短期

（二）本单位董事、监事、持股会理事会议、股东会会议的记录、纪要、决议、决定　永久

（三）本单位党委会、全委会、常委会、扩大会、总经理办公会、党政联席会的记录、纪要、决议、决定，领导讲话，讨论通过的文件　永久

（四）本单位纪委、工会、团委的会议记录、纪要、决议事项　长期

（五）本单位专业会议、现场会议的领导讲话、重要发言稿、经验交流材料，纪要，通知，总结，报告，简报　长期

（六）电话会议、小型座谈会会议记录、文件材料　短期

（七）参加上级机关会议带回的文件材料

1. 重要的、需要贯彻执行的　长期

2. 一般的　短期

5.1.4　企业档案的销毁方法

【案例导入】

案例 2

档案误销的悲剧

××大型国有企业的档案员小黄请产假了，经理将档案管理工作交付给负责收文工作的秘书小李。小李在临时负责档案工作期间，为了给新印制的公文腾出地方，在未请示经理的情况下，擅自叫工作人员将公司早期形成的一批尚未整理、鉴定的文件材料从档案柜里搬了出来，全部装入纸皮箱内堆放在库房隔壁的杂物房。此后，在长达半年的时间里，小李既没有整理、鉴定这些文件材料，也没有过问它们的下落。在工作人员清理杂物房的时候，这些待归档的文件被人误以为是档案工作人员已经鉴定过的失去保管价值的档案，全部被销毁了。

【问题讨论】

档案工作人员应该怎样避免误销的情况发生？在进行档案销毁的时候，我们必须办理哪些手续？

销毁的档案必须是经过鉴定后确认无须归档的文件或失去保管价值的档案。

同时，必须以全宗为单位编制"档案销毁清册"，报请主管领导或上级档案管理机构批准。未经鉴定和批准，不得擅自销毁档案。销毁档案时应该指派两名以上人员负责在指定地点销毁，并在销毁清册上签字，注明"已销毁"字样和销毁的时间、地点和方式。销毁清册及相关审批手续，由综合档案室归入全宗卷永久保存。

销毁的档案数量较大的时候，要交送指定的工厂进行监销，严禁出售或改为他用。

表 5 – 1　××公司档案销毁清册

序号	案卷或文件题名	年度	档号或文号	文件页（件）数	原期限	销毁原因	鉴定时间	备注

【案例导入】

案例 3

台风侵袭，档案受损

小刘是××省属机械厂的档案员。有一年 8 月的某天，当年第 8 号台风正面袭击该省。根据省气象台的分析，沿海已出现 11 ~ 14 级大风，该省沿海地区有大到暴雨，部分大暴雨，局部特大暴雨。据统计，受灾人员已超过 340 万人，数百村镇被淹，上千间房屋倒塌。

在台风减弱为热带风暴后，责任心很强的小刘顶着狂风暴雨回到了档案室。她发现，受台风的影响，地处低洼地区的办公楼一楼已经全部被水淹没，而档案室正在办公楼一楼。尽管档案室的门口已经采取了防风、防水的措施，可还是没能抵御台风的袭击，档案库房进水，造成 100 多卷档案不同程度受损。小刘马上报告了厂长，厂里立即组织人员进行抢救，并对受水淹的档案采取干燥的办法以稳定档案的状态，避免灾情进一步恶化。

事后，小刘就该突发事件向市档案局进行了汇报。

【问题讨论】

1. 小刘对这件突发事件的处理方法是否正确？
2. 该档案室在档案保管工作中存在哪些问题？
3. 在台风多发地区，针对档案库房"八防"措施中的"防潮"、"防霉"，应该如何避免类似事件的发生？

5.2　企业档案的保管

企业档案的保管，是指设置安全的库房和设施，采取妥善的措施，保护企业档案的齐全、完整，保证企业档案机密的安全，延长企业档案的保管寿命。它在整个企业档案管理工作中具有十分重要的意义。它决定着企业档案寿命的长短。保管得当，档案的寿命就会延长，从而发挥更大的社会效益和经济效益；假如因为保管不当，造成档案损毁，不能提供利用，将会对企业造成不可估量的损失。《企业档案管理规定》（档发〔2002〕5号）第十条规定：企业采取有效措施对档案进行安全保管，并切实加强对知识产权档案和涉及商业秘密档案的管理。因此，我们必须做好企业档案的保管工作。

5.2.1　档案装具及其排列

档案装具，是指用于存放档案的器具，它们是档案管理部门必需的基本设备，包括档案箱柜、档案架、档案盒等。

档案箱柜、档案架须坚固耐用，密封良好，存取方便并利于防水、防火，因此最好选用金属材料制成。一般而言，档案箱柜的密封性能较好，但存取和移动稍有不便。档案（密集）架是为节省空间而设计的可在轨道上水平移动的活动存储装置。它不仅具有防火、防尘的性能，而且可以大大节省库房空间。但是，安装密集架要求地面承重能力需在2 400千克/平方米以上，还必须考虑整个建筑物的坚固程度及使用年限等相关因素。

档案盒、卷皮等装具的规格，应参照国家标准（DA/T 22—2000），并采用无酸纸制作。

档案装具须统一编号，在库房中按照一定的顺序排列。编号时，以房间为单位，按照从左到右、从上到下，依次排列排号、柜（架）号、层格（箱）号，号码一般采用阿拉伯数字。

还应注意，在排放档案箱柜、档案架的时候不要紧贴墙壁，应留有50厘米的距离，每排间隔1~1.2米。鉴于目前市场上有各种类型的档案装具，企业可根据自己的实际情况购买。

【小知识】

《科学技术档案案卷构成的一般要求》（GB/T 11822—2000）选摘

7 卷皮、卷内表格的规格及其制成材料

7.1 科技档案案卷卷皮采用卷盒、卷夹两种形式。

7.2 卷皮规格和制成材料

7.2.1 卷盒的外表面规格为：305 mm × 220 mm，厚度分别为 10 mm、20 mm、30 mm、40 mm、50 mm、60 mm 六种。

7.2.2 卷夹的外表面规格为：305 mm × 220 mm，厚度为 20 mm。

7.2.3 卷皮宜采用牛皮纸板双裱压制，或黄板纸制作，外裱牛皮纸。本标准推荐使用无酸卷皮。

7.3 卷内表格的规格和制成材料质量

7.3.1 卷内目录、卷内备考表规格为：297 mm × 210 mm 或 260 mm × 185 mm。

7.3.2 卷内目录、卷内备考表宜采用 70 g/m^2 以上白色书写纸制作。

7.4 案卷脊背标签的规格和质量

7.4.1 案卷脊背标签与卷盒的长度和厚度相同，即 305 mm × 10（20、30、40、50、60）mm。

7.4.2 案卷脊背标签宜采用 150 g/m^2 白色书写纸制作，案卷脊背格式也可以直接印在卷盒脊背上。

7.5 卷皮上和卷内表格中书写的字迹要清晰端正。

5.2.2 企业档案库房建设及"八防"措施

1. 企业档案库房建设

档案库房是指收藏档案的专门用房。企业的档案库房应尽量按照《档案馆建筑设计规范》（JGJ 25—2000）的要求建造。在具体建设时需要注意以下几个问题：

（1）库房、阅览室和办公室实行三分开。如确实无法达到标准，库房也需与办公室分开。

（2）库房面积满足需要，并有一定的余地（一般为五年）。

（3）库房不可建在低洼处。

（4）有条件的企业应在档案库房里配备空调设备，以达到库房理想的温度。

2. "八防"措施

根据国家档案业务规范的规定，档案库房应达到"八防"的工作要求。"八防"内容是防火、防盗、防潮、防尘、防光、防虫、防霉和防污染。根据这些要求，企业档案库房保管应具有如下控制措施：

（1）防火：档案库房周围要灭绝火源迹象，库内严禁吸烟，建立严密的防火制度并配备消防灭火器材。档案库房门上挂有"严禁烟火"的警示牌，下班时切断电源。灭火器定点放置，不得随意移动或挪作他用，并坚持定期检查，使其保持良好的状态。

（2）防盗：档案库房尽量配备报警器、防盗网和铁门铁窗，并保持良好的工作状态。下班时关锁好门窗，上班时检查档案库房门窗、铁网和档案是否完好。

（3）防潮：每天测量并掌握库房内的湿度变化情况，将库房湿度控制在45%~60%范围内。湿度较大的地区应配备去湿机、空调机或放置吸潮剂。

表5-2　库房温、湿度记录表

日期（年　月　日）	时间（时　分）	温度（℃）	湿度（%）	记录人	处理情况

注：标准温度：14 ℃~24 ℃，湿度：45%~60%

（4）防尘：为防止灰尘对档案的损害，库房最好加装双层窗。适时打开和关闭库房的门窗，防止尘灰、烟雾进入档案库房及档案柜内。工作人员应定期擦拭档案室地板、档案柜表面、柜内的灰尘，保持档案柜、档案的干净清洁。

（5）防光：档案库房应尽量无窗。如有窗，要装上防光布帘，注意防止日光直射档案库房，严禁将档案纸张材料搬到太阳下暴晒。同时库房照明装置应以使用白炽灯为宜，避免日光灯中紫外线对档案纸张的破坏。

（6）防虫：档案箱柜、档案架应定期施放防虫、防鼠药品，以防各类害虫破坏档案。库房内严禁存放任何杂物。

（7）防霉：工作人员应定期检查档案，放置防霉药品，发现有霉变现象应及时通风并进行修裱。

（8）防污染：库房应远离各种污染源。保持室内空气清新，严禁有害气体、物品进入档案库房，净化库房周围环境，保持库房内清洁。

档案馆建筑设计规范（JGJ 25—2000/中华人民共和国行业标准）
（摘录第 3.0.2, 5.3.2, 7.1.1, 7.1.2, 7.1.3, 7.1.4 小点）

3.0.2　档案馆的馆址应符合下列要求：

1. 馆址应远离易燃、易爆场所，不应设在有污染、腐蚀性气体源的下风向。

2. 馆址应选择地势较高、场地干燥、排水通畅、空气流通和环境安静的地段。

3. 馆址应建在交通方便、便于利用，且城市公用设施比较完备的地区。高压输电线不得架空穿过馆区。

5.3.2　室内地面高出室外地面，不小于 0.50 m，并应符合下列要求：

1. 采用填实地面时，应有防潮措施。

2. 采用架空地面时，架空层净高不小于 0.45 m，架空层下部的地面宜用简易防水地面，并高出室外地面不小于 0.15 m，做不小于 1% 的排水坡度。架空层上部的地面宜采用适当的隔潮措施。架空层的外墙应做通风孔，风口处装金属网及可开启的小门。

7.1.1　馆区内应设给、排水系统。

7.1.2　库房内不应设置除消防以外的给水点，给、排水管道不应穿越库区。

7.1.3　上下水立管不应安装在与档案相邻的内墙上。

7.1.4　各类用房的污水排放，应符合国家规定的排放标准。

5.2.3　企业档案库房管理制度

企业档案库房是收藏档案的重要场所，因此必须制定严格的管理制度。具体有如下几项要求：

（1）企业档案库房是本单位安全保卫工作的重要部位，要有专人管理，档案箱柜的钥匙由专人保管，非本室工作人员不得擅自入内。

（2）库房及周边环境严禁明火装置和存放易燃、易爆、腐蚀物品及其他杂物。注意定期进行消防器材和电器线路的检查。

（3）新接收的档案要进行除尘、除虫等处理后方可入库，每半年进行一次虫、霉检查，检查有无虫蛀、霉变及字迹褪色等问题，如发现虫蛀、霉变要及时处理，及时做好档案技术保护工作。

（4）库房要配备温、湿度测量仪和空调机、吸湿机等设备，管理人员根据天气变化情况及时调节库房内的温、湿度，库房的温度应控制在 14 ℃～24 ℃，相对湿度应控制在 45% ~ 60%。要定时测记库房温、湿度，每天进行 1 ~ 2 次登记，每年进行一次综合分析。

（5）工作人员每天下班时，须认真检查水电、门窗是否关好，发现问题及时处理。

（6）工作人员应熟悉消防器材的性能及使用方法，做好消防器材的保养、安全工作。节假日前，均进行一次全面的安全防火检查，消除隐患。

5.3 企业档案的统计

企业档案的统计是指对企业档案和企业档案工作的各种数据进行统计和分析，如实反映企业档案及其各项管理的状况，为实现企业档案工作的目的服务。

企业档案统计工作一般分为两个部分：对档案实体及其管理状况的统计和对档案事业的组织与管理状况的统计。对档案实体的统计，主要是对企业各类档案的总量、数量、长度等进行统计。对档案事业发展情况的统计，主要包括对企业档案工作状况、经费、档案工作人员基本情况表等的统计。

近年来，档案统计工作有了明显的发展，建立了完善的档案统计工作制度和一整套统一的基本情况统计表。

企业档案统计工作一般包含以下内容：

（1）企业档案统计是以指标数字来表明企业档案工作的发展过程、现状及其规律性的一项常规性工作，必须予以重视。

（2）企业档案统计工作务必真实、准确、及时和全面。

（3）企业档案统计工作的种类包括室藏统计、一般利用情况统计、专门服务情况和内部事务统计。

（4）做好原始登记和统计台账。在文件收进、档案移出、档案查（借）阅、利用效果等日常业务工作中，做好原始登记，每年或每项大型业务工作后，将原始登记汇总成统计台账。

表 5-3 借阅档案登记簿

序号	日期	单位	案卷或文件题名	利用目的	期限	档号	借阅人签字	归还	日期	备注

（5）做好统计整理。要选择能够反映企业档案工作本质和具有现实意义的标准对档案原始登记和统计台账进行分类和汇总，并形成一定形式的表格，以高度负责的态度，认真进行填写，以求统计数字准确，上报及时。企业档案统计表的基本类型应有档案室藏情况表、档案利用情况表、档案人员统计表和档案设备统计表。

（6）做好统计分析。企业档案室要有计划、有目的地利用统计材料进行分析，通过定量分析，反映工作发展的速度和状况，以便总结经验教训，不断提高档案工作水平，为现实工作和未来发展提供参考。

（7）各种统计结果应归入全宗卷。企业档案统计工作是企业档案业务工作中的一个重要环节，也是保证企业档案工作质量、提高企业档案业务工作水平的一项有效方法。

【小知识】

全宗指一个国家机构、社会组织或个人在社会活动中行成的具有有机联系的档案整体。全宗卷是由在管理某一全宗过程中所形成的管理记录性材料组成的专门案卷。全宗卷的主要内容有全宗指南、大事记、组织沿革、档案管理办法、分类方案、归档说明、档案移交表、查（借）阅登记簿、销毁清册、鉴定小组成员名单、库房温度和湿度记录、档案管理统计台账、档案工作统计年报、全宗内档案数量及长度记录、档案软件的文字说明材料等。

【本章小结】

甄别档案的价值，确定档案的保管期限，将对企业有价值的文件挑选出来进行归档，把不需要归档的文件进行销毁，这是一项十分严肃的工作，对档案人员的业务水平要求也是比较高的。从事鉴定工作的人，不能以自己的偏好或从利益出发，要严格按照保管期限表，从企业的角度去看待归档文件的价值。

为了最大限度地延长档案的寿命，档案工作者必须从全方位、多角度做好档案的保管工作，更要树立良好的责任意识和服务意识。

【习题与训练】

一、实训题

教师组织学生到企业档案室参观，参考下表的格式，制作档案室管理台账中的室库面积和设备统计表。

××公司档案室管理台账（之一：室库面积及设备统计）

年度	总面积（平方米）	办公室（平方米）	阅览室（平方米）	档案库房（平方米）	档案柜（组）	文件柜（个）	电脑（台）	打印机（台）	复印机（台）	去湿机（台）
2006	50	—	—	50	6	3	1	1	—	—
2007	50	—	—	50	6	3	1	1	—	—
2008	200	35	15	150	30	19	2	2	1	1
年度	空调机	电风扇	排气扇	装订机	碎纸机	温湿计	灭火器	报警器		
2006	1	2	—	2	—	2	8	1		
2007	1	2	—	2	—	2	8	1		
2008	4	8	—	2	1	3	16	6		

5

企业档案的鉴定、保管与统计

二、案例分析题

1. 某大型国有水泥厂要对一批失去保管价值的档案进行鉴定和销毁。因为厂里没有成立档案鉴定小组，所以档案管理部门成立了由工厂党委书记、厂长、某部门经理和档案员组成的临时鉴定小组。在审核的过程中，临时鉴定小组对一份长期保存的合同，产生了不同的看法和争论。鉴定小组 4 人中，有两人认为该文件需要延长保管期限，有两人认为文件可以销毁。为了统一临时鉴定小组人员的认识，档案员找来了《企业档案管理规定》等文件，供大家作为标准。最后，临时鉴定小组达成了共识，认为该档案需要延长保管期限，放入永久档案。你认为该档案管理部门在建立临时档案鉴定小组的时候存在什么问题？在企业档案鉴定工作中，怎样避免上述案例中发生的情况？

2. 小梅在某企业实习，期间发现该企业档案室保存的档案中，永久、长期档案所占的比例偏高，其中有不少是工会组织联欢活动的记录，甚至把各部门召开会议的人员报到情况的统计表也放进了长期档案。请问该企业应该如何处理这些不需要永久或长期保管的档案？

三、课堂讨论题

1. 在分析企业档案的价值时，可能对一些文件是否保留存有异议，一般我们可以遵循弹性的原则：保存从宽，销毁从严；孤本从宽，复本从严；本单位从宽，外单位从严；两可之间的，就高不就低。"宽"是指鉴定的标准放宽，多保存一些；"严"指标准严格一些，少保存一些。请问应该如何理解以上原则？

2. 请从建筑设计、装具排列、进出入制度等方面，简述企业的档案库房应当按照怎样的要求进行建设。

表号：档基3表
制表机关：国家档案局
批准单位：国家统计局
批准文号：国统制〔2008〕26号
有效期至：2010年8月

[知识链接]

档案室基本情况年报

年度

填报单位：　　　　　　　　　　单位类别代码：□□□

填报单位（盖章）：

项目		单位	行次
一、档案机构（室、处、科）		个	1
二、定编		人	2
三、现有全部专职人员		人	3
其中：女性		人	4
四、现有全部专职人员情况		—	—
年龄	50岁以上	人	5
	35～49岁	人	6
	34岁以下	人	7
文化程度	博士研究生	人	8
	硕士研究生	人	9
	研究生班研究生	人	10
	双学士	人	11
	大学本科	人	12
	大专	人	13
	中专	人	14
	高中	人	15
	初中及以下	人	16
档案专业文化程度	博士研究生	人	17
	硕士研究生	人	18
	研究生班研究生	人	19
	大学本科	人	20
	大专	人	21
	中专	人	22
	职业高中	人	23
	在职培训教育	人	24

项目		单位	行次
干部专业技术职务	研究馆员	人	25
	副研究馆员	人	26
	馆员	人	27
	助理馆员	人	28
	管理员	人	29
五、兼职人员		人	30
六、室存全部档案		—	—
	全宗	个	31
	案卷	卷	32
	案卷排架长度	米	33
	以件为保管单位档案	件	34
	以件为保管单位档案排架长度	米	35
	录音磁带、录像磁带、影片档案	盘	36
	照片档案	张	37
	底图	张	38
电子档案		—	—
	磁带	盘	39
	磁盘	张	40
	光盘	张	41
缩微胶片		—	—
	平片	张	42
	开窗卡	张	43
	卷片	幅	44
七、室存永久、长期档案		卷	45
		件	46

121

5

企业档案的鉴定、保管与统计

（续上表）

		行次	单位
其中：永久保管		47	卷
		48	件
八、本年接收档案		—	—
案卷		49	卷
以件为保管单位档案		50	件
录音磁带、录像磁带、影片档案		51	盘
照片档案		52	张
底图		53	张
电子档案		—	—
	磁带	54	盘
	磁盘	55	张
	光盘	56	张
九、本年向档案馆移交档案		—	—
案卷		57	卷
以件为保管单位档案		58	件
录音磁带、录像磁带、影片档案		59	盘
照片档案		60	张
底图		61	张
电子档案		—	—
	磁带	62	盘
	磁盘	63	张
	光盘	64	张
十、本年销毁档案		65	卷
		66	件

			行次	单位
十一、室存档案的历史分期			—	—
其中：1. 新中国成立前档案			67	卷
			68	件
	明清以前档案		69	件
	明清档案		70	卷
			71	件
	民国档案		72	卷
			73	件
	革命历史档案		74	卷
			75	件
2. 新中国成立后档案			76	卷
			77	件
十二、室存资料			78	册
十三、档案编目情况			—	—
手工目录	案卷目录		79	本
	全引目录		80	本
	归档文件目录	簿式	81	本
	专题目录	卡片式	82	本
	重要文件目录	簿式	83	张
		卡片式	84	本
机读目录	案卷级		85	张
	文件级		86	条
			87	条

（续上表）

	行次	单位	
十四、本年利用档案人次	88	人次	
十五、本年利用档案	89	卷次	
本年利用档案	90	件次	一
其中：1.新中国成立前档案	91	卷次	
	92	件次	
2.新中国成立后档案	93	卷次	
	94	件次	一
2.利用档案的目的	95	卷次	
编史修志	96	件次	
工作查考	97	卷次	
	98	件次	
学术研究	99	卷次	
	100	件次	
经济建设	101	卷次	
	102	件次	
宣传教育	103	卷次	
	104	件次	
其他	105	卷次	
	106	件次	

	行次	单位	
十六、本年利用资料人次	107	人次	
十七、本年利用资料	108	册次	
十八、本年复制档案、资料	109	页	一
十九、本年编研档案资料	—	—	
其中：1.公开出版	110	种	
	111	万字	
2.内部参考	112	种	
	113	万字	
二十、档案室总建筑面积	114	平方米	
其中：档案库房建筑面积	115	平方米	
二十一、档案室设备	—	—	
其中：1.电子计算机	—	—	
服务器	116	个	
微机	117	台	
2.复印机	118	台	
3.分散式空调机	119	台	
4.去湿机	120	台	
5.消毒设备	—	—	
物理方法	121	台	
化学方法	122	台	

单位负责人：　　填表人：　　发各市档案局、省（中）直单位档案部门　　联系电话：　　实际报出日期：　　年　　月　　日

备注：
1. 本表由县直以上机关、人民团体、民主党派和规定范围内的企业、事业单位档案室（处、科）填报。
2. 档案室档案馆合一的，填报方法见档基3表按指标解释3。
3. 各企业集团、大型企业均以一个填报单位，其本级以及所属单位填报一份档基3表。
4. 第3行＝5＋6＋7＋8＋9＋10＋11＋12＋13＋14＋15＋16
5. 第31~44行"至全存全部档案"中，包括第49~56行"本年向档案馆移交档案"和"本年销毁档案"。
6. 第49~56行"本年接收档案"，指本年度接收的上一年度或以前年度档案。
7. 第32行＝67＋76；第34行＝68＋77；第67行＝70＋72＋74；第68行＝69＋71＋73＋75
8. 第78~87行均为档室填报年度的累计数字。
9. 第89行＝91＋93＋95＋97＋99＋101＋103＋105；第90行＝92＋94＋96＋98＋100＋102＋104＋106

6 企业档案的开发利用、检索与编研

【本章要点】

• 了解企业档案提供利用的作用，掌握企业档案利用工作的常用方式。
• 了解企业常用检索工具的职能，掌握企业档案著录、标引的基本理论与方法。
• 了解企业档案编研工作的作用，掌握企业常用参考资料的编写方法。

【案例导入】

案例 1

北京燕山石化总公司的档案利用

北京燕山石化总公司的档案部门多年来十分重视围绕企业生产建设的中心工作开展利用服务。该公司 66 万吨乙烯改扩建工程是一项跨世纪的工程，共需改造 6 套装置，新建 1 套装置。公司档案部门积极配合工程建设部门开展技术服务，将保存的原乙烯装置及高压乙烯装置的地质勘探档案及其他科技档案及时提供给工程技术人员参考。据估算，仅地质勘探费用一项就节约了 185 万元，缩短了工程的设计时间，直接创造了经济效益。

【案例分析】

档案利用服务在某种意义上是为利用者排忧解难的工作。上述案例中，北京燕山石化总公司档案部门围绕本公司生产建设的中心工作开展利用服务，应该说是抓住了本公司对档案需求的关键和主体，因此，他们才能准确、及时地根据本公司的需要提供档案，为本公司的生产活动做好服务。

这个案例告诉我们，档案利用服务能够为企业生产、经营活动提供非常有价值的知识和技术信息，从而创造出良好的经济效益和社会效益。档案部门要做好这项工作就必须了解服务对象的需求，并积极、有针对性地提供档案利用服务。

案例 2

天图公司档案原件利用中的问题处理

天图公司档案管理员向行政主管反映：自与太极公司合并以来，业务量猛增，前来查阅档案的员工很多。由于档案室地方狭小，不便查阅，很多人就把档案资料借出阅读，因而影响到别人使用。虽然有的档案很快被还回来了，但不少地方被折了页角，甚至还留下了勾画的痕迹。听了档案管理员的反映，行政主管感到以上问题比较严重，如不抓紧解决，可能会损坏更多的档案资料。他还进一步了解到，有些人在很短的时间就可以阅读完档案，但由于档案室缺乏阅读条件，只好带出档案室查阅，查完后又忘了及时归还，造成档案缺失。应当怎么办呢？他向公司领导汇报了情况，提出建立公司档案阅览室，添置必要的设备，制定档案阅览室阅览制度，使档案室具备提供档案现场阅览的条件，从而解决了档案原件利用中存在的问题。

【案例分析】

档案利用需要一定的外部条件，特别是现场查阅利用需要一定的场地。天图公司在调研的基础上，制定了档案阅览室阅览制度，同时使档案室具备了提供档案现场阅览的条件，从而很好地解决了档案原件利用中存在的问题。

6.1 企业档案的开发利用

企业档案资源是在企业生存发展过程中形成的，是一种特殊的知识产品。企业档案资源的开发利用，是企业档案管理出效益、出成绩的关键，开发利用搞好了，企业档案管理工作的目的就达到了。目前，市场经济的发展、企业技术的进步对档案资源的开发利用提出了更高的要求。

企业档案是企业生产、经营、管理、科研等各项活动和成果的记录，反映了企业过去和现在的状况，包含了经济、管理、科技等方面的丰富信息，是企业的巨大财富。企业档案管理工作的最终目的就是最大限度地开发利用档案信息资源，为企业的生产、经营活动提供有效服务，创造出经济效益和社会效益。

在社会主义市场经济中，大力开发档案信息资源，为企业发展服务，是现代企业制度中实现科学管理的一项重要内容，也是企业档案管理的中心任务和基本目的。一方面，可以利用丰富的企业档案信息资源，为企业技术进步和实现生产经营目标服务；另一方面，通过企业档案信息的开发利用，可以促进企业档案业务建设的发展，使其充分发挥信息部门的重要作用，同时，进一步改善企业档案管理的工作条件，提高企业档案管理水平。

6.1.1　企业档案信息开发利用的内容

企业档案信息开发利用是指按照一定的原则和要求，通过一定的方式，开发企业档案中存储的有用信息，包括科技信息和生产经营管理信息，实现企业档案有效利用的一项工作。

企业档案信息开发利用是企业档案管理业务活动中的重要组成部分。积极开发利用企业档案信息资源，充分发挥企业档案信息的经济效益和社会效益，为企业的各项工作和发展提供有效服务，已经成为现代企业档案管理的主要任务，其主要内容有：

（1）在对企业档案信息加工的基础上，编制各种检索工具。一般而言，在对企业档案实体进行整理的同时，要对档案记录的各种有用信息进行相应的提取、组织和加工，将其编制成各种形式的检索工具，以方便用户使用及查找档案。利用检索工具，还可以开展宣传、报道、介绍企业馆（室）藏档案情况，吸引广大用户查询、利用档案。

（2）在对企业档案信息分析的基础上，编制各种参考资料。根据企业档案馆（室）藏情况和用户需要，在进行企业档案实体整理后，将相对分散的各类企业档案信息，通过分析、研究、筛选、提炼、汇集等方法，汇编成信息相对集中的、各种形式的企业档案参考资料。每份资料以专题性编研成品的形式出现，比较系统、完整地反映了企业某一方面的情况，对于改善企业管理和经营起参考作用。

（3）采取多种方式，直接开展服务。为用户服务，是企业档案工作的根本目的。为此，要采取各种有效的方式，向用户提供服务。主要服务方式有：向用户介绍馆（室）藏情况和企业档案的内容与成分；向用户直接提供企业档案原件、复制件、检索目录和参考资料，供用户查询、利用；为用户利用企业档案提供相关的咨询服务等。

6.1.2　企业档案信息开发利用的意义

利用是档案管理的最终目的，也是对档案管理质量的有效检验。在市场经济下，现代企业成为独立从事生产经营活动的法人实体，档案信息的利用有其重要意义和价值。

（1）企业档案信息开发利用有利于企业的发展。在现代企业中，"经营的中心在决策"。企业领导要作出正确的决策，离不开及时、准确、完整和系统的信息。信息是决策的基础，利用它，可以进行准确的分析和果断的决定。决策依据的各类信息，包括计划统计、质量动态、劳动定额、设计能力、设备工艺状况、物资能源消耗等各方面信息，都蕴藏在企业档案之中，必须将它们及时开发出来，编制成相应的统计资料，才能向领导提供系统、完整的信息，供领导分析、比较和决策。只有决策正确，才能使企业在市场竞争中立于不败之地。

（2）企业档案信息开发利用是档案工作的基本方针。企业档案管理从建立之日起，就已经明确了为企业服务的基本宗旨。企业档案的各项基本业务工作，包括收集、整理、保管等环节的活动，都是为了向企业各级、各类人员提供最有效的利用。在企业走向市场，建立现代企业制度的过程中，企业档案管理已经不完全等同于过去传统意义上的档案工作，其管理的领域进一步拓宽了，内容更加丰富了，要求也更高了。所以，做好新形势下的企业档案工作，充分开发利用企业信息资源，对于深化企业改革、加强企业管理有着重要的意义。这就要求企业档案部门提供更高层次的利用服务，即不仅要提供档案原件，而且要提供从企业档案中提炼出的信息的统计、编研和分析资料，以全面、系统地反映企业某一方面或全部活动状况，为改善管理状况、提高工作效率服务。企业档案部门在做好档案信息开发利用工作，成为企业信息的重要来源之时，也必将更为企业领导所重视，从而为企业档案业务的发展奠定良好的基础。

（3）企业档案信息开发利用是国民经济实施宏观控制的客观需要。企业是国民经济的基层单位，记载企业各种活动的档案信息是反映国民经济发展状况的最基本信息。如果从系统工程的观点出发，国民经济的运行是一个大的系统工程，那么各企业就是其中的子系统，而企业档案管理则是一个孙系统。企业档案的健全、发展与国民经济发展、企业发展的客观需要密切相关。如果国民经济的运行停滞不前，就没有企业的发展，也就谈不上企业档案管理的发展。而国民经济的发展又是建立在企业，特别是国有大中型企业发展的基础之上的。没有企业档案提供的有关企业发展的各种信息作后盾，国民经济的宏观管理和调控就没有原始依据，也就只能盲目地进行。因此，只有将蕴藏在企业档案中的有关企业技术、经济状况的各方面信息开发出来，提供给国民经济的有关管理部门，才能使他们决策有依据，进一步促进国民经济健康、有序地发展。

6.1.3 企业档案信息开发利用工作的措施

做好企业档案信息开发利用工作，是对企业档案部门和人员的基本要求。为此，企业档案部门及其人员要积极创造条件，大力开发企业档案信息资源，为企业和国民经济发展服务。企业档案信息开发利用工作的措施主要有：

（1）熟悉馆（室）藏，提高馆（室）藏质量，深入开发利用企业档案信息。在市场经济条件下，企业对开发档案信息提出了更高的要求。为此，企业部门必须努力扩大档案信息的收集范围，提高进馆档案的质量，熟悉馆（室）藏档案的内容。进一步在信息开发的深度和广度上下功夫，加大信息开发工作的力度。

第一，馆（室）藏档案的质量是档案信息开发利用的前提，只有拥有丰富馆（室）藏并不断提高其质量，才能确保企业档案信息开发利用的高水平和高效益。

馆（室）藏档案的高质量主要表现在档案门类齐全、结构合理和内容广泛，并能完整、系统、真实和准确地反映企业生产经营和科研活动的全貌。

提高馆（室）藏档案的质量不仅要在收集上下功夫，在接收档案进馆时严把质量关，而且在企业档案的整理、鉴定、保管等各项业务基础工作中，要注意保证档案的高质量。如在整理时确保案卷组织的合理性和档案分类的科学性，在鉴定时准确把握档案的价值和保管期限，在保管中注意延长有价值档案的保管期限等。通过档案工作的一系列活动，确保馆（室）藏档案的数量和质量，为企业档案的信息开发利用工作打下坚实的基础。

第二，熟悉馆（室）藏不仅是档案管理人员的基本功，而且是档案信息开发利用工作的需要。

只有熟悉和了解所管理的档案，才能在档案信息开发利用中掌握主动权，才能按照企业管理和决策的需要，深入、广泛地挖掘档案资源，开发出更多更好的、可供利用的有价值信息。熟悉馆（室）藏，主要是熟悉馆（室）藏档案的内容和成分。应当利用各种机会，如企业档案的收集、整理、鉴定、保管等工作环节，编制检索工具和编研成品的活动，深入了解档案记录的内容和蕴含的信息，为进一步开发利用档案信息奠定基础。

（2）研究企业需求，掌握利用规律，主动、有效地提供企业档案信息。企业需求是档案信息开发利用的动力，只有通过深入、细致的调查研究，了解企业各级、各类人员对信息的利用需要情况，才能向他们提供最及时、最有效的信息服务，有针对性地满足他们的客观需要。

在市场经济环境中，企业作为市场的主体，对档案信息的需求更为强烈。单一的信息往往无法满足要求，企业需要的是全方位的综合信息。因此，企业档案部门收集和加工处理信息的范围也要随之相应地扩大，积极开发档案信息和其他与档案信息相关的信息，时刻关注企业生产经营等各项工作动向，扩大视野，建立企业内部和外部的信息网络，广泛收集企业所需要的各种信息。

一方面，企业档案部门要定期参加企业管理的各种会议和重大活动，了解企业当前的管理动向，及时发现问题，并主动提供有价值的档案信息服务；另一方面，要通过利用工作，收集反馈信息，总结提供利用的客观规律，掌握提供利用工作的效果和动态，并通过分析研究，找到最便捷、有效的服务方法和途径。

（3）改进服务手段，扩大服务范围，使档案信息开发利用服务逐步走向市场。企业档案不只是本企业的宝贵财富，如果能向社会提供有效的利用服务，则可成为全社会的宝贵信息资源，对促进国民经济的发展将起到良好的作用。为使企业档案发挥更大的作用，企业档案部门应结合我国市场经济的特点和本企业的具体情况，在保证不泄露企业机密的情况下，对企业档案信息进行系统加工，使庞杂和零散的档案信息成为系统、科学、准确的经济和科技信息，为全社会信息资源共享创造前提条件。企业档案部门还应通过宣传，积极创造条件，主动提供服务，将本企业的档案信息推向市场，充分实现档案信息的潜在价值，使之转化为现实生产力，推动社会进步，同时也获得自身应得的经济效益和社会效益。

6.1.4　企业档案信息提供利用的方式

企业档案的提供利用，最早只有提供档案原件这一种方式。随着信息工作的发展，企业管理由生产型向生产经营型转变，单纯一种方式已远远不能满足企业发展和市场经济的需求。

目前，企业档案的利用方式已有多种。按提供服务的方式分，档案的利用方式有阅览、出借、复制、陈列和交流；按信息利用的层次分，档案的利用方式有档案原件信息利用、档案统计与分类信息利用；按检索方式分，档案的利用方式有手工检索、计算机检索等。

尽管企业档案的利用方式很多，但通常可按利用对象将其分为两个方面：一是档案原件的利用，二是档案信息的利用。

档案原件的利用，是指依据企业生产经营活动或科研工作的需要，直接查询某种企业档案，通过阅览、出借或复制等方式进行利用，解决实际工作的需要，使档案工作直接为企业管理和科技活动服务。

档案信息的利用，是指利用一定的原则与方法，将企业档案的内含信息提取并集中起来，编制成一定形式的表格或书册，供企业内部各级、各类人员利用，也可在一定范围内进行交流或进入市场，为社会和国民经济发展服务。

1. 档案原件的利用方式

企业档案原件是企业从事各项生产经营和科技活动的原始记录和重要记载，经常在企业内部或一定范围内提供利用。其利用方式通常有以下几种：

（1）室内阅览。室内阅览是指由档案部门提供阅览室，供利用者在其中对有关企业档案原件查阅利用。这种利用方式主要针对以下几种情况：一是机密、绝密、孤本或极珍贵的档案原件等不适宜借出阅览；二是外单位或远道来的利用者，借出阅览不方便；三是利用者认为室内阅览比借出阅览更为方便。室内阅览既有利于企业档案的保护和保密，又可以提高档案文件的利用率。档案部门要提供一定的便利条件为利用者更好地服务。例如，配置必要的检索工具、工具书、缩微品阅读器、计算机终端等，可以使利用者更方便地查询、利用档案。目前，大型企业的档案馆大多设有专门的档案阅览室以方便用户利用，中小型企业的各类档案室一般也会开辟空间及场地为用户提供利用环境。

（2）借出阅览。借出阅览是指利用者按照档案的借阅制度，办理借阅手续，将企业档案借出档案室查阅利用。这种利用方式主要满足企业内部各级各类人员的利用需求，通常利用借阅证或借阅登记册办理借出手续，归还时办理相应的注销登记手续。档案室在办理借出阅览时，应注意以下几个问题：一是借出阅览的企业档案，一般只应是原件或复制件，不包括孤本和新型载体档案，以确保企业档案的安全；二是要适当控制借出阅览的档案的数量、范围和期限，以避免泄密或影响他人利用；三是借阅完毕归还时，要先进行检查，确认档案未被损坏，再办理注销登记手续。

（3）复制供应。复制供应是指利用企业档案原件，通过复制手段，向用户提供复制件利用服务。对于从事产品生产的企业，产品档案图纸的复制是一项工作量很大的工作，通常由档案室负责向所有用图单位提供晒印蓝图。此外，档案部门还应根据用户的要求，提供企业档案的静电复印件、照片、录音带、录像带、磁盘、磁带、光盘等复制服务。随着档案载体材料的不断更新，复制件的种类也会逐步更新与发展。档案室在开展复制供应工作中，应注意以下几个问题：一是要控制复制供应的范围，并严格执行发放登记手续，以确保企业档案的安全；二是可以适当考虑有偿服务，以弥补企业档案工作经费的不足，更好地开展企业档案的服务活动。

2. 档案信息的利用方式

档案信息是企业档案的隐含资源，提供档案信息的利用是企业档案利用工作的拓展和深化。随着市场经济的建立与企业向独立经济实体的转化，档案信息的开发利用愈加显示出其重要作用。其利用方式有以下几种：

（1）信息检索。信息检索是指利用一定的检索工具，查找利用企业档案的内含信息。通常有两种检索方式：手工检索和计算机检索。企业档案部门要依据馆（室）藏情况及用户需要，分别编制不同的检索工具，准确地揭示企业馆（室）藏档案的内容和成分。用户利用检索工具，可方便、快捷地查找到有关的企业档案信息。

（2）信息交流。信息交流是指利用信息网络，将企业档案信息及时交流、传递出去，以便实现档案信息资源共享。信息交流的途径有人工传递和计算机网络传递两种。人工传递多采用报道、宣传、交换等方式，计算机网络传递常采用电子邮件和网上发布信息等方式。档案部门在开展信息交流工作时要注意以下问题：一要确定信息交流的范围，依据企业的需要，在严格保守企业机密的前提下，确保信息交流的适度性；二要编制信息交流的必要工具，采取最为恰当的方式，实现企业档案信息的交流。

（3）信息咨询。信息咨询是指以企业档案内含信息为基础，向利用者推荐使用并解答有关问题的一种服务方式。一般情况下，利用者希望以最少的时间查询到可利用的最大量的、最有效的档案信息，档案部门应尽可能地给予协助和指导。通常，信息咨询主要是针对企业档案记述的内容而提出有关问题，如产品的技术规格、性能、用途和材料，经营管理的各项指标、论证分析和发展动向等。档案人员应配合用户需要，利用快速、便捷的检索途径，找到相关的企业档案，或提供检索利用的线索，使利用者方便地获取目标信息。

6.2　企业档案的检索

【案例导入】

案例3

案卷文件目录和专题目录是企业档案检索的好方法

赵青是启明童装厂的办公室秘书，负责收发文和档案管理。建厂初期，业务量小，形成的档案材料较少，赵青将整理好的档案按照年度放入档案柜中保存。当业务部门因工作需要来查阅档案材料时，赵青凭记忆和经验很快就能找到文件材料为他们提供利用。随着业务的发展，厂子的服装生意越做越大，订单越来越多，档案材料的数量急剧增加，档案利用频率加快，时常有人来找赵青查阅档案。赵青逐渐感觉到只靠记忆和经验查找档案有点费力，已经不能满足及时、准确和频繁的档案利用需求。于是，赵青吸取了创意服装厂档案管理的经验，根据保存档案的情况，编制了案卷文件目录和专题目录。有了目录，赵青很轻松地就能按需要找到档案材料，保证了业务部门工作的顺利进行。

案例4

使用多种检索工具可提高档案查找的效率

××公司档案积累到一定数量后，由于只有案卷文件目录而没有其他形式的检索工具，在查找档案时经常出现查准率和查全率较低的问题。该公司的档案管理人员小王发现公司的管理者和业务人员经常查找的档案主要有客户资料、公司的发文和内部文件等，据此他编制了分类目录、主题目录、专题目录、文号索引、客户索引等检索工具。这些检索工具投入使用以后，明显提高了档案查找的效率。

【案例分析】

这两个案例表明：档案检索工具是人们查找档案信息的导航系统，没有检索工具，无论是档案管理者，还是利用者，都难以顺利地从大量的档案中找到所需要的档案资料。所以企业应根据实际情况，对档案检索工具的种类和形式进行设计，使检索工具适用和有效。

同时，检索工作是档案基础工作与利用工作之间的纽带，编制结构合理，科学化、规范化的检索工具，形成检索工具体系，才能提高档案服务质量和水平。

6.2.1 企业档案的检索

企业档案检索工作是企业档案部门根据利用需求编制检索工具、建立检索体系并帮助利用者查找档案的活动。它属于档案信息资源开发的工作，目的是为档案的提供利用创造先决条件。

企业档案的检索是指将企业档案的各方面信息利用一定的方式和途径，从馆（室）藏中借出来，向利用者提供服务的一项工作。这项活动的进行，建立在企业档案检索体系的基础上，通常包括两方面的工作内容：其一，企业档案信息检索体系的建立，即按照一定的标准和规则，将企业档案内含的信息进行加工并存储，编制各种检索工具；其二，企业档案信息检索体系的利用，即根据用户的利用需求，采用一定的检索工具，多途径、多角度地查找、利用企业档案。

1. 企业档案的检索系统

企业档案的检索系统是为了存储、查找和得到企业档案文书而建立的一种逻辑检索系统。按照企业档案信息检索的途径，可以分为人工检索和电子计算机检索两大体系。

（1）检索工具。检索工具是指企业档案信息检索利用的工具，一般是在对企业档案内含信息经过系统整理后，编制而成的一种有序存储档案信息的载体，包括各种目录和数据库。

（2）检索设备。检索设备是指用于从事检索活动的设备，包括各种目录卡片柜、缩微品检索系统、电子计算机终端设备等。

（3）检索软件。检索软件是指从事档案信息检索活动所利用的各种标准和语言性工具，包括著录标引规则、检索语言等。

2. 企业档案的检索工具

企业档案的检索工具是指揭示企业档案内容与特征，指引查找索取与报道交流企业档案信息的工具，它是实行企业档案科学管理的重要手段。任何检索工具必须具备两项基本功能：

（1）档案信息的存储功能。即按照著录标引规则，将有关档案的特征，包括案卷（或文件）的内容提要、作者、形成时间、档号、存放地址等著录下来，组成一个个辅助查找档案的线索体系。

（2）档案信息的检索功能。即按照一定的查询要求，确定需要查找的主题、作者、文种、时间等，通过相应的检索途径和手段，找到对应的档案分类号、标题、主题词、档号和存放地点，以便迅速、准确地从馆藏中找到所需要的档案。

此外，利用检索工具还可以进行企业档案信息的宣传报道与交流，将企业馆藏档案的内容、范围、种类、成分和存放地点等通过适当的方式向外报道和介绍，推荐给其他企业的广大员工加以利用。

3. 检索工具的分类方式

企业档案的检索工具，种类和形式繁多，可以按照不同的方式进行分类：

（1）按检索工具的用途，可以分为查检性、馆藏性和报道性检索工具。查检性检索工具是为解决从多种角度和途径检索档案而专门编制的指引利用者索取企业档案的检索工具；馆藏性检索工具是揭示企业档案馆（室）藏情况，反映实体整理和排架顺序的，主要用于保管、统计的检索工具；报道性检索工具是为了报道和介绍馆（室）藏情况，开展企业档案信息交流而编制的检索工具，它也可以为企业档案信息进入技术市场实行有偿转让提供服务。

（2）按检索工具的载体形式，可以分为书册式、卡片式、缩微式和机读式检索工具。书册式检索工具采用簿册作为载体，著录格式多为表格，编排紧凑、体积小、成本低，多为馆藏性、报道性检索工具所采用；卡片式检索工具采用卡片作为载体，每一卡片著录一份或一组文件，可以灵活调整卡片的排列顺序，按类别予以集中，多为查检性检索工具所采用，便于实现多途径检索；缩微式检索工具采用缩微胶片作为载体，体积小、存储密度高，但要利用专门的阅读器才能检索利用；机读式检索工具是利用电子计算机进行检索利用的工具，索引采用磁性材料载体，如磁盘、磁带、光盘等，检索速度快，可以实现多途径检索、自动显示和打印复制，但要有专用的电子计算机终端设备。

（3）按检索工具的编制方法，分为目录、索引和指南。目录是针对一批文件或案卷，按照一定的排检顺序揭示企业档案内容和成分的一种检索工具；索引是按照一定的顺序，揭示文件或案卷的某一内容或某一项目的档号和存储地址的检索工具，索引通常由档号、出处和排检顺序组合而成，如文号索引、地名索引、人名索引等；指南是以文字叙述方式，综合介绍和评价档案内容和成分的一种检索工具，常以文章或小册子的形式出现，如全宗指南、专题指南、档案馆指南等。

4. 常用手工检索工具

现代企业实行集中统一管理原则下的企业档案的综合管理，建立一套系统完整的常规检索工具势在必行。下面介绍几种常用的手工检索工具。

（1）案卷总目录。案卷总目录是以案卷为对象，依照归档时间或案卷排架顺序进行系统登记编制而成的目录。它是反映企业馆（库）藏情况的一种目录，在一定程度上起着辅助检索的作用。企业档案案卷总目录的格式如表6-1所示。可以看出，它的著录项目较少、信息量小，只反映了企业档案的类别和成分，是企业档案的总登记账，以适应案卷保管、鉴定、统计等工作的需要。

表6-1　企业档案案卷总目录　　　　　　　　　第　页

总顺序号	归档时间			案卷题名	档号	份数	页数	编制		密级	保管期限	备注
	年	月	日					单位	日期			

（2）案卷分类目录。案卷分类目录是以案卷为对象，按照企业档案实体分类的整理顺序，以类别为单元的系统登记排列、编制而成的目录。一般以企业档案的大类为基本单元，每一大类设置一个分类目录，既反映了馆藏档案的分类整理成果，又对检索利用起辅助作用。它实际上是案卷总目录的细化，固定了案卷的排架顺序。企业档案案卷分类目录格式如表6-2所示。

表 6 - 2　　企业档案案卷分类目录　　　　　　　第　页

分类顺序号	归档时间			案卷题名	档号	份数	页数	编制		密级	保管期限	备注
	年	月	日					单位	日期			

（3）综合目录。综合目录是在分类目录的基础上，以案卷和卷内文件为对象编制的目录，又称案卷文件目录。利用综合目录不仅可以查检到案卷，还可以直接查检到文件。在综合目录中，先登录案卷的著录条目，在其下按顺序登录该案卷内所有文件的著录条目，因此，它实际上是案卷分类目录的细化。综合目录的格式如表 6 - 3 所示。

表 6 - 3　　企业档案综合目录　　　　　　　第　页

案卷号	归档时间			案卷题名	案卷内文件页数	案卷内图纸序号	文件或图纸名称	文件或图号	密级	备注
	年	月	日							

（4）专题目录。专题目录是指按照一定的专门问题，揭示档案内容和形式特征的目录。它是为适应某些管理或科研课题的特定需要，集中各种相关问题的信息编制而成的。利用它可以检索某种专门问题的企业档案。著录项目可以根据专题而定，反映的信息内容相对来说比较专、深、细。可以采用书册式，也可以采用卡片式，以适应不同的检索需要。

6.2.2　企业档案的著录与标引

1. 企业档案的著录

著录是指在编制档案目录时，按照一定的规则和要求，对企业档案中具有检索意义的内容和形式特征进行分析、选择和记录的过程，也就是编制档案条目的过程。条目是针对一份档案文件所作的记录。按照一定的原则与方法，将许多条目组成一定体系，便成为目录。

因此，条目是组成档案目录的基本单元，条目又由若干著录项目组合而成。著录项目是揭示档案内容和形式特征的记录事项，也就是企业档案中所包含的信

135

息，如分类号、主题词、内容提要、形成时间、责任者、档号、密级、载体形式等。

企业档案的著录，要以《档案著录规则》（GB 3792.5—85）为基本规范，根据企业的实际需要，确定具体的著录项目和著录方法等细节问题。

著录格式是著录项目在条目中的排列顺序及表达方式。《档案著录规则》规定，一般使用段落符号式的条目格式，实际工作需要也可以使用表格式条目格式。

段落符号式是指将著录项目分为若干段落，每个项目之间用符号分开的著录格式。在这种格式中，每一著录项目的字数不受限制。段落符号式条目著录格式见表 6-4，示例见表 6-5、表 6-6。

著录格式有文件级和案卷级两种，分别以文件和案卷作为著录对象。

表 6-4　段落符号式条目著录格式

分类号	档案馆代号
档号　　　　　　电子文档号	缩微号

正题名＝并列题名：副题名及说明文字：文件编号/责任者＋附件.—稿本：文种.—密级：保管期限.—时间.—载体类型：数量及单位：规格.—附注

提要

主题词或关键词

表 6-5　文件级条目著录示例

GE5.75	411010
2-53-107-8	46-94

转发国务院批转国家教委关于改革高等学校毕业分配制度通知的通知：京政发〔1989〕56 号/北京市人民政府＋国务院通知＋国家教委报告＋市计委、市高教局、市人事局实施意见.—副本：通知.—内部：永久.—19890702.—8 页：260 mm×184 mm.—教委报告不全，市计委、市高教局、市人事局实施意见全无。

国家教委报告分析了毕业生分配制度上存在的问题及进行改革的意见。国务院通知要求各地区部门制定改革措施。北京市有关单位提出了实施意见。

毕业生分配　高等院校　教育改革　制度　通知

表6-6　案卷级条目著录示例

I108042	D00112
12-6-345	76-2

江口市各县干部教育情况报告.—永久.—19821205—19830201

为提高干部文化水平，1982年市属各县教育局举办业余大学5所、业余学校10所、技术学校7所，入学人数达53 000人。

干部教育　业余大学　业余学校　技术学校

2. 企业档案的标引

标引是通过对企业档案主题内容的分析，给予其规范化检索标识的过程。依据《中国档案分类法》，用分类语言对企业档案赋予分类号的标识，称为分类标引；依据《中国档案主题词表》，用主题语言对档案给予主题词标识，称为主题标引。

（1）分类标引。企业档案的分类标引，常通过分析标题、浏览正文、查阅档案文件的标记等，明确其主题内容，查阅分类表后，找到与其相符的类目，再给出分类号。

档案分类标引的方法如下：

①熟悉和掌握《中国档案分类法》和《档案分类标引规则》。标引员必须熟悉和掌握分类标引的这些文件依据，熟悉分类表的编制目的、使用范围、分类原则、体系和机构，这是正确进行分类标引的首要步骤。

《中国档案分类法》是进行档案分类标引的基本依据。它的基本原则和方法适用于我国各个历史时期所形成的各类档案的分类，其基本大类一共有19项。A为中国共产党党务，B为国家政务总类，C为政法，D为军事，E为外交，F为政协、民主党派、群众团体，G为文化、教育、卫生、体育，H为科学研究，J为计划、经济管理，K为财政、金融、保险、审计，L为商业、旅游业、服务业，M为农、林、牧、渔业，N为工业，P为交通，Q为邮电通讯，R为城乡建设、建筑业，S为环境保护，T为海洋、气象、地震、测绘，U为标准、计量、专利。

②准确地掌握需要分类标引的文件或案卷的内容，细致地进行主题分析。主题分析是指通过对档案的内容特征进行分析，准确提炼和选定主题概念的过程。正确的主题分析是保证档案质量的重要因素。

③根据需分类标引的文件或案卷的内容将其归入最恰当的类。通过分析题名

和浏览正文后确定主题，查阅分类表，找到确切相符的类目，标出分类号。

例如对《关于加强党对工业干部工作的领导的意见》一文进行标引，经对原文进行主题分析，其基本内容为加强党在工业企业内容的组织建设和领导，然后根据内容查阅《中国档案分类法》归入 A227（党的工交、商业企业基层组织类）。对于类别的归入范围不能大于或小于主题内容的上位类或下位类。不能将上文归入 N（工业类），也不能简单地归为 A2（党的组织类）。

④审校。在标引之后，应进行审校，以保证档案标引的质量。

（2）主题标引。企业档案的主题标引，是指通过仔细阅读档案文件，明确其主题类型和具体结构，经对主题的认真分析后，从主题词表中选取相应的主题词作为标引词，再从其中选择出该档案文件的主题标识词，登录在著录卡片上。

档案主题标引的方法如下：

①熟悉和掌握《中国档案主题词表》和《档案主题标引规则》。《中国档案主题词表》和《档案主题标引规则》是主题标引的依据，标引员必须熟悉和掌握《中国档案主题词表》的结构体例、使用方法和《档案主题标引规则》主题标引的有关规则。

《中国档案主题词表》共收词 25 891 条，其中正式主题词 21 785 条，非正式主题词 4 106 条。内容涉及自 20 世纪以来，反映政党、政府机关各项管理活动、政治活动、科学研究、经济建设、生产技术等各方面的名词术语。词表由主表、词族索引、范畴索引、附表、首字笔画检字表、附录等部分组成。

②了解档案内容，分析档案主题。审读文件，浏览标题、按语，查阅文件外部特征，进而分析主题，在充分了解档案主题的基础上，对主题进行归纳，提炼出主题概念。

③选定主题词，对主题概念进行转换。按照主题归引的规则，对照整个档案主题词表，将归纳出的主题概念予以转换，从词表中选定最具有专指性的主题词。

选择主题词时，要注意选用最准确的词语进行标引，一般不用上位词或下位词。在词语转换时可以采用以下的方法：词语直接转换，分解转换和组配转化。例如，《第三季度熊猫牌电视机市场调查报告》一文中的"熊猫牌电视机"这一主题概念可转换为"熊猫牌商品 + 电视机"。

④审校。这一环节要审查文件或案卷主题的分析是否正确，确定的主题概念是否恰当，选定的主题词是否确切表达了主题，是否符合标引的规则。审校是主题标引工作中不可缺少的步骤，应由精通业务的人员负责。

6.2.3 检索语言

检索语言是根据档案检索的需要而编制的一种专用语言，用以表示档案文件主题及其相关概念标识的内容。它与企业档案的著录标引相配合，共同组成企业档案检索的软件支持系统。在建立企业档案的检索系统时，一方面要通过对档案文件的著录标引，将反映企业档案主题内容的分类号和主题词利用检索语言予以规范化，形成检索标识，将企业档案信息储存起来；另一方面要依据利用者需要查找的企业档案信息的主题内容，利用检索语言将其规范为分类号或主题词的提问标识，以便查找利用。因此，检索语言主要用来实现标引用语和查找用语的规范化，以使著录标引和查找利用的企业档案相一致。

目前，企业档案的检索语言有两大类：分类语言和主题语言。分类语言是以反映档案内容和职能特性的类目为基础，用分类号进行标引和检索的一种语言。它依据《中国档案分类法》进行规范化，检索词汇是分类号。如分类号"NJ15"表示：

NJ　　机械、仪表
NJ1　　　机床及附件、工具
NJ15　　　金属切削设备

可以看出，这个分类号由大类、属类和小类三级组成。由于其范围过大，对一个企业而言就不太适宜，一般由各行业根据需要，将其中有关部分展开，进行类目的细分再使用。

主题语言是以反映档案主题内容的规范化语言为基础，采用主题词进行标引和检索的一种语言。

检索语言依据《中国档案主题词表》进行规范化，检索词汇是主题词，这种方法可以通过对档案内容、特征进行分析，从而作出较为灵活和深入的标识。在检索时，由于主题词组配可以按照档案内容的有机联系来进行，比较直观和方便易行。标引以文件为单位进行。

6.2.4 档案的计算机检索

计算机检索代表了档案检索的发展趋势。目前，档案检索正逐步从传统的手工检索向计算机检索过渡。

1. 计算机检索的特点

（1）信息存储量大。计算机检索的载体是光盘等移动存储设备，存贮密度大大超过手工检索的任何工具，信息量非常大，是手工检索无法企及的。

（2）计算机检索速度快。计算机检索代替烦琐的手工检索，根据操作人员的指令在档案数据库中自动检索所需档案，将检索到的结果输出，大大减少了利用者等待的时间，特别是按专题批量查找档案，其快速检索功能表现得更为显著。

（3）计算机检索途径多元化。计算机具有一次输入、多次输入、多样化输入的功能，凡输入计算机的每一个排检项均可成为检索入口。计算机不仅可以按著录项目进行单项检索，还可以把若干项目结合起来进行组合检索。如把档案文件的责任人、主题词、时间等三个项目结合起来检索，可以检索出满足这三个条件的文件，还可以利用微缩存储技术对计算机生成的文件进行全文的模糊检索。

（4）计算机检索的查准率和查全率较高。

【小知识】

档案检索效率

查全率 = 检索出的有关档案/全部有关档案 ×100%

漏检率 = 未检索出的有关档案/全部有关档案 ×100%

查准率 = 检索出的有关档案/检索出的全部档案 ×100%

误检率 = 检索出的不相关档案/检索出的全部档案 ×100%

网络化的计算机应用系统可以为分散的、远距离的利用者提供快速的联机检索，实现档案的异地查询和档案信息资源的共享。使用质量较好的软件时，计算机检索的查全率和查准率远高于手工检索。

（5）音、像、文字相结合，直观生动。计算机的发展异常迅猛，计算机检索的软件系统也越来越先进。有的检索系统既可以提供文字检索，也可以提供声音、文字、图像相结合的检索途径，非常直观生动。

（6）计算机检索对检索系统的依赖性强。计算机检索必须依靠计算机及检索软件进行。无计算机或软件中没有设定检索方法，就不能进行检索。

2. 计算机检索系统的功能与流程

（1）计算机检索系统的功能。建立完整的档案计算机检索系统是保证计算机检索的前提和基础，计算机检索系统应该具有以下功能：

①服务性的功能。从企业档案部门的业务范围出发，给出计算机检索的程序和方法，为检索工作提供方便快捷的服务。

②系统的基础性功能。包括企业档案数据的输入、修改、输出方式、建立后备数据库等。

（2）计算机检索系统的流程。计算机检索系统包括输入、存储和检索三部分。在输入阶段，要把反映档案的内容和形式特征的著录项目录入计算机，存入数据库，建立档案计算机检索系统的核心数据库。然后根据利用者的提问编制恰当的检索策略，形成检索表达式，并将其输入计算机，在数据库中查到后将结果输出。

3. 计算机检索结构及其设计要求

（1）计算机检索结构。计算机检索结构包括以下内容：

①计算机硬件系统和计算机网络系统。计算机硬件包括内外存储器、中央处理机、显示终端、打印机及其他输入输出设备等。计算机网络系统由计算机、网络电缆、网络适配器、网络操作系统等组成，这是保证计算机检索的最基本条件。

②计算机检索软件。计算机检索软件包括操作程序和应用程序。档案检索应用程序包括档案信息存储和档案信息输出两大子系统，应用程序对提高检索效率具有重要的意义。

③档案文件数据。档案文件数据是计算机检索系统中存储的内容和检索的对象，数据的数量和质量与计算机系统的性能有直接关系。

（2）计算机检索结构的设计要求。对计算机检索结构的设计要求，主要是指对软件系统的设计要求。档案计算机检索软件系统具有以下特点：

①系统先进、合理。设计出的档案计算机管理软件系统应具有较先进的技术含量，保证系统不轻易被淘汰。

②系统结构标准化、规范化。编制档案计算机管理软件，应该根据档案业务基础标准、档案业务管理标准和档案业务技术标准等行业标准进行设计，以相同的著录标准进行著录，这样在检索时就可以减少人为因素引起的误差，不仅能方便用户检索，而且可促进信息交流。

③系统功能完备。计算机检索系统应具有完善的多种功能，尤其是档案检索的数据库功能更应完善，应可以提供多种检索途径，如主题词、责任者、分类号等，还能根据用户的需求，提供多种显示和输出方式。

④系统操作简便。计算机检索软件应易学易用，最大限度地减少用户的人工干预因素。简化管理人员及用户的操作程序，精炼检索方式，从而节约人力、物力，提高检索效率。

6.3　企业档案的编研

【小知识】

文献信息的等级

零次文献：是指未经过任何加工的原始文献，如实验记录、手稿、原始录音、原始录像、谈话记录等。零次文献在原始文献的保存、原始数据的核对、原始构思的核定（权利人）等方面有着重要作用，其特点是信息来源真实、内容新颖。

一次文献：是指作者以本人的研究成果为基本素材而创作或撰写的文献，如阅读性图书、期刊论文、科技报告、专利文献、会议文献、学位论文、技术档案等。

二次文献：是指文献工作者对分散的、无组织的一次文献进行搜索、提炼、浓缩、加工和整理，并按一定的科学方法组织编排、编辑出版的文献。是为了更有效地管理和利用一次文献而编辑的工具性文献，如各种目录、题录、文摘及机读型书目数据库、网上检索引擎等。

三次文献：是指对有关的一次文献和二次文献进行广泛深入的分析、研究、对比、综合、评述、概括而撰写的文献，如综述、述评、年度进展报告、百科全书、手册、年鉴、辞典等。其特点是文字精练、叙述简明扼要，具有系统性、综合性、知识性和工具性等特点。

企业档案的编研，是以馆藏企业档案为对象，根据客观需要，按照拟定的题目，在对档案信息分析研究的基础上，通过汇集、编撰等加工方式，编制各种可供利用的研究成果的一项工作。它是企业档案部门开发利用档案信息资源，为企业部门提供利用服务的一种形式。同时，它可以通过一定的传播方式和信息网络，向社会广大用户提供服务。

6.3.1　企业档案编研的程序

企业档案的编研，是一项具有科学性、编辑性和研究性的工作，必须遵循一定的程序进行。一般而言，编研工作的基本程序是拟订方案、确定主题、选择素材、编排加工和审核批准。

1. 拟订方案

拟订方案是指拟订编研成品的撰写纲要和工作计划，以使编研工作按部就班进行的一项工作。制订科学合理的编研方案和完善有效的工作计划，是顺利完成编研工作的必要保证，也是开展编研活动的首要环节。

编研方案通常由企业档案部门在深入开展调查研究的基础上提出。大致包含以下内容：题目名称、主题内容、结构形式、材料来源、工作步骤、组织分工、质量要求、利用范围、注意事项等。其中有些内容，如题目名称、主题内容、结构形式、质量要求等要与职能部门协商确定，以使方案切实可行，满足职能部门的工作需求，提高编研成品的利用率。

2. 确定主题

确定主题是指选择编研成品的题目名称和确定其主题内容的一项工作。它是做好编研工作的前提。选题正确与否，直接关系到编研成品的质量与价值。

编研成品题目和确定主题，主要考虑两方面因素：其一，满足企业生产经营和科技活动的客观需求，配合各项管理工作选择最为急需的题目；其二，根据企业馆藏档案，以充分发挥档案信息的现实效用为原则，编制出最能全面反映企业真实情况的各种编研成品。因此，确定主题的方法与其对应的有两种：一是由企业领导或职能部门提出，他们常常根据本职工作的需要，提出最有实践价值的主题，这样的编研成品，也会发挥最佳利用效果；二是由档案部门提出，档案人员在对企业实践活动进行调查研究的基础上，利用馆藏资源提出用户可能选用的主题，这类编研成品可以丰富企业档案信息资源的内容，为职能部门的利用提供更多的信息储备。

3. 选择素材

选择素材是指根据编研成品的主题，查找和挑选有关企业档案材料，这是撰写编研成品前的一项准备工作。只有广泛、丰富、真实、可靠的且与主题内容相符的企业档案材料才能为编研成品奠定良好的基础。

选择素材主要进行以下两项工作：一是按照主题广泛收集企业档案材料；二是通过比较和筛选，从中选择最有价值的信息材料。具体方法如下：

（1）根据编研主题查找、收集与其相关的档案材料。这类材料往往具有系统性和关联性，因此必须注意广采博收，尽可能收集与主题相关的全部材料，避免因收集不全而漏掉重要的信息资料，影响编研成品的质量。

（2）在广泛收集的基础上，选择出有利用价值的档案材料作为编研素材。对所收集的档案材料，要经过分析、比较，选出具有完整性、可靠性和典型意义的材料，作为可利用的信息集中登录。选择的标准主要是档案信息的真实性、实用性、技术先进性和经济效益性等。

4. 编排加工

编排加工是指在对所选素材进行分析研究的基础上，进行内容选录、摘抄（或复印）、校核、文字加工、图表绘制等，然后按照一定规格和体例，进行系统性排列制成编研成品的一项工作。

在进行编排加工时，要忠实档案原件的内容，并与企业实践活动相一致，以便提高编研成品的质量和可利用性。可以采用不同的加工方法，形成编研成品。主要有三种方法：

（1）抄录档案原件的部分内容，属于对档案文献的一次加工，它能基本保持档案文献的原貌，如专题选编或汇编。

（2）对档案内容进行摘编，即选择性摘录，并按一定体例整理成编研成品，它是对文献信息的提炼和浓缩，属于对档案文献的二次加工，如简介、文摘、手册等。

（3）按照档案信息重新撰写，属于对档案文献的三次加工，这种编研成品一般具有一定的学术价值或应用价值，如专题论述、大事记、企业年鉴等。

5. 审核批准

审核批准是指对初步成形的编研成品进行校对、审核后，报请有关领导批准印发的一项工作。这项工作是对编研成品的最终检验，对确保编研成品质量起着关键性作用。审核的内容主要包括内容、信息的适当性和准确性，文字、体例的严密性和规范性。经审定的编研成品方可由领导批准印发，并确定印发方式、范围和数量等。

6.3.2 常用企业档案编研成品

企业档案的编研成品种类繁多、形式各异，按照企业技术经济活动的实践需要而设计。常用的有以下几种：

1. 基础信息汇编

这是根据企业历史和现实情况，汇总技术经济方面的信息编制而成的。它可以是企业记载全面情况的综合性信息汇编材料，也可以是企业某一方面情况的专题性信息汇编资料；可以是一年来企业技术经济信息的综合反映，也可以是企业历年来技术经济状况的统计资料。主要供企业领导、职能部门管理人员使用，作为经营决策和日常管理的依据，对全面介绍情况起到重要作用。这类编研成品主要有《生产经营指标完成情况统计》、《新产品市场信息汇编》、《历年经营计划信息汇总》、《设备更新和技术改造信息汇编》、《基本建设概况统计》等。

2. 重要信息摘要

这是指根据企业档案信息进行摘录，简明扼要地显示其主题并予以报道。它比较客观、真实地反映了档案原件的内容，可以及时、准确和精练地报道其主题内容，方便利用者查询利用，主要用于对外交流、报道，以及进入技术市场使用。这类编研成品主要有《企业新产品简介》、《科研课题内容摘要》、《科技成果简介》、《产品用户信息摘要》、《市场动态摘编》等。

3. 手册、图册

这是指利用企业档案的内含信息，按照职能部门人员的工作需要编制而成的小册子。有的以文字说明为主，有的以技术图形为主。主要供科研人员和经营管理人员使用，方便他们开展本部门的业务活动。这类编研成品主要有《产品图册》、《电网线路图集》、《经营销售手册》、《设备选购手册》、《材料供应手册》等。

4. 企业年鉴、大事记、组织沿革、企业史志

这些是按照企业发展的历史和客观需要而编写的有关企业各方面情况的史料性编研成品。企业年鉴以年度为时限，综合性地记述企业生产经营活动的主要成就和发展历史；大事记是按时间顺序简要记载企业在某一时间期限内所发生的重大事件；企业组织沿革是系统记载企业内部所属体制、组织机构和人员编制变革情况的一种材料；企业史志则比较全面地记录了企业发展的历史状况。

这类编研成品常根据企业的需要拟定编写计划，主要用于查找和回忆企业发展史，对新员工进行厂史教育，也可以作为管理人员和企业领导总结经验、改进工作的参考依据，还可以为上级主管部门提供下属企业的情况。

其主要内容包括企业的组织机构、领导成员、重要会议、经营决策、产品发展、经验成果、获奖情况、重大外事活动、优秀人物等。企业年鉴和史志常根据需要，编写为反映全面情况的综合性纪要，也可按不同专题分别编写成专门性材料。

6.3.3　常用企业档案编研成品的写法

1. 企业大事记

【案例导入】

案例 5

格力集团大事记

2000 年 1 月 1 日，格力空调产量、销量、出口量连续四年全国同行第一。

2000 年 2 月 16 日，格力小家电有限公司注册成立。

2000 年 4 月 1 日，格力罗西尼表业公司与上海钟表公司共同参与重组上海手表业，新成立的上海表业有限公司正式运作。

2000 年 4 月 28 日，格力电器股份有限公司总经理被评为"全国劳模"。

2000 年 5 月 26 日，珠海格力热工科技有限公司注册成立。

2001 年 6 月 6 日，格力电器股份有限公司巴西工厂剪彩仪式在巴西玛瑙斯市举行。

2001 年 8 月 31 日，重庆高新区管委会为格力电器（重庆）有限公司一期厂房举行了隆重的奠基典礼。

2001 年 9 月 1 日，经中国名牌战略推进委员会有关专家严格评审，格力空调被授予 2001 年中国名牌产品。

【案例分析】

这是按照企业发展的历史和客观需要而编写的有关企业各方面情况的史料性编研成品，条目清楚，具有可查性。

企业档案信息具有原始性和分布的相对分散性，如反映某个问题或情况的档案可能保存在不同的文件、案卷甚至全宗当中，利用者要了解某一方面的情况就必须查阅大量档案。企业档案编研工作就是将关于某个专门问题的档案信息收集起来，经过选择和加工、编辑，使其成为系统说明情况的材料，集中提供给利用者使用。上述案例就是根据档案编写出来的参考资料，通过这些材料，我们可以清楚地了解到其所述对象的工作、活动情况。

（1）企业大事记的选事原则。紧紧围绕企业大事记所要记述和反映的对象，勾勒全貌，突出重点，大事、要事必载，小事、琐事不取。

（2）企业综合性大事记的选事范围。本企业生产、经营、技术改造、科研成果、重点建设项目的情况；本企业召开的重要会议；本企业制定的重要政策和规章制度，以及发布的重要文件；本企业成立、撤销、复建情况；本企业主要领导人任免，内部机构设置及变化情况；重要协议、合同的签订；重要事件，以及重大、恶性事故；本企业及职工受奖惩的情况；本企业开展的重要文艺、体育、教育活动；本企业开展的重要外事、外贸活动；上级领导机关和业务主管机关来企业视察、调研的主要情况；其他应予记述的重要事项。

（3）企业大事记的编写要求。

①内容要真实，观点要正确。所记述的内容要符合客观实际，不得随意加入编者的主观见解，更不能歪曲事实。

②文字要简明、扼要，对所记载的内容一定要做到"大事突出，要事不漏"。一般一条一事，每条大事涉及的时间、地点、人物、数据、发展过程、因果关系等均应揭示出来。

③时间要准确。按时间顺序逐月逐日记载，有的甚至要确切到时、分、秒。如有的没有时间或时间不够准确，应尽力进行考证。

④书写格式要规范。以年度为段落，内容在月、日右侧书写。

2. 企业组织沿革

企业组织沿革是系统记载企业内部所属体制、组织机构和人员编制变革情况的一种材料。

【案例导入】

案例6

××服装公司组织沿革

2007 年

3 月 16 日，经××市工商管理局批准，××服装公司正式成立，为民办股份有限责任公司。公司地址在××市××区××中心 B 座二层。

公司领导：

总经理：×××

副总经理：×××、×××

员工人数：32 人

机构设置：办公室、人事部、设计部、采购部、生产技术部、财务部

⋯⋯

2010 年

6 月 12 日，公司迁址到××市××工业开发区××大厦。

公司领导：

总经理：×××

副总经理：×××、×××

员工人数：60 人

机构设置：办公室、人事部、设计部、采购部、生产技术部、市场部、财务部、后勤部

⋯⋯

（1）企业组织沿革的内容。企业组织沿革的编写形式有文字叙述式和图表式两种。企业组织沿革所记载的内容，应是根据企业的职责范围、内设机构情况，对日后有一定查考利用价值的有关事项。其内容主要包括企业组织机构建立、合并、撤销，名称更改，办公地点迁移的原因、时间；企业组织机构职责范围、性质任务、隶属关系，编制的扩大与缩小；企业的主要工作；企业内设机构设置，职能变化；企业领导人任免职务及时间；企业文书工作制度及变化情况，文书处理使用的各种印章、戳记及其作用。

（2）企业组织沿革的特点。企业组织沿革着重记述和反映企业在组织系统方面的有关情况。至于该企业做了哪些工作，开展了哪些活动，取得了哪些成绩等，则不在其记述范围内。

它以系统地反映该企业自身发展、变化的历史过程为主要目的，不能片面、孤立和静止地只记述一时的情况，否则就不能称为"沿革"。

（3）企业组织沿革的编写。

①编年法。这种体例是以年度为单位，以年度先后为顺序，逐年编列机关自身各方面的情况的一种方法。通常在年度基础上再分问题或项来记述或填写有关情况，即采取"年度—问题（或项）"的形式。此方法适用于变化较多、较频繁的企业。

②系列法。这种体例是以企业内部的组织机构为主线，将每一个组织机构的人员编制，主要负责人的沿袭、变化等情况，分别作为一个系列来加以记述或填写。此方法适用于组织系统比较稳定的企业。

③阶段法。阶段法是根据企业历年来自身变化的特点，将其历史划分为若干阶段，再在每个阶段中，分别记述和反映企业自身各方面的情况及变化。采用阶段法，首先要正确划分阶段。阶段划定之后，还有一个重要问题需要进一步解决，这就是如何把每一个阶段中的情况记述和反映清楚。不同阶段中可以采用不同的结构和记述方式，主要有两种情况：一是采用单层结构，即在阶段下直接按时间顺序加以记述；二是采用复式结构，即在阶段之下先分问题或系列，再将每个问题或系列的内容按时间顺序加以记述，形成"问题（或系列）—时间"的结构形式。

④问题法。问题法是通过对企业自身组织体系发展演变的历史进行深入系统地研究，抓住主要特点，结合读者了解和查考的实际需要，把企业自身各方面的沿革情况分别列为一个个问题，然后再一个问题一个问题地加以记述。采用问题法，首先需要明确列出问题，由于所有问题大小不同、内容繁简不一，在具体编写每一个问题时，其结构安排和记述形式也可以灵活处理。对于比较简单的问题，可以采用单层结构，直述其事。如果该问题内容比较繁杂，则可以采用复式

结构，即在该问题之下或再列若干小问题，或再分若干历史阶段，或再设若干系列，最后分别具体记述。由于问题法编写组织沿革有较强的灵活性和针对性，所以被许多企业采用。

（4）编写要求。要使编写出来的企业组织沿革全面、真实、实用性强，应做到以下几点：

①真实可靠。即所记载的情况与客观事实一致，要实事求是地记录企业（内设机构）各个时期的名称变化情况，包括每一位领导人的姓名、职务和主管工作。领导人姓名要用常用名，机构名称要用全称，如出现个别机构名称或领导人姓名等考证不准时，要在备注栏里注明。

②全面完整。要全面完整地反映出整个企业组织沿革的全貌，不得以任何理由和原因漏记或不记应记述的内容。

（5）编写企业组织沿革的意义。企业组织沿革可以为企业主要领导人和有关工作人员查考本企业系统内部组织机构设置和人员变化等情况提供可靠的资料。这有利于企业借鉴历史经验，吸取历史教训，做好今后的工作。

编写企业组织沿革工作可以与编史修志活动有机地结合起来，它既可以作为编史修志活动的一个步骤，又可以为编史修志提供比较全面、系统、可靠和准确的史料，因此深受史志部门的欢迎。

编写企业组织沿革可以为编写立档企业历史沿革提供系统的材料，对做好企业档案的收集、整理、鉴定、编目和提供利用工作，都有积极的作用。

【本章小结】

档案是社会发展的基础性战略信息资源。开创企业档案工作新局面，必须建立健全企业档案检索体系，大力开发企业档案信息资源，积极主动地开展企业档案利用工作，围绕工作需要，提供全面、及时和有效的企业档案服务。

【习题与训练】

一、思考题

1. 企业档案提供利用工作的内容有哪些？

2. 企业档案提供利用工作的方式有哪些？

3. 档案检索工具的类型有哪些？

4. 档案著录的项目包括哪些？

5. 如何利用检索工具查找档案？

6. 企业档案编研工作的内容有哪些？

7. 编写企业大事记时如何确定大事范围？

8. 企业组织沿革的选材和编写要求有哪些？

二、实训题

（一）宏达公司产品开发部的小关要对现有的微波炉产品进行改进设计，需要查阅档案。于是他来到档案室，要求查阅 2008 年有关微波炉设计的档案材料。档案管理人员庞志立即打开档案柜，在档案柜中翻找。由于公司形成的档案数量多，内容繁杂，存放的档案案卷只进行了简单的分类，庞志翻看了几个档案柜都没有找到相关材料，他自言自语道："我觉得应该放在这几个柜子里，怎么没有了呢？"他只好到其他档案柜中查找，花费了很长时间，才找到一份有关的档案材料。小关有点着急了，说："怎么这么久才找到一份，凡是关于产品结构、造型、性能、特点和款式的材料我都需要。"庞志抱歉地说："您先看这份材料，其他材料我一定给您找到。"说完，他又急忙继续在档案柜中翻找。

请问：

1. 为什么庞志查找档案的速度慢、查准率低？

2. 庞志应如何提高自己的检索水平？

3. 应如何对公司的档案进行管理以提高档案检索效率？

（二）以下是一份文件的内容和形式特征：

文件题名：××重型机械制造公司关于机构调整的请示；成文日期：1982 年 3 月 11 日；发文字号：×重机〔1992〕23 号；文本：定稿；保管期限：永久；密级：内部；页数：2 页；载体：纸张；规格：260 mm × 184 mm；附件：××重型机械制造公司关于机构调整的方案；主题词：机构调整　请示；分类号：B313；档号：017-1-275-2

根据以上情况，请按照著录规则填制段落符号式著录条目。

（三）××机械设备总公司为庆祝成立 50 周年，要按照工作性质编写公司成立以来的大事记。

根据这一情况，请回答下列问题：

1. 该大事记应属于何种类型？

2. 该大事记采用何种编写体例为宜？

3. 该大事记的结构应如何安排？

4. 该公司大事的选材标准和范围是什么？

5. 该公司收集大事材料的主要渠道有哪些？

6. 对所收集的材料进行核准的步骤有哪些？

7. 大事条目的编写方法和要求有哪些？

（四）××市服装公司已有 50 多年的历史，其发展经过了初创、稳定、发展、改革等几个阶段，每个阶段的特点都不同。该公司现在要整理和编制组织沿革。

根据上述情况，请回答下列问题：

1. 该公司组织沿革采用何种编写体例为宜？
2. 如何确定该公司组织沿革的结构和内容？
3. 如何确定该公司组织沿革的选材范围？
4. 该公司组织沿革应采用何种表现形式？

【知识链接】

案例1

一张判决书挽回40万

2013年12月20日一大早，家住登封市嵩山路东段的秦××就来到了登封市法院档案室，要求查阅自己2011年5月起诉登封市嵩阳纺织品公司一案的档案，并要求复印档案中的经济裁定书和判决书。

2010年8月26日和11月30日，被告嵩阳纺织品公司先后借原告秦××现金20万元，两次共计人民币40万元。双方规定月利率为3分，随用随还，如偿还不了就用西厂房地产作抵押。随后，经原告多次讨要，被告一直拖而未付，致使原告遭受巨大的经济损失。无奈之下，秦××于2011年5月起诉至法院。后根据程序，法院依法对嵩阳纺织品公司的办公楼、住宿楼及厂房予以查封。2011年6月，法院下达判决书，要求被告在判决书生效后5天内偿还原告秦××现金40万元，并承担该款利息，逾期付款加倍支付延迟履行期间的债务利息。

可是，这么重要的一份判决书，秦××却不慎丢失了，而执行拍卖阶段急需这份判决书，所以他希望法院档案室帮助查阅并复印。档案室的同志热情地给予了帮助，通过查阅、复印有关档案，挽回了原告秦××的直接经济损失40万元。

案例2

一套图纸赢得了一笔大生意

2013年5月，德国××公司远东办事处总负责人罗伯特先生委托新疆腾飞毛毯厂加工一批毛毯。

合同签订后，罗伯特先生透露了还想加工一批"装饰挂毯"的意向，但这种装饰挂毯的图纸他没有带来，表示以后拿来图纸再作具体商谈。

该毛毯厂深知，在外贸业务中，大宗生意随时都可能被别人抢走。根据罗伯特先生对挂毯款式、规格的介绍，厂长回想起曾在前一年加工过一批与罗伯特先生的要求相近的装饰挂毯，于是立即派秘书到厂档案室查找。档案工作人员根据案卷目录，迅速调出了这批装饰挂毯的图纸。

厂长请罗伯特先生审看，并表示可以根据这套图纸，再结合他的要求设计出一份合格的图纸来。罗伯特先生听后表示了极大的兴趣，同意"先让技术科的先生设计出一份草图来看看"。

厂技术人员依据档案图纸，略加修改，仅用一个多小时，就把一份装饰挂毯设计图纸摆到了罗伯特先生面前。

罗伯特先生看后，兴奋地连声说："奇迹，奇迹，几乎完全一样！"并当即与该厂增签了一份共计120万美元的加工合同。

案例3
档案为建筑公司挽回经济损失

金华第一建筑公司（乙方）与××房地产开发商（甲方）于2005年11月签订承包合同，承建××小区10栋商品房，建筑面积有5万余平方米，总造价1 700万元。工程于2006年12月顺利通过了验收并交付，整个小区1个栋号获"双龙杯"奖，5个栋号被评定为优良工程，4个栋号被评定为合格工程，质量达到合同既定目标。在乙方要求甲方按合同规定支付最后一笔工程款160万元时，甲方却以乙方拖延工期为由，迟迟不予支付，并提出要对工期拖延罚款120万元抵扣工程款。为此，乙方以在施工过程中形成的各种资料为据，证明工期延迟完全是甲方自行分包尤其是资金严重不足所致，在与甲方多次交涉未果后，乙方毅然向法院提起诉讼。在事实面前，甲方自知理亏，最后经双方庭外协商达成和解，甲方及时支付160万元工程款，乙方也作出让步，承担了40万元罚款，在尾款中扣除并撤诉。

案例4
企业档案编研成果目录（以发电厂为例）

1　通用编研成果
（1）企业历年机组中修资料汇编。（按机组及不同年度分卷编写）
（2）企业历年机组大修资料汇编。（按机组及不同年度分卷编写）
（3）组织机构沿革。（每次更新后重出版）
（4）企业大事记。（每年出版）

（5）企业全宗介绍。（每年出版）

（6）企业简介。（定期更新）

（7）企业扩建工程简介。（按工程编写）

（8）企业荣誉录。（按年度、集体、个人分卷编写）

2　深层次加工编研成果

（1）机组连锁试验操作卡。（按机组、项目分卷编写）

（2）机组 PLC 柜 I/O 信号汇编。

（3）机组系统及设备说明书。（按机组、项目分卷编写）

（4）机组仪控保护设定值汇编。（按机组、项目分卷编写）

（5）企业年鉴。（按年度编写）

（6）项目工程介绍。（按不同工程分卷编写）

（7）机组历年来锅炉爆管分析汇编。（按年度、机组分卷编写）

（8）典型事故案例分析。（按年度分卷编写）

（9）企业及个人奖惩索引。（按年度分卷编写）

（10）企业土地征用总况。（按年度、项目分卷编写）

（11）历年科技技改项目效益分析。（按年度、项目编写）

（12）机组技术改造概况。（按机组、年度分卷编写）

（13）企业档案利用实例效果分析选编。（按年度编写）

（14）机组非计划停运分析及处理。（按年度、机组分卷编写）

（15）锅炉空预器运行差压及变化状况分析。（按年度、机组分卷编写）

（16）一座3 000 MW 特大型火力发电厂的诞生。（按项目编写，可延续更新）

（17）机组检修综合验评汇编。（按机组、检修项目编写）

（18）企业的成长历程。（按项目编写，可延续更新）

（19）企业厂志——档案管理长篇。（按阶段编写，可延续更新）

（20）基建工程项目管理手册档案管理分册。（使用标准形式，可更新）

7 企业档案的现代化管理

【本章要点】

- 档案现代化管理的概念。
- 档案现代化管理的必要性。
- 企业档案现代化管理方法。
- 计算机技术在档案管理中的运用。
- 缩微技术在档案管理中的运用。
- 光盘技术在档案管理中的运用。

【案例导入】

加拿大国家档案馆的档案保护技术

加拿大国家档案馆是加拿大唯一的中央级档案馆，馆址设在首都渥太华，负责保管1867年成为自治领土之前的殖民地历史档案，负责接收和保管1867年以来政府各机关的档案。加拿大国家档案馆的馆藏很丰富，有2 000万本（份）图书、杂志、报纸、缩微胶片、文学手稿及政府出版物；排架总长度为156千米的政府和非政府的档案和文件；2 100万张照片（最早的照片产生于1710年）。地图和蓝图是其引以为豪的馆藏，包括手绘、声像、艺术创作，以及其他各种传统的或电子载体的档案和出版物，生动、全面地展现了加拿大多元化的社会和各个时代的成就。加拿大国家档案馆向所有访问者作出以下承诺：更多地被认识，更好地被了解，更方便地被利用。

一、档案储存技术

现今，加拿大国家档案馆已经形成了一套较为有效的防护工作措施，包括储存、复制、处理和大规模脱氧处理。当记录进入档案馆后，首先要进行"预防性处理"。这样，任何可能的危害都将被降到最低限度。

在国家档案馆，维护人员采取的保护技术最早可追溯到装订操作时期。通过此项操作，规整的材料将会得到恢复和还原。1997年，国家档案馆搬入现址后，将装订所改建为能够对所有类型纸张进行保护处理的实验室。这个部门还拥有照片复制实验室和独立的、集中式的缩微胶片单元。1968 年，档案馆开始系统化地保存声音记录；1969 年，开始收藏硝酸盐类的动态图像胶片并将其复制到更加稳定安全的储存介质上；1973 年，在联邦政府的资助下将其维护范围扩展至机读磁带领域。

为档案记录提供合适的储藏室，是档案馆馆员和维护人员的重要工作之一。馆员将纸质文档（政府文件、私人手稿、地图等）放置于脱酸文件夹和档案盒中；将照片存放于多元酯套筒或特殊包裹物里；将水彩画置于专门制作的保护盒中；将动态图像胶片存储在聚丙烯塑料罐中；将录像带保存在自动封闭防火容器内；将音频碟片插入脱酸套筒里；将磁带重新缠绕在塑料紧带器上的纺带上后储存在坚固的磁带罐中；为那些易碎和锡箔的物件（如银版照片和彩饰画等）构建专门的容器；为地图和超大型文档定制专门的架子，以使他们得以平铺放置并保证其安全；为油画之类的档案设计特殊的可滑动支架。

馆员们在空间和资源的最大允许范围内，尽量为馆藏提供最佳的存储环境。馆员和维护人员必须对存储区域保持高度的警觉，确保各种指标的正常，随时报告危险的不规则变动，并及时进行修复。用来测量温度和湿度的湿热表和其他监视系统都被安装在各个储存区中，以便及时对异常情况发出警告。工作人员还要对柜架进行有规律的巡视，检查是否存在渗漏和昆虫，以及职员玩忽职守等现象。存储区是封闭的，只有授权人士才可进入。将高度安全的存储区优先提供给硝酸钠动态胶片和照片胶卷，防止它们释放有毒气体或发生自燃。此外，档案馆还设立了严密的中心来储藏可视记录的纸张、缩微胶片和机读磁带，因为他们是再现加拿大各州历史的重要精髓。

对档案记录的监控范围不局限于储藏阶段，一旦文档被接触，都有被损坏的可能。因此，档案记录在被公众接触时，细致小心是必不可少的。环境监控同样用于展览时，需要严格控制展出过程的光线亮度，以避免档案记录暴露于强光下出现褪色或永久性损伤。对于纪录片和缩微胶片，研究者将被要求戴上档案馆提供的白色棉质手套，以防止手上的油脂伤害到那些敏感的记录。

二、档案复制技术

加拿大国家档案馆的任务是对加拿大的文档遗产进行保护和使这些遗产对全国公民进行开放，而如何在这两者间寻求平衡成为国家档案馆急需解决的问题。对于这种"左右两难"的处境，一种较为有效的解决办法就是将这些记录进行复制，并对全国的研究者开放。这样，既可使原件在操作接触过程中不被损坏，又能在复件中保存原件的信息。

缩微胶片是档案复件中最多的类型。国家档案馆将政府文件、私人手稿和印刷品制成尺寸为 16 mm×35 mm 的卷轴胶片，用来对公众开放。将地图和图表复制到 105 mm 的胶片上，使研究者们可以通过黑白或彩色缩微胶片来观看图表和地图。同时，音像制作者们还为大型文档和记录型作品提供了高质量的黑白或彩色拷贝。

另一种常用的复制方法是影印法。在某些情况下，那些受到催化的或被深层污损的记录和严重酸化的私人剪贴报，都会被维护人员用影印法复制到更为稳定的碱性纸张上。

档案维护人员在动态图片、音频和视频记录的领域内使用了多种复制技术。对于保护性复制，维护员通常将记录重新制作在同种类型的介质上。为了方便公众的使用，将动态图片复制到录像带上，将音碟复制到磁带上。并且，维护人员还会将落后的格式更新，然后复制到用于 VHS（Video Home System，家用录像系统）的录像带上，以便公众使用。

被复制的文档大多是易碎品，而制作出易读的拷贝不仅要重现所展示的信息，还要保持原有的视觉冲击力。现代计算机技术增强了图像表现力，也使得复制品比原件更为清晰。通过对光盘的使用，档案记录中的信息可以被数字化，因墨水褪色而隐去的内容得以重现。目前，光盘多用来储存那些原本已储存在机读磁带里的信息。

计算机技术应用的另外一个实例就是"减噪"技术，即在复制声音记录的同时，提高文档的复制质量，并将声音还原到声源的质量上。通过此项技术，档案声音记录中的背景噪音和瑕疵在先期制作过程中被移除，使得复制品更加清晰和逼真。

另一项预防性保护工作是大规模降酸中和处理技术。20 世纪 70 年代后期，加拿大国家档案馆率先建立了世界上第一个仓储式酸性中和操作系统，用以对新书和旧书中的纸张进行处理。经过对纸张的酸性中和，书籍的寿命被延长了近百年，大大减少了未来进行修复性工作的费用。

三、档案修复技术

国家档案馆在精心保护国家档案馆现有馆藏品的同时，每年还有成千上万的新档案记录涌进来。许多沿用多年的技术手段没有太大变化，而有些则随着科技进步而获得较大改进。但不管怎样，维护人员都尽可能不对文档的原本形态进行明显改变，因为文档的原始状态和随时间而发生的附带变化都是文档历史的重要组成部分。当然，对于那些已经严重腐化了的档案记录就要进行特殊处理，有时还需要对他们的外貌或物理特征进行改变。

对国家档案馆的馆员和维护人员来说，他们需要掌握多种处理技能。维护人员需要清理文档，扫除灰尘，清理污点，处理腐烂物和霉菌，纸张的缺失部分需要用匹配的纸张来小心地填补；那些易碎的和开始从折叠处损坏的或是碎化的文档，需要用绵纸或脱酸纸为其做衬里；酸化的地图衬里需要移除并使用更为稳定的材料来替换；将催化的文本记录压合在两片含棉薄层之间，以使文档拥有足够的强度来抵抗被研究者触碰时可能造成的损害；对于特别珍贵的书籍，需要分解拆开后，逐页进行修复。

专业处理技术同样也用于记录性艺术品馆藏上。对于印刷品、水彩画和油画，维护人员首先要进行小心翼翼的清理，展现其原始色彩；而绘画作品中缺失的部分则通过修复漆面来填补，松动、脱落的颜料被重新涂回帆布上，更换油画图层底衬。对于脆化了的张贴画，维护人员需要对其进行脱酸处理并加上绵纸或纸张做衬托，用溶剂从老式胶片的底版上移除图像承载层后，并用更为稳定的介质来代替。

但是，维护处理不仅仅局限于纸张类型。玻璃底版同样要进行清理和裂缝修复。特别是对催化后的硝酸盐电影胶片的处理，需要一帧一帧地进行，以使它们能被复制到安全的胶片上；声碟需要用手或者药水细心地清理，去除上面的污垢和油性物质，否则会引起播放时的障碍；录像带和机读磁带是通过清洗机进行清洗的，在机器里，磁带先通过刮刀上精细的刀刃剔除松动的污垢，然后再用无刮痕性的绵纸将残片收集起来；国家文档和名人手稿上的蜡封会被重新收集并进行加固处理。

近年来，加拿大国家档案馆开始采用页面铸造技术修复纸质档案。在页面铸造技术的帮助下，维护人员可以更加方便地填补档案品页面上的窟窿和替换缺失的部分。再加上计算机技术的结合应用，维护人员能够精确测量出损坏纸张的纸浆构成，并合成出与原件相匹配的纸浆，再通过吸收程序进行沉积后对缺失部分进行填补。多余的纸浆会被排走，只剩下原始文件和被重新铸造的页面，随后它们会在压力下变干。这种技术的先进性就在于能够对损坏文件的纸张纤维进行精确嫁接，达到完美的一体效果。

国家档案馆同时也对其他技术进行改进。如采用虹吸台平整和干燥文件，同时也用于细致清理那些无法用清理程序进行操作的印有不稳定墨水和颜料的档案记录。潮湿室用来对纸张和羊皮纸进行轻柔的、控制之下的处理，将卷曲、折叠和扭曲的纸张在规定的温度和湿度下进行平整，使其恢复原貌。

四、档案保护技术研究

如果没有声音保存研究计划，那么国家档案馆对其珍藏的保护就不能算是充分的。维护人员必须了解所有档案记录的每一个细节，如他们的成分是什么、这些成分是如何变化的、为什么会发生这样的变化等。这些科学研究一经完成，维护人员就可以根据研究结果来对保存和维护手段进行完善。不只是纸张，还有胶卷、磁带或是光盘，对于档案馆来说，需要做的就是为档案形式确定最合适的保存技术。一系列的研究开展，证明了档案保存技术的需求，并对那些制造商们产生影响，使他们在今后的生产流程中更加完善介质的制作方式。这种影响如今已取得了一定成效，许多纸张制造商开始生产碱性纸张以代替以前的酸性原料，从而大大延长了纸张寿命。加拿大国家档案馆的维护研究技术的开展，是内部研究与外部工业相结合的研究。

近些年来，加拿大国家档案馆开始涉及有关"持久纸"的研究。纸张最基本的特性已经被确定；细微的校准测试仪器被用来鉴定纸张的物理特性，包括纸张在损毁前可以被反复折叠多少次，纸张能承受多大的撕扯力，书页在脱落前可以被翻看多少次等；专家们通过化学方法鉴定纸张的成分，如纸张中的纤维质量、纸张尺寸的种类，以及制造过程中的添加物等。这些信息不仅被用来研究特定物品的稳定性，还被用来对处理标准和储藏方式的推荐，以便尽可能地延长这些档案记录的寿命。

【问题讨论】
企业档案的现代化管理有哪些方法？

7.1 企业档案现代化管理方法

7.1.1 档案现代化管理的概念

档案现代化管理是指档案管理的观念、机制、方法和技术工具都要达到现代化的水平。它既包括现代科学技术的原理、方法和工具等应用到档案管理工作之中，又包括从本地区、本部门的实际出发，比较和借鉴国内外的先进管理经验。档案的现代化管理，应是在贯彻执行《中华人民共和国档案法》、《中华人民共和国档案法实施办法》等法律法规的基础上，建设一支高素质的现代化档案管理队伍，充分利用计算机技术、网络技术、通信技术、多媒体技术等，建设档案目录数据库、局域网、档案信息网等，并积极实施电子文件归档、电子档案管理、档案网上查阅等，使档案管理在信息化平台上运作，使档案管理安全、高效，档案查阅快捷、方便。

1. 管理思路的现代化

档案学是由一系列的档案学理论，以及档案工作原则、方法和制度等组成的科学体系。档案学由社会科学、自然科学互相渗透综合而成，是具有多属性、多层次特点的学科。

档案管理工作要达到现代化，就必须在科学理论的指导下，树立科学的观念，增强创新意识。确立现代化管理的思路，包括战略观念、竞争观念、时间观念、效益观念等，使档案充分发挥最大的经济效益和社会效益。因此，档案管理的现代化首先是实现观念的现代化。所谓观念的现代化是要以现代的管理科学观念与成果来评价人事档案工作的地位和作用。档案工作是一门科学，必须运用管理科学来指导它。现代管理科学是建立在自然科学和社会科学之上的，并且运用系统论、信息论、控制论、运筹学、现代经济计量学，以及最优化技术、计算机技术等最新的科学成就而形成的。档案的管理，要在管理科学理论的指导下，大胆探索，改变一切不适当的管理方式与方法，遵循档案和档案工作的客观规律进行科学管理。

社会的不断发展，使社会信息量迅速增长，档案信息的获取、处理和储存在社会生活中发挥着日益重大的作用。一方面，有相当一部分原始资料有待整理、开发；另一方面，成千上万的新档案不断形成。在这种新形势下，不采用先进的现代化设备、管理手段进行整理和管理，就不能快速、高效、超前地为档案利用者提供优质服务。因此，各级领导、档案人员要认清形势，树立现代化的观念，最大限度地发挥档案的社会效益和经济效益；要将档案管理思路现代化，应在遵循理论的基础上，从我们的国情出发，不断实现档案管理思路的科学化、民主化和高效化，以适应生产力不断发展和生产关系不断完善的要求；要有创新意识和强烈的创新欲望，档案工作才能以超前的意识和超前的管理思路发展起来。

2. 管理机制的法治化

社会主义市场经济是法治经济，档案所提供的信息是市场经济重要的信息资源，这种信息资源的收集、整理、管理与服务都要依照法律的规定来进行。这是发展档案管理事业，使之实现现代化的法律保障。档案管理的运行不再仅仅以行政力量为依归，从而摆脱了行政意志的不确定性对档案工作的消极影响。

长期以来，档案管理工作以经验管理居多，工作人员的选配往往也是以具有档案工作经验为先决条件，这在某种程度上制约了人才的流动，管理层容易产生不思进取的思想。要使档案管理机制合理化，应该在档案工作中引进竞争激励机制。根据政策的需要，管理机制的设置必须合理，并充分发挥组织机构的高效能。在这个基础之上，在总目标的指导下，合理地确定具体目标和任务，落实到每个人，建立责任制，使档案工作者清楚地认识到自己的工作成绩与其生存和发展息息相关，每个人都有随时被淘汰的危机感，从而激发每个人的工作活力，最大限度地发挥个人潜力，使档案工作充满竞争活力，出现开拓创新的新局面。同时，要建立相应的激励机制，如用人制度、分配制度、奖励制度，将个人工作的内容作为考核的重要指标，并与劳动报酬、晋职严格挂钩，努力营造一个合理化的管理机制。

要采取聘任制、考评制等机制，形成能者上、庸者下的氛围，打破干部身份界限，不拘一格使用人才，使档案工作人员队伍始终保持活力。通过双向选聘，增强每个人的竞争意识和紧迫感，从而提高档案工作的管理水平。

3. 管理方法科学化

档案工作管理的现代化可分为两个部分：一是对已归档的纸质档案采用现代化的手段与方法进行管理；二是对在现代化条件下产生的电子文件进行归档与管理。实现计算机辅助管理已归档的纸质档案，是档案工作现代化的初级阶段。管理计算机网络上的电子文件，归档才能全面地实现档案工作的现代化。计算机辅助纸质档案管理是在做档案的电子化工作，电子档案工程是在做电子化的档案工作，最终都以数据库的形式传送到计算机及网络上。

管理方法是人们为了使管理工作的效率不断提高，在管理活动中所采取的手段、措施、途径等。管理活动的科学化，就是要改变过去仅仅依靠行政和宣传的力量进行档案管理的简单、机械和被动的方法，转而运用法律、行政、经济、宣教等综合性的方法。档案管理工作方法科学化，就是根据档案的特点和档案工作的客观规律进行合理的组织计划和控制。由单纯用行政领导和宣传教育方法，转变为行政领导、法律、经济、宣传教育、咨询、顾问等方法的综合，要根据党和国家在不同时期提出的方针、政策和工作任务，根据本地区、本部门的实际情况，开发群体智慧，采取切实可行的科学方法。行政力量进行档案管理固然有其优点，但缺点也很明显，主要在于它容易随着领导人的改变而变化，容易随着领导人的看法与注意力的改变而变化。重视档案工作的领导对档案工作必然有正面的影响，而不重视这项工作的领导可能会疏忽档案工作。当然，档案管理工作离不开行政力量的支持，行政力量具有机动性、高效性和针对性，所以发挥行政力量的优点进行档案管理也是必须的。

随着科技的飞速发展，不断给档案管理工作提供新理论、新方法等，要及时把自然科学和社会科学的最新研究成果运用到档案管理中去，要运用一系列现代化管理如系统论、控制论、心理与教育方法、数学方法等，在科学理论的指导下，作出正确的决策。此外，管理方法的现代化还包括正确、恰当地运用经济手段和行政手段，按照管理对象的实际和它自身固有的规律来决定采用哪些手段，以及使用这些手段乃至最终用法律形式来保证。管理方法的科学化是管理现代化的核心。

4. 管理技术现代化

管理技术现代化的主要特点是自动化。以计算机为中心，利用计算机实现档案一体化管理是高科技飞速发展的"信息时代"的必然趋势。档案管理人员利用计算机进行文件签收、登记、拟办、分发、传阅、催办、归档等公文流转办理业务，以计算机辅助立卷与案卷的自动调整，不仅可使工作人员从烦琐的手工工作中解脱出来，而且工作效率高、质量好。

利用计算机还可以实现档案原文的存储与检索。为了确保档案的完整与齐全，可以利用计算机光盘档案管理系统，用扫描仪将档案原文直接录入光盘。经整理加工后储存于档案全文数据库中，以便利用者查阅。另外，可以利用计算机检索系统，对档案目录数据库和档案全文数据进行检索，发挥计算机高效、快速的特点，提高检索效率，为档案工作人员快速、准确地提供档案信息。

利用计算机实现档案立体化管理。目前的档案有主题目录、案卷目录、分类目录等各种目录，都有其自身的著录方式，各自规定位置和排列顺序，自成体系。每一种目录只有一种检索功能，只能提供简单的检索方法。查一个专题，只能反映一个主题，所涉及类目都得一一查询，实质上是每一类信息都被割裂，孤立地塞在一个个被固定的模式。而计算机突破了这种单向、平行和孤立的存贮形式，形成多项、动态和彼此关联的主体形式。对一个机读目录来讲，可以根据用户的需要通过多种途径检索，一个主题内容可以检索到不同类别、不同载体的信息，这是手工检索无法相比的。

档案数据库管理系统，构成目录只有一个大结构的著录格式，一次输入，多途检索，多样输出。其系统实现了有组织、动态地存贮大量相关数据，方便多用户查询。其功能不仅能查到著录本身存贮的档案数据，而且可以对检索到的数据进行若干分析、比较和加工，从而产生新的综合性档案信息。其编排内容多样化，使档案信息的内在价值得到充分利用，使档案成为多种媒介构成的一个信息编辑的有机组成部分，从形式到内容都有信息可沟通的传递途径。不断提高档案计算机管理水平，是档案工作实现现代化的基础之一。

5. 管理人员素质现代化

人是在管理活动中起决定作用的因素。先进的科学技术及管理方法需要人去掌握，档案管理人员素质现代化的主要标志是档案管理人员具有较高的知识化、专业化水平。由于设备的现代化，档案种类和载体的多样化，档案管理方法的不断改革，因此，对档案管理人员的道德素质、业务素质、文化素质和信息素质等各方面都提出了新的、更高的要求：

（1）档案管理人员的道德素质主要体现为：树立正确的世界观、人生观、价值观；具有良好的职业道德和敬业精神；努力做好利用者的服务工作，使档案室的文献信息资源得到充分的开发利用。

（2）档案管理人员的业务素质主要体现为：精通档案专业的基础理论和基本工作方法与技能，实现从传统文献资料管理向数字化的信息资料管理的转化，熟练掌握现代计算机技术、缩微技术、复印技术、录像技术、照相技术、视听设备和视听资料的使用及保护技术的操作方法。

（3）档案管理人员的文化素质主要体现为：档案管理人员是文化的传播者和教育者，除要有情报专业及相关大专、本科以上文化程度外，还要求有较深厚的文化底蕴。

（4）档案管理人员的信息素质主要体现为：①敏锐的信息意识。信息意识是人们对信息的敏感程度。具有信息意识的档案管理人员，能迅速抓住各种信息，汲取精华、剔除糟粕，从而获得大量有价值的信息。②创新的信息能力。信息创新能力是人们对信息进行分析、综合推理、预测和判断的能力。在纷繁复杂的信息面前，档案管理人员要运用创造性思维，利用现有的信息资源，把信息在最需要的时间传给最需要的人，创造出信息的最大价值。③良好的信息心理。信息心理是人们从事信息活动时的心理健康状况、心理承受能力等多项指标综合的表现形式。

7.1.2　档案现代化管理的必要性

随着科技的快速发展，人类社会步入知识经济时代的快速发展之中。而知识经济时代的来临，对档案管理也提出了新的要求。随着计算机及网络技术的迅猛发展，传统的档案工作管理模式和方法受到了一系列的冲击：档案资料的原始性与现代性；档案的保密性与公开性；档案的内向性与社会的流通性；档案资料的完整性与信息的分散性；档案资料的滞后性与信息的快速性；档案工作的手工操作与现代技术的管理等。传统的档案工作管理模式和方法显然已不能适应时代发展的要求，并且必然被新的计算机及网络管理方式所代替。

由于传统的档案管理方式已远远不能适应业务档案发展的需要，手工操作劳动强度大，工作效率低。另外，传统检索手段的局限性，使各种信息不能有机地联结在一起，不利于档案的保管利用。因此，为减轻劳动强度，提高工作效率，有效地开发利用各种档案，必须应用现代化的管理工具——电子计算机。电子计算机主要有五个特点：①运算速度快；②精确度高；③储存能力强；④具有一定的逻辑判断能力；⑤能自动进行运算。目前，很多单位已初步运用计算机管理文书档案。从应用的程序软件看，应用计算机管理档案，主要有以下四个优点：

（1）自动编目。将需著录的档案资料输入计算机后，计算机对储存在硬盘上的档案信息自动进行信息管理，然后按不同要求编制各种目录。其特点是效率高、质量好。

（2）自动检索。档案著录后，计算机可以从多种途径进行检索，自动地在存储的档案信息中找出所需的各种档案信息，及时准确地为利用者服务。其特点是快速、准确。

（3）自动统计。计算机以它极强的运算能力，对档案的数量、利用情况进行全方位、系统的存储和统计，从而提供准确的信息资料。其特点是全面、系统。

（4）阅览清退。利用计算机可进行自动化日常管理工作。利用者借阅档案时，可以用计算机办理借阅登记手续，自动打印催还通知单等。其特点是记忆牢固、手续清楚。

由于网络技术的广泛应用，人们可以随需所欲地从网上档案信息中心获取所需要的信息资源，甚至可以直接截取为己所用。这就既可方便地进行资料阅读、资料研究，又可保持档案原件的保管；既可以发挥其延伸功能，又可以提高效率，因而为人们所青睐。与传统的档案管理相比，现代档案管理有着无可替代的优势。

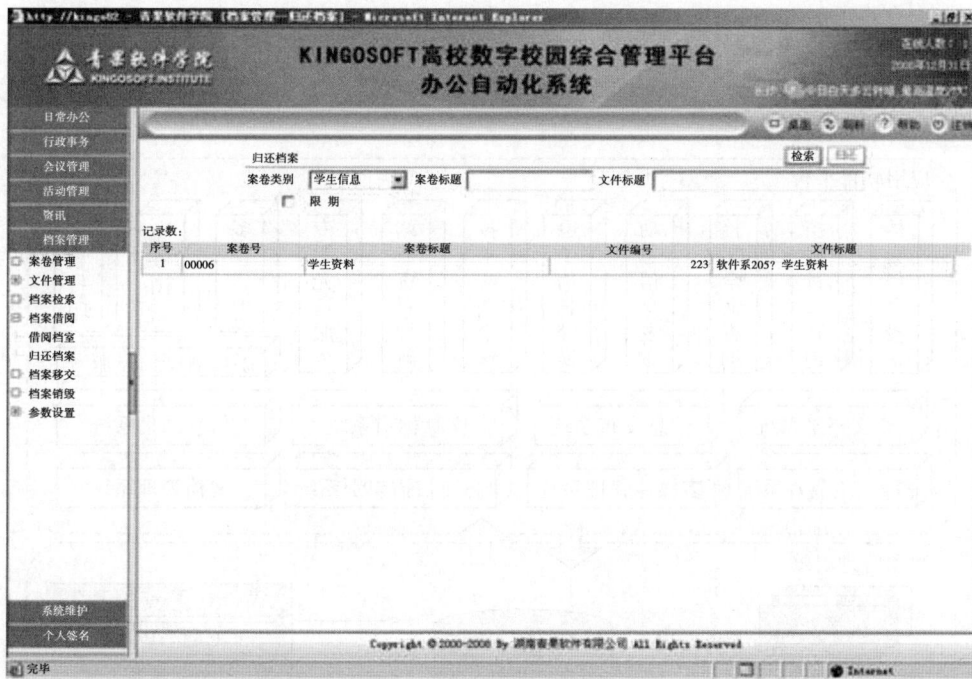

图 7-1　办公自动化（档案管理）

图 7 - 2　档案查询系统

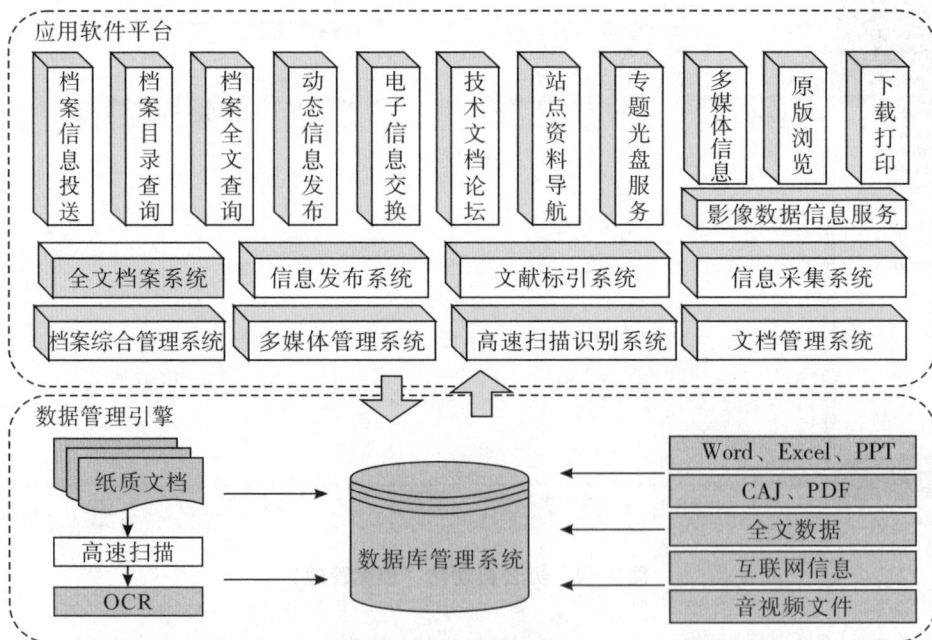

图 7 - 3　档案资料管理系统

7.1.3　企业档案现代化管理方法

1. 标准化是档案管理现代化的前提

从理论与实践中都可以获知，要想提高档案管理水平，就必须实行标准化、规范化的工作程序与方法，即要求档案管理的收集、整理、鉴定、著录、保管等各环节都要按照统一的程序和科学的方法进行工作。计算机技术的应用是档案管理现代化的中心，而电子计算机的高效率是以档案管理业务的标准化为基础的。对于杂乱无章的未经系统整理的档案，计算机无法进行管理，即使可以管理也会因运算程序的复杂而使其效率大大降低。因此，加快档案现代化管理必须实现档案业务工作标准化，首先要完成档案数据准备工作的标准化。

（1）全面普查案卷，去糟取精。这是实现档案管理标准化、规范化的第一步工作。一般企业，由于多年来未作全面的清查，加之移交单位划分保管期限不准，不可避免地存在许多重复或无查考利用价值的文件，所以首先要剔除这些无用的文件，才能避免今后实行计算机管理时出现重复与低效率的情况。

（2）重新组合案卷，实现案卷规范化。将那些组卷过厚、内容混杂的案卷进行重新组卷。重新组卷的原则是尽可能将那些相互存在某种联系的文件组合在一起。在重组案卷的过程中，还应对那些无页码、无卷内目录、无案卷标题或标题不清楚的案卷重新加工填写，以保证全部案卷更加规范。重新组卷不仅可以优化馆藏、科学保管，亦可以提高实行计算机管理时档案的利用效率。

（3）结合实际，规范著录工作。著录是实行计算机管理的一项重要基础工作，也是直接影响输入计算机的数据与信息准确性的一项重要的前期工作。1986年国家颁布的《档案著录规则》是规范著录工作的最基本依据。但是由于各个档案馆的条件存在差异，再加上计算机管理又提出了新的技术性要求，所以应该以《档案著录规则》为依据，并从自己的实际情况出发，根据计算机管理的技术要求，制定出适合著录工作的著录细则。

（4）统一分类号，保证检索查全率。计算机检索的显著优势就是能满足人们检索的需要。为了确保检索的完整性，我们在分类过程中，应首先根据《中国档案分类法》进行分类，再因事制宜制定出具体细则。另外，在分类的过程中，还应加强审校力度，以便及时发现并校正分类人员的错误。除此之外，还应经常组织大家统一认识、统一标准，尽量做到前后标引一致，同一类文件标引一致，从而达到标准化和规范化管理的目的。

（5）规范题名，保证检索查准率。档案的分类号保证了检索查全率，而题名准确才能保证检索的查准率。仅保证查全率是不够的，还须同时保证查准率。因此，在著录时要统一、规范题名。规范题名应掌握的原则与要点有：在填写题名项过程中，要规范机构简称，尽量避免在检索时出现含混不清、文不对题和计算机识别不清的情况发生。此外，还要统一题名中应具备的要素。结合计算机检索需要在著录过程中将题名中的责任者、事由、文种填写清楚，必要时还要将人名、地点和时间等要素填写完整。如果题名要素不完整，则要补齐；如果冗长，则删除多余的赘词。此外，还要统一文种题名中经常有"请示报告"等含义不清的文种，文种不清，则影响检索的准确率。

档案数据准备工作标准化，是实现计算机辅助档案管理的第一步。只有对档案数据进行标准化标引，才能将完整、准确的信息输入计算机里进行存储和处理。计算机辅助档案管理的数据准备工作是根据国家有关标准，对档案内容进行分析、加工和组织，最终将原始档案信息转换成适合输入计算机的存储形式的过程，是应用计算机进行档案目录检索及各种档案信息输出利用的基础和前提条件。

2. 加快数据准备，推进档案现代化管理进程

在档案管理基础工作的各个环节中，计算机数据的准备工作是一项大工程。如果没有一整套规范化和科学化的工作程序与方法，计算机会因数据准备不足而无法使用，甚至直接影响档案管理工作现代化的进展速度。在著录工作中只要掌握了以下重点，便基本可以使著录工作取得"多"、"快"、"好"兼而有之的效果。

（1）分清轻重缓急，循序渐进。档案管理的一个重要目的就是要使档案为企业所利用，而实现提高档案的计算机管理的过程中应先根据各全宗的重要程度、价值大小、利用率高低和是否开放等情况，对所有全宗进行排列，将可以开放的核心档案和利用率较高的档案优先加工整理。这样就可以加快档案管理计算机化的进程和提高档案利用效率。

（2）分级次著录，省时省力。在著录过程中，可以将案卷分为三个层次进行著录，即将反映问题单一或查考价值不高的档案进行案卷级著录；对一卷内几个文件涉及同一内容，且排在一起的档案进行文件组合级著录；而对重要文件或反映问题庞杂的文件进行文件级著录。这样处理不仅能揭示档案的主题内容和特征，而且可以减少著录条目和录入条目，既节约了时间、人力与财力，又提高了效率。

（3）分门别类，充分利用档案原基础。对于那些案卷基础较好且具备全引目录的案卷，在著录时可以直接在全引目录上面分类标引，而对那些特殊形式的档案，如"案件"等，则可用计算机程序将人名、地址和时间用案卷目录直接录入，然后用计算机统一给出分类号。这样分门别类地充分利用档案目录的原有基础，可以减少著录环节，大大提高著录速度。

（4）用"关键词"替代"主题词"，简化查找时间，提高效率。"主题词"虽然有规范统一的功效，却存在着查找烦琐、效率较低的弊端。我们认为可以采

取以"关键词"替代"主题词"的做法，即从题名或文件主题中归纳出揭示主题内容的词汇、关键词，进行标识，待录入计算机后，利用计算机批量处理的功能进行处理。例如，拟写关于厂房基础建设一事的关键词，有人写"基本建设"；有人写"基建"；有人写"厂房建设"。在进行计算机录入后，统一规范为"基建"。此外，还可利用计算机"活动增加"的功能，把不规范的词与主题词中词义相同的合并。这种做法不仅解决了手工标引速度慢、计算机自动标引不准确的缺点，而且解决了主题词的词义含量及分属关系问题。

3. 加强基础设施准备，推进档案现代化应用步伐

（1）实行数字化信息管理。科技信息的快速发展，使科技档案信息达到图、文、声一体化存储与传输。使用多媒体光盘存储将极大地缩小档案的存储空间，扩展存储能力，便于科技档案及其信息的保存、管理及开发利用。

（2）网络化的基础设施建设。根据不同的服务对象和范围，网络化建设分为两个层次：内网和与互联网连接的公众网，并实行二网物理隔离，形成相互独立的网络。实行网络化管理，使档案能够借助互联网开展信息利用和服务，突破了利用的时空限制。内网服务中心主要负责以下工作：①将采集和预处理系统产生的数据进行加工组织和存储；②向内部用户发布信息，并提供检索、演示等服务；③支持内部日常办公；④向政府网和公共网提供需要的数据；⑤进行网络、数据和用户的管理与维护。外网服务中心主要负责以下工作：①采集信息并送到采集与预处理系统；②向 Internet 用户提供信息服务；③进行网络、数据和用户的管理维护。

（3）把档案管理现代化纳入企业办公自动化和信息管理系统，使综合档案管理一体化。管理现代化是档案工作的发展趋势，但它不可能孤立地进行，必须纳入企业办公自动化和信息管理系统。在设备购置、程序编制、管理使用上要统一规则，使档案管理与业务部门的信息输入可以相互切换。要努力开发综合档案管理系统，使单一的文书档案管理逐步过渡到不同门类为一体的综合档案管理，真正实现档案管理的现代化。

7.2 企业档案现代化管理技术

7.2.1 现代化管理技术概述

科学技术的发展为档案工作现代化提供了物质基础。由于经济的迅速发展，各种信息都在大量地、迅速地增加。档案信息也同样大量地增长，这样就给我们

收集、整理、保管和提供档案信息带来了诸多的不便和困难。如大量档案信息的出现，使原有的档案馆储藏量迅速膨胀，造成库房的拥挤以至于超载。同时，储存量越大查找就越困难。解决这些问题的最好办法就是采用现代化技术，运用现代化技术与设备是档案管理实现高质量、高效率的重要手段。将计算机技术、缩微技术和光盘技术等应用到档案领域，为档案管理现代化开辟了广阔的前景。

1. 计算机技术

电子计算机技术是当今新技术革命的先导技术，采用计算机辅助档案管理，具有手工管理所无法比拟的优势，如检索迅速、查找方便、可靠性高、存储量大、保密性好、寿命长、成本低等。这些优点能极大地提高档案管理的效率及利用工作的水平，也是档案部门的科学化、正规化管理与世界接轨的重要条件。可以将计算机技术运用到编制案卷目录、分类目录、全引目录、专题目录等多种检索工具中，以及各门类的统计报表和汇编资料。目前，在档案管理部门，计算机的使用由单机逐渐向网络化迈进，使利用者不受地域范围的限制，实现档案信息资源共享。因此，在档案现代化管理中计算机是必不可少的一部分。

图 7-4　运用计算机技术进行档案管理

2. 缩微技术

缩微技术是一种涉及多学科、多部门、综合性强且技术成熟的现代化信息处理技术。它采用专门的设备、材料和工艺，把原始信息原封不动地以缩小影像的形式摄影记录在感光材料（通常是胶片）上，经加工制作成缩微品以保存、传播和使用。应用缩微技术可以很好地解决档案库房空间不足和装具紧张问题，可节省大量的人力、物力。

图 7 – 5　广东省档案馆具有历史价值的录音、录像、缩微胶片等来源

3. 光盘技术

激光光盘系统是比缩微复制技术更为先进的现代化手段。光盘技术是将文件置于光电扫描系统内进行扫描，把文书和图形信息转换成二进制数据输入光盘存储器，并用其控制激光束发射烧蚀在特制的调整旋转的光盘上的技术。计算机技术与光盘技术的有机结合，以现代化各种先进的通信工具为媒介，是档案管理现代化的最佳途径。

光盘的应用将加速档案管理现代化进程，实现对不同载体档案的一体化管理，有利于档案管理、开发和利用。随着现代计算机技术日新月异的发展，光盘技术的更高密度、小型化和降低价格是不可逆转的趋势，其使用寿命和统一标准问题也可逐步解决。总之，光盘技术是一种很有发展前途的现代信息存储和利用技术，它在档案管理现代化进程中有着广阔的应用前景。

这三项技术的应用，是目前档案管理现代化最主要的手段，在促进和发展档案事业中发挥着重要作用。由于这三项技术各有优点和不足，最好将它们结合起来使用，这样形成的大型的多功能的自动化管理系统，将会使档案现代化管理迈上一个新台阶。

7.2.2　计算机技术

以计算机技术和网络技术为主体的现代信息技术的迅猛发展和广泛应用，为档案信息资源的科学管理和有效开发利用创造了前所未有的契机。采用现代化的技术手段管理档案，是信息时代社会对档案工作的要求，也是档案工作自身发展的必然趋势。利用计算机进行档案管理，是实现档案工作机械化、自动化的前提条件。

1. 计算机技术在档案管理中的运用

计算机的诸多技术在档案管理系统中得到广泛采用，具体如下：

（1）压缩技术。档案管理中有大量的信息需要进行传输和备份。为了节省存储空间，常常将备份文件进行压缩。为此，档案管理系统应具有非常先进的数据压缩技术。

① Group 4：压缩黑白图像，速度较快。

② JPEG：压缩灰度及彩色照片图像。

③ JPEG2000：压缩各类照片，压缩比率较高。

④ MPEG1、MPEG2、MPEG4：压缩音频和视频。

⑤其他压缩技术。

（2）数据库技术。比起压缩技术的选择，数据库的选择是比较明确的。现在，档案管理系统主要采用如下数据库系统：

① Foxpro：桌面数据库，安全性较差。

② Access：桌面数据库，安全性较差，但比 Foxpro 强一些。

③ SQLServer：大型数据库，性能优越，极好入门，有很好的前景。

④ Oracle：大型数据库，性能优越，是市场占有率最高的数据库产品。

（3）数据恢复技术。档案的管理与运用中，由于使用者水平的不一，以及由于错误操作带来的麻烦，完善的数据恢复技术是非常必要的。现阶段通常使用以下两种方法：

①定时自动备份。系统可以按照设定，在一定时间间隔内对系统所有数据进行数据备份。

② Undo 功能。我们都使用过 Word 软件，当我们进行编辑出错后可以使用 Undo（撤销）菜单恢复到发生误操作之前的状态。现在的档案管理同样出现了这样的技术。

（4）音频、视频数据的处理技术。在各种档案形式中，音频、视频是一种重要的档案资源。过去由于条件限制，这些档案存在着一个重大问题，即保管难。过去保存这些档案的介质主要是磁带，磁带的信号会逐年衰减，即使 10 年拷贝一次，信号也会损失 10%。现在我们采取数字化手段，可以把这些磁带转化成标准的音像格式文件，这样信息就可以永久保存了。

另外，数字水印、数字安全认证等技术也在档案管理中得到了充分应用。

2. 计算机技术档案管理的优势

（1）便于存储，容易保管。随着档案数量的日益增加，档案的存储、保管仅靠过去的库房管理、手工抄写目录已很难适应了。用计算机来对档案存储、保管不仅能克服以上缺陷、减少占用的空间，而且可实现永久保存。而计算机对档案的存储是靠软盘或光盘，二者均具有存储量大、不易损毁等特性。如一张 3.5 英寸的软盘，可储存汉字 160 万个以上；而一张光盘的存储量是软盘的几千倍，而且可以使档案的原始全貌，包括图文声像等全部存入档案中，随时可向读者再现。

（2）便于查找，检索方便。档案多按实体排列保管。在利用时，由于查询者条件、角度不同或查询条件不完整，涉及的档案往往分散在各个全宗案卷之中，这样仅靠手工查找档案就非常费时、费力，而使用计算机就可以大大提高档案信息的检索速度。例如，北京世纪科怡科技发展公司开发、国家档案局推荐使用的"世纪科怡"档案管理系统，它的查询就十分方便、快捷。在世纪科怡软件中有几万条、几十万条档案记录在计算机数据库中，检索一条档案文件一般只需几秒钟，既方便又省时，可及时解决查询者所查询的问题，为社会提供最满意的信息服务，发挥了档案部门应有的作用。

（3）便于编制档案目录。在现代档案管理中，档案检索工具一般有三种方式，即文件目录、案卷目录和全引目录。而在以前的档案管理中，一般只有两种检索工具，即文件级目录和案卷级目录。因为以往的编目靠手工抄写，在编写完文件、案卷目录后，要想得到全引目录，还需要重新抄写一遍，工作量非常大，难以实现。利用计算机编目最大的优点是可以做到一次输入，多种输出，避免许多重复性手工作业，且比手工编目快几千倍、几万倍，节省了大量的人力、物力和财力，从而可以更好地为社会服务。

（4）便于库房管理。利用计算机管理库房，可实现自动监测和控制档案库房的温、湿度，以及防盗、防火的安全控制系统，使库房管理达到现代化，比过去只靠人工管理更加安全、可靠。

（5）便于档案的统计工作。利用计算机管理档案还可以实现对文件、案卷的自动化统计。随着对档案的不断录入，计算机登录时可自动统计共有多少个案卷、多少个文件供利用者随时查看，免受人工统计的时间限制，且比人工统计更加准确，避免了人工因素引起的误差。

3. 计算机技术档案管理的未来发展

（1）机读档案。计算机在档案管理中的普遍应用，使档案的文本、图形、图像、声音等多媒体的信息在计算机上得以综合处理，使处理结果以图、文、声、像并茂的方式提供给用户，并且有不老化、不失真和不褪色的特性。所以在现代化的办公条件下，许多文件和资料从形成直至归档都是在计算机上完成的，这必将使档案管理的方式向自动化的档案管理发展。

（2）档案信息的网络。随着计算机技术与现代通信技术的结合，档案信息可实现联网检索，从而打破地域的限制，加入到社会化的信息网络中，使计算机相对有限的存贮量相互得到补充。各档案管理部门为实现资源共享，都积极把管理手段转向计算机的配置、软件的选用上来，使档案管理又向现代化迈进一步。现在我国只有少数有能力的单位建立起了大型或中小型计算机系统进行档案信息系统管理。而对于一般单位而言，由于人力、物力、财力等种种因素的制约，想要发展大、中、小计算机系统困难重重，因此，最好立足于地区现有的经济条件和各单位实际情况，采用目前应用较普及而且性能与价格比较优良的计算机和档案管理软件，逐步建立具有各单位特色的档案管理计算机网络系统。

总之，利用计算机管理档案是档案管理工作发展的必然趋势，它会随计算机管理水平的不断提高而充分发挥其优势，实现真正意义上的档案管理现代化。但是，利用计算机对档案进行信息技术处理都有其不同的适应程度和成熟程度，所以档案管理现代化也不是一劳永逸的，它是一个逐渐完善，由低到高走向成熟的过程。只有制定出适合本地区、本单位的正确的计算机档案管理步骤和目标，才能真正为社会服务。

7.2.3　缩微技术

缩微技术是一种涉及多学科、多部门，综合性强且技术成熟的现代化信息处理技术。它起源于 1838 年英国摄影师丹赛用摄影的方法通过显微镜第一次把一张 20 英寸的文件拍成 1/8 寸的缩微影像，至今已发展了上百年。它采用专门的设备、材料和工艺，把原始信息原封不动地以缩小影像的形式摄影记录在感光材料（通常是胶片）上，经加工制作成缩微品保存、传播和使用。

缩微影像技术是一种利用光学摄影的方法，将光线照在经过编排和整理的原始文件上，其曝光部分在感光胶片（通常是银盐胶片）上形成潜影，再经过显影加工后形成黑白反差的清晰的原件影像，并将这些负片缩微图像拷贝成缩微品，最后利用检索、显示、复印、还原等手段提供利用并对缩微品进行妥善管理的技术方法。由于缩微影像技术是将原始（通常是纸质）信息原封不动地用影像的方式保存在胶片上，所以它属于模拟信息技术。缩微影像的模拟特性可以使缩微品保持原件的本来面貌，反映的信息真实可靠，且不易被篡改。缩微胶片是一种仅次于纸质介质寿命的信息保存介质，且比纸质介质节省空间（占用的体积大为缩小）。由于缩微胶片是无失真的存储原始信息，难以随意更改，因此目前相当多的国家和地区包括我国均认可缩微品同原件一样具有法律效力。

1. 缩微技术在档案管理中的运用

（1）缩微品是目前档案信息存贮的主要载体之一。数字信息载体目前还无法完全取代缩微胶片，缩微摄影技术形成的缩微品在相当长的时间内，还将同纸质载体一样在信息存贮载体中扮演着重要角色。

（2）缩微技术复制工艺过程复杂，缩微品保存条件要求苛刻。缩微拍摄的工艺过程较为复杂，要求很高，需要工作人员长时间的操作练习。在复制过程中，人、设备、材料、操作方法、环境等因素及每一个环节都会影响缩微胶片的质量。从理论上说，缩微品可以长期保存，但缩微品保存条件相当苛刻。缩微品库房的温度、湿度必须保持在一定范围内，还要定期检查胶片，防止发生粘连。

（3）缩微品可代替原件提供利用服务。存贮信息是为了提供利用，但目前由于阅读习惯和检索不方便，各档案馆普遍存在着大量缩微品没有得到利用的现象。许多部门的职能主要是缩微制作，没有把缩微品的开发利用作为工作重点。另外，这也与工作人员的档案保护意识不强有关，他们认为利用原件时看不出损坏档案的迹象。殊不知档案原件的破坏在时空上具有延续性和后效性，若干年以后损坏的效果才会日益显现。在电子档案还没有占到足够大的比例时，缩微品应在档案利用方面大显身手。但笔者也不赞成盲目购买设备以方便提供缩微品的利用，因为数字信息或数字信息载体提供利用是趋势。

2. 缩微技术在档案管理中的优势

（1）缩微技术相对成熟。我国档案缩微摄影技术工作始于20世纪50年代，20世纪80至90年代进入发展的高峰期。缩微摄影技术已形成一整套完善的国家和行业标准，缩微胶片性能稳定，缩微拍摄、冲洗、拷贝等设备成熟。

（2）存储密度大，记录效果好，寿命长。缩微品的存储密度同目前光盘的信息存储密度相似。相对纸质文件而言，缩微品能节省大量的存储空间，占用空间大约相当于纸质原件存储空间的5%。一个馆藏几万卷的库房档案，缩微后只要一至两节档案柜就可以存放。用缩微摄影技术拍摄档案、图书和资料时，可将原件的形状、内容、格式、字体及图形等原貌忠实地记录在缩微胶片上，形成与原件完全相同的缩小影像。缩微技术有完整的国际、国内标准，不仅能保证制作的质量，也给广泛应用带来方便。

（3）缩微品具有法律效力，可作凭证使用。《档案法实施办法》对档案缩微品的法律地位作了规定："各级各类档案馆提供利用的档案，应当逐步实现以缩微品代替原件。档案缩微品和其他复制形式的档案，载有档案收藏单位法定代表人的签名或者印章标记的，具有与档案原件同等的效力。"明确表示档案缩微品可作为法律的原始凭证的还有美国、日本、澳大利亚、加拿大等近30个国家。

（4）适用范围广，易于拷贝和多功能使用。缩微品是利用摄影的方法将原件上的信息记录在缩微胶片上的信息载体。由于缩微摄影机镜头和缩微胶片都具有良好的成像和记录性能，因而在可见光线下，可读的各种原件（文字、照片和图表等）均可记录在缩微胶片上。缩微胶片上的影像可方便地进行拷贝、放大阅读和复印。利用高效能的拷贝机拷贝一盘胶片只需十几分钟，利用阅读复印机放大复印一张纸印件只需几秒钟，并且可以进行多份连续放大复印。也可将胶片经扫描加工成光盘，与现代技术相结合，兼容并存，介质互换，具有存取、保存、联网、阅读、检索、利用和传输的功能，满足读者及用户多方面的需要。

3. 缩微技术在档案管理中的发展前景

（1）缩微技术的优点是发展时间比较长、相对成熟，缩微品能长期保存，对缩微品阅读设备要求不严，档案缩微品具有法律效力；其缺点是信息不能直接在网上进行远距离传递，信息存储需要空间相对较大。数字信息技术的突出优点是能上网进行远距离传递，信息存储所占空间极小；其缺点是数字信息的法律效力问题目前还没有解决，存储在载体上的信息难以长期保存，数字信息的读写对设备的依赖性太大。从对比中不难看出，数字信息技术的优点恰是缩微摄影技术的缺点，缩微摄影技术的长处正是数字信息技术的短处。

（2）数字信息技术与缩微摄影技术相结合的复合技术，在未来的档案管理中将占据主要位置。缩微胶片扫描器、COM 系统和文档影像整合管理系统等，成功地实现了由模拟信息到数字信息和由数字信息到模拟信息的双向自由转换，试图替代缩微摄影技术的扫描技术，赋予了缩微摄影技术新的生命。缩微摄影技术由以胶片为单一载体的模拟信息技术，发展成为以数字信息技术为依托，以胶片、磁盘、光盘等为载体的模拟数字复合技术。

从世界范围来看，近年来发达国家和地区的档案部门大多采取两种技术相结合的方法，采用缩微技术解决珍贵档案、大型图纸等的存储、保存期限、法律效力、标准化等方面的问题；采用光盘存储及数据交换技术，解决其阅读、利用等方面的问题。如加拿大国家档案图书馆是目前国际上高水平的档案图书管理中心，也是采用多种技术收集、保存、利用档案的佼佼者；美国犹他州家谱学会收集了全世界各类家谱上亿页，全部以缩微形式保存，至今仍以缩微方式到世界各地收集家谱；中国台湾"国史馆"是台湾撰修历史的最高机构，所有文献都采用数字和缩微两种方式存储、检索，在经历了欲用数字化替代缩微的波动之后，仍然认为缩微保存比数字化存储寿命更长、更安全。这些档案部门在其他新兴技术形成规模时，仍然坚持应用缩微技术的主要原因在于他们懂得缩微技术的重要性，缩微资料在他们的馆藏中占有一定的比重，形成了独立的系统。

7.2.4　光盘技术

光盘存储技术是 20 世纪 70 年代初开始发展起来的一项高新技术。光盘存储具有存储密度高、容量大、可随机存取、保存寿命长、工作稳定可靠、轻便易携带等一系列其他记录媒体无可比拟的优点，特别适用于大数据量信息的存储和交换。光盘存储技术不仅能满足信息化社会海量信息存储的需要，而且能够同时存储声音、文字、图形、图像等多种媒体的信息，从而使传统的信息存储、传输、管理和使用方式发生根本性的变化。光盘技术是集计算技术、激光技术和数字通信技术于一体的综合性技术，是大容量、高密度、低成本和快速有效的信息存储手段，需要半导体激光器产生的光束将信息写入和读出。

1. 光盘技术在档案管理中的运用

光盘技术应用于档案管理，可实现档案信息的海量存储、随机快速检索、网际交流、远距离传输及档案工作的管理现代化；可以对档案实行原文管理，在不动用原文的情况下，实现档案的查询、复制和利用，保持档案的原貌。扫描后的图纸能够无失真地显示和输出，且在页码上与原档案一致。检索快速准确，灵活多样，可实现模糊检索；统计功能齐全，可进行各种馆藏统计和档案利用统计；能够输出档案管理所需的各类卡片、目录及报、表、图片等。光盘的输出更加方便、准确，存在光盘中的文件和图纸可利用计算机很方便地输出，可以利用各种输出设备，如针式打印机、喷墨打印机、激光印字机等。现在采用的高质量喷墨打印机而不是绘图仪，使输出图纸的精度和速度大为提高。

2. 光盘技术在档案管理中的优势

（1）光盘技术对设备的要求不高，在一般档案馆现有计算机设备上附加一些设施即可。光盘管理系统具有很强的实用性，完全可以依据档案工作的实际需要及人们利用档案的习惯进行功能设计。光盘管理系统使用方便，采用菜单式人机对话方式，操作人员稍加培训即可按照提示进行操作。

（2）光盘技术录入快速、精确，保管方便、简单。光盘技术的复制录入较为简单，只需稍加培训即可操作。目前录入应用较多的是光电扫描仪。它可以将档案原件以图像方式输入光盘。扫描仪最大的特点是快速、精确。一般 A0 幅面的滚筒式扫描仪的扫描分辨率可达 500 dpi，只要幅度不大于 A0，长度不限的任何图纸均可一次扫描输入。扫描一张标准 A0 图，分辨率 300 dpi，约需 80 秒。

（3）光盘存储密度高，一张 5.25 英寸的光盘能存储 1 000 多兆的字节，相当于存放上万页的 A4 文件或 13 盘 16 毫米缩微胶卷的存储量。光盘体积小，对环境要求不高，抗恶劣环境能力强，即使在普通环境中也能长期保管。

（4）光盘技术检索快速、准确，输出灵活、方便。利用计算机对光盘进行档案数据检索，可谓快速、准确、方便。利用快速检索功能，可以在几秒钟之内对几万个数据进行查询。在查询中，可以根据自己的需求，提出查询的具体名称，也可提出需查询的大致名称，或几个名称进行组合查询，亦可进行模糊检索，使检索变得更加灵活、方便。

3. 光盘技术在档案管理中的发展前景

光盘是兼有数字记录和模拟记录优点的存储介质，不仅可以记录数据，还可以记录声音、图像等各类档案；不仅可以存储档案目录，而且可以存储档案全文、档案原件，如照片、图片、录像带、录音带等；能很好地对声、像等不同载体档案进行一体化管理，可节省人力、财力、物力，加大开发利用档案信息的广度和深度。随着现代计算机技术日新月异的发展，光盘技术的更高密度、小型化和降低价格是不可逆转的趋势。其使用寿命等问题也可望逐步解决，在档案管理现代化进程中具有广阔的应用前景。

根据不同档案所具有的珍贵性、重要性、知识性、凭证性、现实性、大众性、亲民性等特点，应采取不同的保存和利用的技术方法：一是只采用缩微技术。对一些必须妥善保管、延长其寿命的珍贵重要档案，采取缩微技术的方式进行保存和使用，通过适当的阅读和还原设备即可满足检索需求。二是同时采用缩微和扫描技术。对需要永久或长期保存而且利用率高的档案，采取两者结合的方式，既制成缩微品又生成数字影像文件，达到有效保存和方便检索的目的。三是只采用扫描技术。对于利用率高、要求检索速度快且利用群体广的档案，采用扫描技术将其数字化，生成数字影像文件存储在大容量的硬盘或光盘上。这类档案由于时效性强，无须长期保存，故不必采用缩微技术。两种技术的结合运用，形成了适应现代潮流的新型档案馆，它将两者在档案保存与利用中的优势充分展现出来，在档案标准化整理、存储和开发利用方面最大限度地实现了档案的价值，为两种技术进一步的发展和完善提供了一个灵活方便的平台。档案管理工作应采用与时代相融合的各种技术手段，做到优势互补、相得益彰，走整合影像和复合技术的道路，这才是一条最有特色的档案现代化管理之路。这样，才能使档案馆的条件和面貌发生革命性的变化，充分发挥档案记录历史、传承文明的载体作用，为把档案事业功在当代、利在千秋的宏伟目标落到实处奠定坚实的基础。

【本章小结】

本章简要论述了档案现代化管理的概念，以及档案现代化管理的必要性，使读者对档案现代化有了初步的了解。同时，本章详细介绍了计算机技术、缩微技术、光盘技术在档案管理中的运用，使读者对这三种现代档案技术有了深刻的认知。

【习题与训练】

一、思考题

1. 档案现代化管理的必要性是什么？

2. 企业档案现代化管理方法有哪些？

3. 计算机技术如何运用在档案管理中？

4. 缩微技术如何运用在档案管理中？

二、实训题

1. ××食品公司将要举办公司成立 25 周年庆祝活动，公司发展史展览是其中一项重要的内容。为此，庆祝活动筹备组到公司的档案室查找公司成立以来重要活动的有关音像材料，但是遇到了一些麻烦。其一，档案室的音像材料不全。原因在于：有的活动的音像材料由公司办公室的专门摄影和摄像人员拍摄，有的则由各部门的人员拍摄，许多材料在拍摄完毕后没有归档，音像材料的分散保存造成收集公司发展史音像材料的困难。其二，许多音像材料在形成后没有编写相应的文字说明，致使一些材料因所记载的活动的确切日期、参加者、地点、内容等无法辨别而不能采用。其三，一些音像材料在形成后未加整理和专门的保管，造成音像材料之间的联系无法确认，照片的底片丢失、划伤、变质，以及磁带的消磁等情况，使得该材料无法复制和使用。你作为该档案室的工作人员，在以后的工作中将如何改进这种情况？

2. 国内著名的××电力企业，总装机容量 500 万千瓦，有近百万张图纸需要管理和再设计应用。为使企业能够以最低的成本管理信息、最快的速度查询信息、最安全的方式使用信息，降低文档资料的管理、传递和使用成本，降低文档资料的遗漏和泄密造成的风险，提高经营管理业绩，你将如何对这些图纸进行科学化的档案管理？

3. ××总装机容量达 3 000 兆瓦的特大型火力发电厂，现在正在扩建三期 1 000 兆瓦机组，2016 年建成后，将是全国最大的火力发电厂。一、二期工程是利用世界银行贷款，引进国外的先进技术和设备，工程于 2013 年已全部竣工并投入商业运行，库藏科技档案和工程竣工图数量非常大。工程技术人员在日常运行、维护、机组检修等工作中都频繁使用工程竣工档案。曾经多次出现过由于图纸管理不善、版本不统一，工作人员使用了旧版本的图纸进行工作，给企业带来了巨大经济损失的情况。你作为新到该发电厂的档案管理人员将采用哪些现代化的管理手段来避免类似事件的发生，使工程档案得到合理的管理和使用？

【知识链接】

案例 1

1995 年 8 月，××企业成立，同时成立了生产准备综合办公室，下设资料员 1 人，兼管科技图纸资料；办公室文书档案由秘书兼职管理。1997 年 1 月，成立技术部，设科技档案专职 4 人。1999 年 3 月，撤销技术部成立生产管理部，下设科技资料管理人员 5 人。2000 年 3 月，成立企业技术档案室，隶属生产管理部，主要负责基本建设及生产的科学技术档案管理，实行科技档案与科技资料统一管理，管理人员陆续增加到 7 人。2001 年，厂办公室设文书档案专职 1 人。2004 年 10 月，企业进行机构改革，成立综合档案室，定编 11 人，隶属综合管理部，对文书（会计）、科技、声像照片、荣誉实物、磁盘、光盘等特种载体档案以及科技图书资料、科技标准、科技期刊等实行统一管理，并建立档案管理二级网络，各部门、职能处室指定专人兼管档案收集移交工作。2008 年 1 月，公司机构调整撤销综合管理部，综合档案室划归公司办公室。2013 年 5 月，公司办公室更名为总经理工作部，综合档案室随之隶属总经理工作部，定编减少到 8 人。

案例 2

2001 年 9 月 11 日是令全世界格外震惊的日子，这一天，恐怖分子在经过精心策划后，利用数架民航客机分别对美国东部主要城市纽约和华盛顿的几个重要目标建筑物实施撞击，造成了震惊世界的"9·11"惨剧。"9·11"惨剧不仅夺去了数千人的生命，同时摧毁了许多公司赖以生存的文件等数据资料，其中主要是电子文件。有人悲观地预言：某些公司可能就此永远消失。但也有公司在第二天就恢复了正常运作，著名的摩根—斯坦利就是其中之一。

摩根—斯坦利的办公室在"9·11"事件中同样毁于一旦，并损失了十几名员工，但该公司在第二天就正常运转了。摩根—斯坦利"打不死"的秘诀就在于它采用了先进的技术对电子文件等数据资料实施了防灾难备份。除了与其他公司一样，在公司内部建立起正常的文件数据的备份之外，摩根—斯坦利还在离世贸中心数千米之外专设了一个办事处，不间断地即时备份它们的电子商务文件数据。如果文件数据形成地的原始数据被毁，通过异地保存的备份数据，公司仍然可以很快地继续运转。摩根—斯坦利的电子文件数据是通过光纤传输来实现电子文件数据的异地实时在线备份的。由于使用光纤，其传输速度很快，可以达到 1 000 兆级，因此，在世贸大厦倒塌前，摩根—斯坦利能够通过高速通信线路即时从世贸中心的服务器和主机上源源不断地向位于新泽西州的公司电脑传输数据，实施在线备份。当然，像摩根—斯坦利那样使用高速通信线路实施在线备份电子文件数据需要支付巨额的费用。

案例3

××文化创意集团公司由五家广告公司合并而成。集团档案室建立后，对原各广告公司的档案实行了集中管理。该档案室除了保存行政管理档案外，还有大量广告业务档案、客户资料等，平时的查阅利用量较大。为了使业务人员快捷地查找需要的档案信息，该档案室的工作人员决定根据公司档案的查询特点建立一个检索系统。他们通过分析看到：公司业务人员在档案利用中查询相关的管理情况、客户情况、广告设计原件、广告效果调查统计资料等方面的信息比较多。于是，他们提出建立一个包括全引目录、客户名称索引、广告设计者人名索引、广告内容分类目录、全宗指南几种检索工具在内的计算机检索系统，其中全引目录在案卷目录和卷内文件目录的基础上合成编辑即可，便于查阅全部文件；客户名称索引专门用于查询客户情况；广告设计者人名索引、广告内容分类目录用于从不同角度系统查找广告成果档案；全宗指南用于介绍包括集团公司在内的六个全宗的情况。这个检索系统建立后，公司各类档案的查询效率明显提高了，获得了一致好评。

8 中外合资、合作经营企业与中小型企业档案管理的特点

【本章要点】

● 中外合资、合作经营企业档案和中小型企业档案各自形成的定义和特点。

● 中外合资、合作经营企业档案管理的特点。

● 中小型企业档案管理的特点。

【案例导入】

案例1

企业档案是企业的无形资产

广州市宏宇集团股份有限公司，开发过轰动全国的楼盘——星河湾，是广州市第一家私营股份制企业集团。1997年，该公司新建初期，既无档案实体又无人管理，所有的函报、通告、报表、账目等文件资料都散落在董事会、各个部门及业务人员手中。次年初，在一次经济诉讼案中，作为原告方的该公司须向法院提供有关证据的原件，由于没有专门管理档案的部门，能够提供该证据原件的相关人员有些已离职，眼看规定的举证时间就要过期，如果找不到这份重要证据，公司将面临赔偿几百万元的危险。幸运的是，在最后的期限前总算找到了文件，原来文件被一位副总经理遗忘在自己家里了。经过此事，该公司领导加深了对档案管理必要性的认识，档案管理工作不断得到加强。现在的广州宏宇集团，企业资产十多亿元，公司档案管理也走上了正规化、制度化的轨道。

【案例分析】

企业档案是在企业生产经营活动中直接产生的，是维护企业经营利益、合法权益和历史真实面貌的凭证和依据，也是企业重要的无形资产。

案例 2

企业档案是企业资产权益的原始凭证

1980 年，珠海市渔港建设办公室根据珠革字〔1980〕86 号文《关于香洲港整治建设有关问题的通知》，征用珠海市船舶工业总公司（原省渔船修造四厂）自海堤起至华子石涌口沿线海滩。由于历史原因，船舶工业总公司的这片土地的面积及坐标定点不准确，因此，造成双方用地界线的争议。最初争议面积为 37 000 平方米，最后争议面积为 6 000 多平方米。几年来，双方各不相让，问题陷入僵局。

1986 年 2 月，市渔港建设办公室向法院起诉，称"该沙滩地于 1960 年由中山县委划给中山县防护林场使用。1985 年 1 月，根据珠革字〔1980〕86 号文件精神，渔港建设办公室与该林场办理了林植补偿手续，因此，该片沙滩地的使用权应归他们所有"。而船舶工业总公司认为，原省渔船修造四厂是 1958 年经珠海县人委批准，在凤凰路以东至海边一带荒坟、沙滩地修建起来，20 多年来一直在使用这片土地，并于 1965 年 5 月按当时的规定办理了用地手续，交纳了开征的公产地租。因此，该处沙滩地理所当然归船舶工业总公司所有。法院根据双方的陈述，要求他们各自提供有关的证据。为此船舶工业总公司到市档案馆查档，查到了 1965 年 5 月交纳地租的合同和缴款收据，以及珠海县人委（65）珠财字第 106 号文《关于你厂提出地租征收有关问题的函复》，而渔港建设办公室却拿不出有力的证据。因此，法院根据市档案馆提供的档案材料，判决该片土地归船舶工业总公司所有，使该公司赢回了 6 000 多平方米的用地，折当时价值人民币300 多万元。船舶工业总公司的同志深有感触地说："真没想到档案的作用这么大，若不是市档案馆为我们提供宝贵的材料，这场官司真不知道要打到什么时候。今后，我们一定要努力把单位的档案工作做好。"

中外合资、合作经营企业与中小型企业档案管理的特点

【案例分析】

企业档案作为企业资产权益的原始凭证，是维系企业生存和发展的生命线和保护神，企业档案工作做得好坏，直接关系到企业的合法权益。企业档案是企业生产、经营管理的重要组成部分，企业的一切活动和企业创造与发展的全过程都反映在企业档案上。企业的现状是历史的延续，又是未来的历史。企业目前和未来的经营管理、技术开发和新产品研制认证，都离不开对企业原有和现有人、财、物、产、供、销等各种基础条件的准确数据，而所有这些技术信息资料都主要凝聚在企业档案中。

8.1 中外合资、合作经营企业档案管理的特点

8.1.1 中外合资、合作经营企业档案概念的形成

中外合资经营企业是由中国投资者和外国投资者共同出资、共同经营、共负盈亏和共担风险的企业。外商投资企业是在改革开放、引进外资的新形势下形成的一种经济形式。外国合营者可以是企业、其他经济组织或个人。中国合营者目前只限于企业和其他经济组织，不包括个人和个体企业。经审查机关批准，合营企业是中国法人，受中国法律的管辖和保护，其组织形式是有限责任公司。目前合营企业还不能发行股票，只能采用股权形式，按合营各方的投资比例分担盈亏。

在中国境内设立的中外合资经营企业，一般由外商提供工业产权、机器设备和一部分外汇、现汇，中方提供厂房、设备、劳动力和一部分人民币资金。所需占用的土地按年向中国政府支付使用费，或将土地使用权折价作为中方出资的一部分。目前，设立中外合资经营企业的法律依据是《中华人民共和国中外合资经营企业法》及其实施条例。

国际上通常将合营企业分为两类：一类是股权式合营企业（equity joint venture），另一类是契约式合营企业（contractual joint venture）。上述中外合资经营企业属于前一类，中外合作经营企业属于后一类。

中外合作经营企业是由外国公司、企业、其他经济组织或个人同中国的公司、企业或其他经济组织在中国境内共同投资或提供合作条件创办的企业。它与中外合资经营企业最大的不同在于中外各方的投资一般不折算成出资比例，利润也不按出资比例分配。各方的权利和义务，包括投资或者提供合作条件、利润或者产品的分配、风险和亏损的分担、经营管理的方式和合同终止时财产的归属等事项，都在各方签订的合同中确定。中外合作经营企业一般由外国合作者提供全部或大部分资金，中方提供土地、厂房、可利用的设备、设施，有的也提供一定的资金。中外合作者在合同中约定合作期满时，企业的全部资产归中国合作者所有，外国合作者可以在合作期限内先行收回投资。这一做法，一方面可以解决国内企业缺乏投资来源问题，另一方面对许多急于回收投资的外国投资者具有很大的吸引力。

中外合资、合作经营企业在生产经营活动中形成的档案集中反映了我国经济特区、开放区、开发区等建设过程中企业的发展历程，体现了经济体制改革的重

要方面，为我国企业档案工作注入了新的内容和活力。中外合资合作企业档案是在筹建、生产、经营管理等各项活动中形成的具有保存、利用价值的各种文件材料、图表、缩微胶片、照片、录音、录像、计算机磁带和光盘等形式的历史记录。

8.1.2 外商投资企业档案工作的共同点

改革开放三十几年来，作为改革开放基本国策的重要组成部分，吸收外资工作取得了巨大的成绩。

据对外贸易经济合作部统计，截至 2012 年 4 月底，中国累计批准设立的外商投资企业达 74.5 万家，实际使用外资金额 1.2 万亿美元。

近年来，中国吸收外商投资结构日趋优化，资金、技术密集的大型项目和基础设施项目大幅度增加，投资领域进一步扩大。在沿海地区外商投资迅速增长的同时，内陆地区吸收外商投资也有了较快的发展。

《外商投资企业档案管理暂行规定》第四条明确指出："外商投资档案工作是企业档案管理基础工作的重要组成部分，是维护企业经济利益、合法权益和历史真实面貌的一项工作，是国家全部档案工作的组成部分。"同时，由于涉及境外投资者的特殊管理背景，其档案工作呈现出若干不同于其他类型企业的特点。外商投资企业中，无论是外资企业，还是中外合资、合作经营企业，由于它们的经营活动通常要与国内外各方发生经济联系，档案的形成背景复杂，环节繁多，从其内容和形式到组织管理都有一些明显的共同点。

1. 档案形式的特点

从内容上看，外商投资企业的档案包括企业创建阶段形成的文件，董事会活动中形成的文件，经营管理和生产技术活动中形成的文件，工会活动、员工管理及社会活动中形成的文件等。其中，由于外商投资企业多属跨国公司，因而其转让技术材料的具体形式也往往具有多元性特点。

合资企业档案形式多样并呈现出复杂化的特点：第一，外方提供的文件材料形式多样。外国公司提供的图样主要为缩微胶片，同时也有底图（二底图）、复印图，文字材料有印刷件和复印件等，此外，还有各种存储载体（如磁盘、磁带等）。这些文件材料的材质和规格有很大差别。第二，文件材料来源多样化。首先，国别多。由于合作商遍布世界各地，因此形成的文件材料涉及的国家多，使用的文种多。其次，版本多。一般情况下，国内对图纸、技术资料的修改是由国内各设计单位的现场设计代表签发修改通知单，注明修改原因和修改地方，底图不作改动，只在竣工图上作反映。而合资合作企业的工程档案特点是修改频繁，每修改一次，就更换一次底图，原图作废，并提供一次最新版本的图纸。这是因为国外采用的是计算机制图，更新起来彻底。在引进技术的消化投产时，使同一内容的文件档案具有不同形式。如对缩微胶片放大还原后，会产生大量的纸质图样，对图样消化后，会形成许多图样翻版材料，对文字材料翻译后，会出现大量的中文译稿，等等。虽内容相同，但形式不一。再次，合资企业与外国公司联系时产生的大量电传材料和信件，很多都是重要的技术依据，归档后成为一种形式特别的科技档案。

2. 档案管理和组织的特点

（1）收集难。外商投资企业档案材料的形成和来源渠道复杂，收集范围及对象涉及国内外，增加了收集工作的难度，尤其是境外投资者的档案管理与我国的档案管理规范有矛盾。例如，在我国的大多数企业，科技文件材料特别是产品技术材料的形成及其归档保存形式具有成套性的特点，即以特定的科技项目（如型号产品）为对象，产生和组合相关的文件材料，并用逻辑编号的方式揭示其隶属关系、排列次序和所在位置；技术文件材料归档后，也严格按项目进行系统整理，维持以科技项目为单元的成套管理方法。然而，受外国合营者技术文献管理方法的影响，合资企业引进技术档案材料的管理方式与上述成套管理的原则大相径庭，文件材料的排列、编号互不联系，不以项目为单位，具有很大随意性，表现出非成套性管理的特点。往往在文件形成时，未能给以后的收集工作打好基础，无论在主观上还是在客观上均造成收集的困难。

（2）管理者要求高。档案内容和形式的繁杂对外商投资企业档案的整理、保管及提供利用等工作提出了更高的要求。档案的内容涉及的行业、专业类别因外商投资企业具体经营范围的多样化而有了复杂性，并且使档案管理和分类难以按照现成的统一规范来进行；书写材料、规格尺寸的不规范性给档案的日常保管和保护带来不便；外文材料的比例增大，要求管理人员具备相应的外语能力。

（3）管理灵活性。外商投资企业管理体制形式多样，档案管理体制亦呈现多样化的特点，不可能完全套用国有企业档案管理模式。总的来说，外商投资企业对高额利润的追求目标使其组织结构的设置和人员配合力求高效、精简，同时十分重视投入和产出的比率。反映在档案的组织管理方面，通常只设置数量极少的档案人员，其中相当一部分还是兼职人员。

（4）必须遵循我国法律法规，接受我国档案行政管理机关的监督和指导。加强法规管理，将合资企业档案管理纳入国家法律管辖的范围。在中华人民共和国境内的企业都应当遵守中国的法律法规，这是外商投资企业在我国的生产经营活动得以开展的基本约束条件。档案行政管理机关有权依据《中华人民共和国档案法》和《外商投资企业档案管理暂行规定》等法律法规，对本行政区域内的外商投资企业进行监督和指导。但无论是国家还是地方，迄今少有针对合资企业档案管理的专门法规，合资企业档案管理的义务、责任、原则等尚缺乏有效的法律依据，这是目前制约合资企业档案管理步入正轨的重要瓶颈。国家相关部门应该据此制定并督促合资企业执行档案管理的有关法规、条例，明确合资企业的档案范围、档案管理的权责，以及档案的最终归属等问题，以法律形式对合资企业形成有力的制约。这既是开展合资企业档案工作的必要前提，也是贯彻集中统一原则的有效手段。

8.1.3 中外合资、合作企业文件档案归档范围

为了完整、系统地保存中外合资、合作企业在各项工作活动中形成的各种文件材料，以及各种门类和各种载体档案，以适应领导决策科学化和各项工作的需要，中外合资、合作企业文件档案归档范围是：

（1）合资、合作项目报审阶段。

①合资、合作项目的建议书、意向书、调查审批等文件材料；

②合资、合作项目调研活动中形成的意见、报告等文件材料；

③合资、合作企业的合同、章程；

④上级颁发的中外合资、合作经营企业的"批准证书"、"营业执照"等；

⑤董事会会议记录、纪要、决议等；

⑥中外双方来往的电报、电传、信件等；

⑦其他有关文件材料。

（2）设备、技术引进阶段。

①出国考察的工作汇报及从国外带回的有关技术参考资料；

②与外商谈判时形成的合同、协议等；

③随机全套文件材料、图纸（外文、译文）；

④设备引进报关、开箱商检等有关材料；

⑤外商提供的有一定参考价值的图纸资料以及清单等；

⑥有关技术、质量异议和处理结果的材料。

（3）基建施工、设备安装阶段。

①设计任务委托书、设计合同、工程设计证书；

②基建项目的初步设计批复等；

③全套设计图纸及有关资料；

④施工中设计修改、补充通知单等；

⑤基建施工、设备安装过程的合同书、公证书、备忘录等有关文件材料。

（4）设备调试、竣工验收阶段。

①设备安装、调试、试用和交付使用报告；

②工程完工报告；

③竣工验收报告，总结报告；

④全厂平面图及水、电、气布置图等。

（5）产品投产、正常生产阶段。

①年度生产经营计划及生产、组织、协调、指挥等工作中形成的文件材料；

②产品质量检测、质量控制的文件材料；

③月、季、年生产进度统计表；

④经营销售活动中形成的文件材料。

（6）技术管理方面的材料。

主要是企业在安全管理、科技管理、环境保护、标准化工作、档案和信息管理等工作中形成的文件材料。

（7）科学技术研究方面的材料。

主要是课题立项、研究准备、研究试验结果鉴定、成果报奖、推广应用等研究和管理过程中形成的文件材料。

（8）党群工作。

①党委（支部）在工作过程中形成的计划、意见、总结、报告及会议记录等；

②职工代表大会及有关活动中形成的材料；

③共青团及妇女组织在工作活动中形成的文件材料；

④各专业学会、协会活动中形成的文件材料。

（9）行政管理。

①企业综合性行政事务工作中形成的文件材料；

②各专项审计工作中所形成的文件材料；

③职工防病治病、计划生育工作中形成的文件材料；

④职工后勤福利工作中形成的文件材料；

⑤职工招聘、录用、调配与企业签订的合同等。

（10）财务管理。

①各种会计凭证；

②各种财务账簿；

③各种财务报表；

④其他有关材料。

此外，对企业干部职工的档案也要按照人事档案的管理要求，进行收集、整理和归档。

8.1.4 对文件材料归档的基本要求

1. 归档时间

文件材料的归档时间应根据中外合资、合作企业文件材料形成过程的特点来确定。一般情况下，文件材料的归档时间有以下几种：

（1）形成周期不太长的文件材料在活动结束后立即归档。

（2）周期过长的文件材料，可以按文件材料的形成阶段归档。

（3）大型的引进项目、工程项目，可以按一个子项或一个单项结束后归档。

（4）管理性的文件材料可以按年度归档。

（5）机密性、引进设备等文件材料随时归档。

2. 归档要求

归档要求主要是对归档文件质量的要求。只有归档文件的质量满足要求，才有利于优化企业档案馆（室）藏资源。

（1）归档的文件材料必须是原件，完整齐全，能准确反映本企业生产经营和各项管理活动的真实内容和历史过程。

（2）归档文件要选用优质的制成材料。不要用铅笔、普通圆珠笔或复写纸书写，如采用劣质文具书写材料，或字迹和图形模糊不清的，应采取补救措施后方可归档。要根据国家和行业经济管理部门对编制文件的有关规定，保证归档文件规范、整齐。

（3）归档文件材料必须经过分类系统整理，立卷编目，区分不同价值，便于保管和利用。文件收集齐全后，须经过核准、组织、立卷、排列宗卷目录等工作后才能移交给档案部门保管。文件保管的总体要求是遵循文件的形成规律和特点；保持文件间的有机联系；区分不同的保管价值；便于管理和利用。

8.1.5 中外合资、合作企业文件档案管理的特点

1. 坚持以《中华人民共和国档案法》为准则开展档案管理工作

凡在中国境内的一切外资企业都要遵守中国的法律法规。在外资企业中开展档案管理工作，首先必须遵守和贯彻《中华人民共和国档案法》和《外商投资企业档案管理暂行规定》等相关法律法规。这是开展档案工作的准则和依据。外资企业必须进行《中华人民共和国档案法》的学习与培训。提高公司全体员工的档案意识和加强员工对档案工作的了解，增强对保护和利用档案重要性的认识。同时，各级档案行政管理部门必须加强与外资企业的联系，要求有关外企主动接受当地档案行政管理部门的监督和检查。

2. 必须建立和健全档案管理机构与管理制度

《外商投资企业档案管理暂行规定》第五条规定："投资企业应当加强对其档案工作的领导，企业档案工作列入企业管理计划，并确定管理档案的部门和人员负责本企业的档案工作。"因此，外资企业不能随意和无序地进行档案管理，必须按照档案工作的原则建立和健全档案管理机构与管理制度。由于外资企业的所有制、管理体制、经营管理方式都与国内企业有所不同，因此建立档案管理机构不能照搬国内企业的模式，应该参照国内企业档案工作机构的设置方法，进行相对灵活的设置，使其逐步适应企业整体管理的需要。例如，四川××制药公司考虑到外资企业的机构大多从简，所以没有专门设立档案部或者档案处等二级机构，只成立了公司的档案室，作为全公司档案管理的机构，统一负责全公司的档案管理工作。同时明确了公司和各部门及专、兼职档案人员的档案管理工作职责，制定了较完备的档案管理制度，以保证档案工作的顺利开展。

3. 必须统一档案管理的标准

中外合资、合作经营企业的形式多样，档案管理形式亦呈多样化。以外方为主的企业和以中方为主的企业，由于其档案工作所受影响不同，表现也各不相同；而有母体的中外合资、合作经营企业受到母公司的制约，档案工作应纳入母公司的整体管理范围。

《外商投资企业档案管理暂行规定》第八条规定："外商投资企业所形成的档案参照国家标准、规范和国际先进方法，进行科学分类和整理。"所以，在我国境内的外资企业应该按照国家档案局颁布的档案管理标准，如《科学技术档案案卷构成的一般要求》和《归档文件整理规则》等进行档案的分类整理，以避免因标准不同而带来的混乱。

4. 检索工具多样化

为方便技术人员的查找、使用，根据中外合资、合作企业工程档案的整理分类，有以下四种检索工具：

第一种，按国内系统分类大纲编制的检索工具，采用卡片式，卡片上注明国内分类号。

第二种，按不同国家来源，分别编制不同国别的系统检索工具，采用流水账式。

第三种，以产品设备号为特征的检索工具，采用专题卡片式。

第四种，利用先进手段进行计算机管理，编制与以上三种分类号相对应的识别检索工具。

5. 必须配备高素质的外资企业档案管理人员

根据外资企业对人员素质要求较高的特点，在档案管理人员的配备上一定要安排懂外语、懂档案、懂计算机、热爱档案事业和有责任心的人来担任档案管理人员。这是做好外资企业档案管理工作的基本要求。

中外合资、合作企业档案机构或负责档案工作人员的主要职责有：

（1）贯彻执行《中华人民共和国档案法》及有关的法律、法规、规章。

（2）建立健全本企业及所属单位的档案管理制度。

（3）集中统一管理本企业档案，做好档案的开发、利用与档案管理相关的工作。

（4）负责与政府档案行政管理部门的工作联系。

（5）政府档案行政管理部门和本企业管理机构依法要求其履行的其他职责。

8.1.6　中外合资、合作企业档案工作的发展思路

改革开放的深入使外商投资企业这种经营形式在我国得到持续发展，其规模和所涉及的经营区域可能还会扩大，因此，如何使外商投资企业的档案工作走上健康的发展之路，已经成为现代企业档案管理的一个迫切需要解决的问题。根据外商投资企业档案工作的特点和实践情况，我们对其今后的发展思路作一个综合分析。

1. 扬长避短

外商投资企业自身的优点与缺陷需要正确地认识和对待。例如，外商投资企业注重效益，讲求投资效率，这无疑有利于档案工作效率观念的树立，但同时也容易造成境外投资者急功近利，牺牲长远利益来获得眼前利益的短期行为；外方人员的档案管理思想与我国习惯存在差异，但他们在档案管理上积累的一些先进经验仍然值得借鉴。外商投资企业的起点一般较高，按照生产国际化的要求来组织生产，采用比较先进的以标准化、程序化和系统化为基础的企业现代化管理手段，这实际上给档案工作的建立和完善提供了软硬件支持。全面质量管理、ISO 9000 质量认证等现代管理措施的实施是使档案工作逐步规范，形成一套系统完整的档案管理程序的良机。

2. 多方面、多手段约束

第一，档案行政管理机关依法约束。外商投资企业作为在中国登记的企业，必须遵守我国的一切法律法规，档案行政管理部门应当敢于监督、善于监督，理直气壮地执行国家赋予的历史责任。在这一过程中为了达到更有效的监督效果，应当注意抓住重点，把握机会。所谓抓住重点，就是指区分外商投资企业的不同

类型，以点带面，进行有重点的监督指导；对于档案的具体业务管理，不是事无巨细地全部插手，而是抓住重点环节和重要业务，如把收集工作作为切入点，强化规章制度，明确有关人员的权利、责任和义务。所谓把握机会，就是指将档案工作与企业各项管理紧密结合，利用企业现代化管理的迫切要求，联合其他主管部门共同监督。例如，××合资酒店正在争取上等级，而有关管理部门规定饭店、酒家上等级必须有完整的台账记录，因此，档案行政管理机关可以抓住这个机会，联合有关主管部门敦促该企业完善档案工作。

第二，对于企业集团内的外商投资企业，集团公司可以利用股权优势上的行政权力，通过集团内部的档案规范和制度、档案人员培训等对其档案工作实现有效控制，进行档案业务的监督、检查和指导。

3. 发展档案社会服务

根据外国企业档案管理模式的显示，相当一部分企业将档案管理业务委托于社会上的相关机构办理。我国长期以来实行"大而全"、"小而全"的档案管理方式，不能提供有关的社会化服务。某些外商投资企业认为管理档案成本太高，不愿投入资本设置档案机构和人员，因而造成档案管理的混乱。目前，我国档案社会化服务已初见端倪，档案寄存中心的成立适应了很多外商投资企业档案机构精简的要求。通过档案管理机关对档案寄存中心的监督可以使外商投资企业档案管理更容易纳入我国企业档案管理体系，使其得到良好的控制。

8.2 中小型企业档案管理的特点

【案例导入】

案例 3

轻视档案工作对企业发展将会极为不利

××头盔厂创办于 2010 年，是一家专门生产摩托车储物箱、头盔、防盗器及配件的民营企业。企业规模并不大，属于在家办工厂，类似于大的家庭作坊。一楼生产，二楼办公。工人不多，办公人员也才 10 名左右。工厂负责人很重视质量，产品深受广大用户好评，并与国内嘉陵集团、钱江集团、幸福公司、春风动力等知名企业配套。它还被评为"中国消费者协会信得过产品"、"用户满意品牌"、"重合同守信用单位"，产品还出口到南非、东南亚等地区。

××头盔厂还处于家族式企业的原生状态，档案工作处于初级阶段。企业主的档案意识淡薄，管理不规范，档案材料收集不齐全，档案工作得不到重视，"无意识"、"无制度"、"无人员"、"无库房"、"无设备"、"无经费"的"六无"现象较为普遍。主要表现在：一是大部分民营企业主档案意识淡薄，尤其是处于创业起步阶段的中小企业，往往只注意抓能够直接产生经济效益的生产、经营管理和产品销售，忽略了档案在生产经营中的凭证和信息作用，忽略了对档案管理的必要投入。对档案工作不重视，档案人员不落实，责任不明确，资金投入不到位，档案工作难以正常开展。还有一些民营企业在人员、库房、设备、经费等方面尚处于空白状态，对企业发展极为不利。二是文件材料得不到及时收集。民营企业在各种活动中形成的许多文件材料分散在承办部门和个人手中，得不到及时归档，给利用带来许多不便。三是文件材料整理不规范。许多企业还属"抽屉式"管理，随意装袋、随意存放等现象普遍存在。

8.2.1　中小型企业档案概念的形成

中小型企业或中小企业，简称中小企，是指在经营规模上较小的企业，雇用人数与营业额皆不大。此类企业通常由单一个人或少数人提供资金组成，因此在经营上多半是业主直接管理而较少受外界干涉。

"中小企"的概念来自20世纪80年代末期"small business"的概念。20世纪80年代末美国的经济开始下滑，亚洲"四小龙"的经济反而起飞。一方面，美国国内除惠普公司以外，其他公司的业绩普遍下降。管理学家针对这两个特例，认为在经济低迷的情况下，相对小型的企业更容易适应急剧变化的环境。因此，"四小龙"企业的规模普遍较小，对于环境转变的适应能力更强。另一方面，惠普公司将整家公司划分成细小的"organization"，并容许"organization"的单位领导人有更大的自主权，从而使公司更容易适应外界环境的转变。

随着我国社会主义市场经济的不断发展，中小型企业已成为我国国民经济新的增长点来源和重要组成部分。与大型企业相比，中小型企业还称得上是一个新生事物，发展历史还不算长，其特殊的所有制形式决定了不同行业、不同规模、不同发展阶段乃至不同渊源的中小型企业具有很多大型企业所不具备的特性。加之隶属关系的特殊性，运营机制的不同，管理形式的多样化，都使得中小型企业成为一种自主经营、自负盈亏、自我约束和自我发展的新的经济组织形式。而在全国所有灵活性企业中，数量最多的就是中小型企业。中小型企业数量多，分布的行业广，管理水平差异大，对档案与档案工作认识程度不一。

目前的企业档案管理模式大多是以大型企业的管理体制为基础而摸索和建立起来的，相应地，各级档案部门在抓大型企业档案工作中形成了一套比较固定的思维定式。那么，如果机械地按照以往大型企业档案管理的思路和模式开展中小企业档案工作，对中小型企业档案工作的建立以至管理工作仍然采用行政管理的手段，按照大型企业档案工作的方法指导中小型企业进行档案管理工作，既是不必要的，也是不现实的，在实施过程中必然是行不通的。

近几年来，随着经济体制改革步伐的加快，一些中小型企业发展较快。由于各种原因，中小型企业档案工作不可能与大型企业相比。企业档案管理起步较晚，从法人代表到员工都不同程度地缺乏档案意识，档案法制观念淡薄，档案工作机构不健全，管理不规范，材料丢失、损坏等问题较为普遍，给正常工作带来一定的麻烦，造成了无形资产的损失。在企业改革、建立现代企业制度和社会主义市场经济体制的进程中，档案工作又是企业管理不可缺少的一个重要组成部分。但目前有相当一部分中小企业档案工作机构不健全或没有设置档案室，档案没有认真贯彻集中统一管理的要求。因此，尽快建立起能积极主动为中小型企业生产经营活动服务的档案机构，是重视企业档案工作的关键所在。

8.2.2 中小型企业档案工作机构的职责和设置原则

1. 中小型企业档案工作机构的职责

民营企业档案管理人员要忠于职守，遵纪守法，具备档案专业知识和业务能力。具体职责如下：

（1）认真贯彻执行党和国家关于档案工作的方针、政策，建立健全本企业的档案工作制度。

（2）负责做好本企业各类档案的收集、整理、鉴定、保管、统计和利用工作。

（3）负责指导本企业各部门文件材料的形成、积累、整理和归档工作。

（4）监督指导本企业所属机构的档案工作。

（5）严格遵守保密纪律，确保档案机密的安全。

（6）根据企业的实际需要，利用档案资料编写实用的参考资料。

兼职档案管理人员的工作职责如下：

（1）认真贯彻执行《中华人民共和国档案法》及档案工作方针、政策，严格执行本企业制定的档案工作各项规章制度。

（2）负责本部门具有保存价值的各种门类档案的收集、整理、归档工作。

（3）负责各类档案材料移交前的保管工作。

（4）对所保管的密级文件和不得外传资料的保密负责。

2. 档案工作机构的设置原则

（1）企业自身依法设立、自主决定的原则。

（2）与企业和企业档案工作的现状和发展相适应的原则。

（3）保证企业档案完整、安全和有效利用的原则。

（4）节约档案管理成本的原则。

8.2.3　中小型企业档案管理工作的特点

1. 中小型企业档案管理的重要性

当今社会全球经济一体化进程一日千里，中小型企业要生存发展，企业档案信息在其中所起的重要作用越来越鲜明地显现出来。开发中小型企业档案信息资源，对于企业的生存发展具有重要的战略性意义。

中小型企业档案不仅是记录和反映企业各项活动和历史面貌的第一手材料，是生产、经营、管理和科研等各项工作的依据和参考，也是企业的宝贵财富。良好的档案管理，有助于中小型企业增加技术和知识储备，为中小型企业的可持续发展提供强有力的保障；有助于中小型企业在市场竞争中增强抵御风险的能力，并在关键时刻发挥档案的依据和凭证作用，维护企业的经济利益和合法权益。

现代中小型企业档案工作发挥着服务中小型企业管理的作用，而不应仅仅是一种岗位。中小型企业档案工作具有以下功能：

（1）存贮功能。档案从本质上而言是一种历史记录，保存历史记录是档案工作最基本的职能，也是企业档案工作实现其他功能的基础。随着社会主义市场经济的建立和发展、企业转换经营机制的不断完善，企业改革需要做好服务工作。这就迫切需要加强对企业档案提供利用工作的研究，把企业档案工作的重点逐步转到提供利用上，使企业档案工作步入法制化、正规化和现代化管理的轨道。

中小型企业档案室保存着大量反映和记录企业生产、经营、行政管理、科研、基建、设备管理等方面的档案资料，对企业的生存和发展有着十分重要和广泛的利用价值。企业档案工作要为企业生产经营服务，既要为企业的生产管理提供基础资料，也要为安全生产和经济运行提供科技档案。中小型企业档案中记载了各种生产活动的情况、成果、经验和教训。从自然资源、生产手段到生产过程，以及计划管理和生产技术等各方面的信息，都可以作为工农业生产和经济管理的科学依据和参考材料。当今日益增多的科学技术档案，更是进行现代化生产管理和科学技术管理的重要条件。但是，无论是普通档案还是科学技术等专门档案，总的来说，都在不同程度上和不同方面反映了经济活动的情况，都能为以经济建设为中心的现代化建设提供咨询研究、统计监督的情报信息，对制订经济计划、检查和总结生产情况、推广先进生产技术和管理经验，以及预防灾害等，都是重要的参考材料。

（2）描述功能。在中小型企业中，档案工作部门应该对企业内部生产经营、外部市场等客观情况加以准确的描述。中小型企业档案需要真实地反映客观，客观地反映真实，这是对中小型企业档案工作描述能力、反映能力的具体要求。这种描述功能是建立在广泛存贮的基础之上的。为了增强这种描述功能，必须强化其存贮功能，同时不断提高企业档案工作的知识和技术的创新能力，推进企业档案工作的科技进步，以适应现代企业制度对档案工作的要求。

（3）分析功能。中小型企业档案具有一定的分析功能。而这一功能是以往的档案部门长期忽略的，或者说是根本不具备的。在计划经济体制下，档案部门的职责主要是保存档案和提供日常利用，似乎并不需要"创新"。至于利用档案做些什么，则是其他部门的事。但建立了现代企业制度的企业，对档案工作的运行机制必将提出更高的要求，其中相当重要的一方面即应具有一定的分析功能。分析功能是对企业档案部门而言的，当存贮了大量的档案信息后，企业档案部门应对大量的档案信息加以整理、辨析，发现问题、揭露矛盾并提出解决矛盾的措施。

（4）预测功能。档案是人们过去活动的原始记录。长期的历史事实表明，历史不可能被割断，而历史的发展是具有规律性的。中小型企业档案部门保存了企业活动的大量记录，为企业的档案部门研究企业的发展规律、预测未来的发展趋势提供了坚实的基础。档案部门应定期或不定期地向出资者和经营者提供具有历史深度的报告，充分发挥企业档案部门的作用。

中小型企业档案信息是企业信息中最主要、最基本和最大量的信息，蕴藏着企业活动所必需的信息资源——情报。如有关行业或企业的方针、政策、规定等的政策信息；有关市场、原料、价格、成本等的经营管理信息；有关企业产品的设计、设备更新改造等技术信息；有关人才使用、培养及人才资源的人才信息；有关会计核算的会计信息；有关企业历史发展过程的史料信息等。这些中小型档案信息资源，既是企业从事现实生产、经营等活动的重要资源，又是企业历史发展的直接见证。它既具有现实的利用价值，又具有长远的史料价值。如何实现企业档案信息的现实利用价值和史料价值，其关键就在于信息情报功能的发挥。

现代企业科学管理的核心是决策，决策的前提是预测。科学的预测是建立在庞大、完整和可靠的信息流基础之上的。档案直接形成于企业的各项活动之中，企业活动的一切过程和变化都必然在档案信息中得到充分反映。通过对大量历史和现实的档案信息进行分析研究，可以预见企业活动的未来发展和变化，从而制订出切合实际的方针和规划。

2. 中小型企业档案管理的滞后性

改革开放后，中小型企业发展迅猛。据有关统计数据显示，目前，全国工商注册登记的中小型企业占全部注册企业总数的99%。中小型企业的工业总产值、销售收入、实现利税分别占总量的60%、57%和40%；流通领域中小型企业占全国零售网点的90%以上，中小型企业大约提供了75%的城镇就业机会。与此形成对比的是，中小型企业管理者的科学管理意识并未同步发展。中小型企业固有的"重效益轻管理，只顾赚钱不顾管理"的粗放经营模式阻碍了企业档案管理的科学化、规范化和信息化进程。中小型企业以民营经济为主体，其组织法人性质及法人主观意识决定了中小型企业观念的"私有"性，多数企业管理者把档案资料作为随意处置的个人化东西，忽略了中小型企业档案对国家、社会及他人的作用。由于企业法人看不到档案管理的重要性，档案管理工作无人顾及，致使现有档案长期得不到整理，暴露出种种问题。

（1）档案管理的意识滞后。很多中小企业的管理者没有把企业档案作为企业的重要资产，而是当作劳民伤财的累赘，认识不到档案管理的重要性，只顾赚钱不顾管理的现象十分严重。事实上，完善的企业档案管理，不仅有助于企业增强抗风险能力，保护企业的知识产权和商业秘密，打造信用体系，提升企业形象，还可以真实地反映和记录企业生产、经营、科研、管理活动和企业资产、产权、资信等真实信息，提高中小型企业适应复杂多变的市场环境的能力，维护中小型企业的经济利益和合法权益。

（2）由于中小型企业主鲜能意识到档案管理的重要性，因而对档案管理工作消极应付，致使其现有档案工作长期处于停滞无序、放任自流状态，企业档案长期得不到整理。在相对规范的企业中也只是由其他专业的文员兼职或者雇用一些亲戚朋友进行管理。同时，由于中小型企业规模小、资金普遍不足，所以，拿不出更多的资金来配备档案管理人员和档案设备。中小型企业绝大部分采取家族式的管理方式，其管理人员大多是老板的亲朋好友。他们当中，有不少人在生产、人事、营销等方面缺乏正规的管理知识和经验，对档案管理知之甚少或一无所知。老板又不愿花钱引进专业相符的大中专毕业生或其他有实践经验的专门人才，致使有价值的档案散落于各部门和个人，甚至丢失。有的中小型企业管理者的档案法律、法规意识淡薄。虽然中小型企业的档案属于老板私人所有，但是根据《中华人民共和国档案法》的规定，凡是"对国家和社会具有保存价值的或者应当保密的档案"都要依法进行管理，都要受法律制约。也就是说，既然中小型企业的资产是国民经济发展的重要组成部分之一，那么，其档案也是其中一部分，并且这一部分表现出来的价值很值得重视。然而，中小型企业主很少意识到这一点。另外，在利润的驱使下，有的中小型企业主对人事、财务、营销等方面的管理抓得很牢，不愿外人染指，因而档案管理工作长期得不到发展。

（3）中小型企业档案滞后性的另一个表现是档案管理的现代化程度不高。

主要表现为：①企业档案的基础管理不规范。企业档案管理工作面临着档案内容庞杂、案卷数量繁多、时间跨度长的状况，且档案管理一直处于封闭管理当中，使得档案管理一直以保管为目的，与档案管理的最终目的——为社会利用服务相背离，并形成了档案管理基础普遍较差的局面。例如，案卷标题不规范，或有标题但不能反映主题内容，或标题缺少基本要素，甚至没有案卷标题等现象较为普遍；大部分案卷缺少卷内目录，以至于有些未被案卷标题涵盖的内容无法检索而难以被利用；组卷混乱现象比较严重，有的按职能组卷，有的按形成机关组卷，有的按形成时间组卷。中小型企业档案建设发展不平衡，信息化水平参差不齐。一些企业短期内大投入、大手笔，表面上发展很好，但实际上基础不稳定，系统不完善，质量不高，直接影响了档案的利用。随着信息技术的不断进步，档案信息不断更新，且更新速度不断加快。如果一个企业没有完善的数字化档案数据库，就如同无源之水，无本之木，档案信息系统就不能有效地发挥作用，实现其价值，更不可能生存下去。另外，某些企业单纯地重视硬件配备和软件开发，而忽视了档案信息化建设的管理，使得前期投入与后期管理不配套，给利用带来很大的不便。此外，一些企业人为地割断文书与档案的联系，在 OA 系统的研制过程中，存在着"重文、轻档、不管存"的现象。②利用的原始性。中小型企业经济组织法人没有把档案作为企业决策制定的参谋和帮手、整理完善企业文化的活标本，档案利用意识淡薄，档案管理原始，有的甚至存在着不知档案为何物的现象。他们重视档案的现实价值、原始的利用价值，而忽视档案为企业文化、企业形象、企业精神等方面服务的二次及深层次开发，档案利用非常原始。

3. 中小型企业档案管理的复杂多样性

中小型企业在规模和效益上虽"小"，但在组织结构等方面"五脏俱全"，因而在档案管理上表现出复杂性、多样性。

（1）从存储载体看，中小型企业的档案存储形式多表现为混存状态，纸质、光盘、照片、录音、录像、实物等多介质共存。

（2）从存储方式看，中小型企业往往将传统介质与计算机结合管理。因为传统纸介质稳定性更高，具有固定签名、保存证据等电子文档不具有的特性；电子档案具有易修改、稳定性较差等特点，但录入、查询、检索、修改、传输等方便快捷。

（3）从归档严格程度看，中小型企业受主观因素影响大，各企业在自主创新各种活动中形成的许多研发文件材料分散在承办部门和个人手中，如财务、技术合同、经营销售和企业资产等档案，基本上处于分散保存状态。"抽屉式"管理普遍存在，俨然一个"小而全"的社会单元。

（4）从管理模式看，中小型企业数量众多，门类庞杂，不同领域的企业档案内容各不相同，档案管理模式也千差万别，档案管理的标准不统一，规范化程度也各有所别。

4. 中小型企业档案管理的独立灵活性

中小型企业作为独立的法人，自主经营、自负盈亏，完全遵循市场经济的原则，因而，中小型企业档案具有独立支配权和非经法律允许不能共享的特点，即使是政府档案部门也难以对其实行工作目标管理。中小型企业作为档案管理的主体，负责企业档案的具体收集、整理等工作，只要在遵循《中华人民共和国档案法》第十六条的前提下，就可以灵活选择适合自身企业特点的档案管理方式。政府在中小型型企业档案工作中只能有计划、有步骤、有重点地进行引导而不能强求一致。在"效益理念"的指导下，中小型企业档案管理工作在"建档内容"方面会着重建立能创造企业经济效益的有关档案，与经营活动无关的企业档案会被忽略，或者企业在经营情况好时就重视，企业效益不佳时就人为地忽视，成为"提起来必要，没有钱不要"的"鸡肋"。

5. 中小型企业档案管理保密与利用的两极化

档案管理工作中保密和利用是相辅相成、良性互动的。保密工作是档案管理工作的重要环节，是保证档案安全使用的必要手段，"档尽其用"是企业档案管理的最终目的。但随着中小型企业间竞争的加剧，某些企业为了生存发展、击败对手，想方设法窃取对方技术、商业秘密，因此，企业档案的保密工作日显重要。有的中小型企业在吃了档案泄密的亏后因噎废食，不少中小型企业档案保密往往滑向两个极端：要么在传统的保密观念影响下，重保轻用、利用不足；要么重用轻保，泄密严重。

要克服这种两极化的倾向，首先，加强涉密档案的科学管理。在档案保管过程中，要做好档案库房管理中的保密工作。档案库房应单独兴建，应用加固防盗设备，尽量做到库房、办公室、生活区"三分开"。档案库房应指定专人负责管理，制定严格的档案管理制度，无关人员禁止入内，确保涉密档案的安全。其次，提高绝密档案管理人员的素质。从业人员要有责任心，热爱档案事业，具备专业知识，熟悉所保管的档案内容，熟悉档案法规。再次，加强绝密档案的日常管理。在档案利用过程中，加强监督工作，对不同层次的利用人员给予不同的授权，根据不同的利用对象的不同目的加强重点监护，制定并严格执行不同的审批手续，防止偷撕或涂改档案。保护商业和技术秘密是企业未来核心竞争力的根本前提和保证，中小型企业应根据自身特点制定出比较完善的档案分级管理制度，并严格落实执行。

中小型企业是特殊的企业群体，类型繁多。从经济成分看，包括乡镇办、个体办、联户办企业及外商投资企业等多种形式；从经营范围看，涵盖了工业、商业、服务业中各种行业。此外，中小型企业的数量不断增多，地理分布极其广泛和分散，而且由于所处地域的不同，各企业之间存在很大的差异。

大中型企业，在我国，多为国家投资兴建，因而多为国有企业；在资本主义国家，多为私人投资兴建，因而多为私有企业。而中小型企业既有国家投资兴建的企业，也有大量属于集体所有的企业，还有相当一部分的个体（私营）企业。一般而言，大型企业多为国有企业，小型企业多为非国有企业。1994年在独立核算工业企业的大型企业中，国有企业占77%，非国有企业占23%；中型企业中，国有企业占69%，非国有企业占31%。乡镇企业除少数已发展成为大型企业外，绝大部分是非国有的中小企业。其中，集体企业和个体企业分别占18%和82%，从业人员分别占66.42%和33.58%，产值分别占79.02%和20.98%。

鉴于上述特点，中小型企业必须重视档案工作，建立档案管理组织。考虑到中小型企业的规模较小，内部结构简单，可以由一名企业负责人分工领导，配备专、兼职档案人员。有关部门应该积极创造条件，使之得到健康的发展。通常可以采取以下措施：

（1）多样化管理手段。因企制宜，因地制宜，积极引导、分类指导中小型企业的档案工作。指导中小型企业档案工作，要遵循引导、扶持和服务的原则，构建民营企业档案工作的服务平台，把握中小型企业档案工作的需求，着重为民营企业提供及时、有效的服务。由于中小型企业在管理上具有自主性，不同行业、规模和渊源的中小型企业也有差异，这就决定了中小型企业开展档案工作不可能固定一个模式、采用一种方法，要针对不同规模、行业和发展阶段的民营企业，区分不同情况，因企制宜、因地制宜地开展民营企业档案工作，对不同行业、规模和发展阶段的中小型企业提出不同的要求。对一般的小型企业，规定有限目标，提出适当要求，以不散失、保管好和能查到为最基本的要求，逐步做好档案业务基础工作；对有一定档案意识、经济效益较好并具有一定规模的中型企业，在抓好档案业务基础建设的前提下，可以提出实现集中统一管理的要求；而对档案意识较强、档案管理水平较高、经济效益较好的中型企业，应帮助他们积极开展档案信息资源的开发、利用工作，引导他们在档案工作方面上档次、上等级，向档案管理现代化方向迈进。与此同时，档案行政管理部门还应当通过广泛深入的调查研究，制定出一套适应中小型企业实际情况、符合中小型企业发展需要的切实可行且行之有效的档案管理办法，为不同类型和规模的中小型企业开展档案工作提供参考依据。档案行政管理部门也可以在不同类型、行业和规模的中小型企业中培养不同的档案管理典型，建立几种不同层次和标准的企业档案管理模式，供中小型企业学习、借鉴。由中小型企业自己选取一种可以满足本企业档案工作需要的档案管理模式，并按此种管理模式开展相应的档案管理工作。档案部门要做好提供政策、技术和服务工作，引导他们把档案建好、管好和用好。

（2）档案行政管理机关和中小型企业管理部门应当根据《中华人民共和国档案法》等法规对所属区域内中小型企业的档案工作进行监督和指导，重点放在具有地方特色的产业支柱性的中小企业。此外，开展档案人员培训和经验交流与协作活动也是提高中小型企业档案工作水平的有效途径。

（3）系统管理。我们主张的中小型企业档案的系统管理是面对中小型企业档案工作现状，使其走向正规化的具体实施方案。在市场经济体制条件下，中小型企业档案工作任务、工作内容、工作范围都发生了很大变化。因此，要促使中小型企业根据各自的特点，建立适应需要的档案管理体制和档案工作机构，建立综合档案室，对本单位各种门类、各种载体档案实行集中统一管理，建立并逐步完善档案工作各项规章制度，加强管理，抓好收集、整理和保管工作，确保档案材料齐全、完整。在此基础上逐步实现规范管理，逐步提高档案管理水平。

【本章小结】

外商投资企业中，无论是外资企业，还是中外合资、合作经营企业，从其内容和形式到组织管理都有一些明显的共同点。其中包括合资企业档案的形式多样化并呈现复杂化的特点；形成和来源渠道复杂，收集范围及对象的难度相对比较大；与此相适应的管理人员必须是具备较高素质的人才；管理方法在接受我国档案行政管理机关的监督和指导下也呈现多样化的特点等。

由于中小型企业数量众多、门类庞杂，档案管理模式千差万别，标准不一，规范化程度也各有所别，因而中小型企业具有独立支配企业档案、不与其他部门共享的独立灵活性。在档案的保密和利用时，中小型企业往往呈现或保密或利用的两极化特点。

【习题与训练】

一、思考题

1. 中外合资、合作企业文件档案归档范围是什么？

2. 中外合资、合作企业文件档案管理的特点有哪些？

3. 中外合资、合作企业中对文件材料归档的基本要求是什么？

4. 中小型企业档案管理工作的特点是什么？

二、实训题

1. 民营企业员工档案管理。每一位员工被企业正式录用后，企业应对反映员工个人的材料及时整理归档。对归档的材料必须真实，文字清楚，实行一人一档的立卷方法。具体材料包括员工录用登记表，员工与企业的劳动合同等契约性文件，员工身份证明材料（如身份证复印件等），员工学历、学位和专业技术职务证明材料（复印件），员工在本企业工作期间的考核、考绩和鉴定材料，有关员工任免、聘用、待遇和奖惩方面的文件材料，员工在本企业工作期间参加各种培训的证书，社会保险、医疗保险等方面的文件材料等。

2. 中小型企业特殊载体档案整理，包括照片、底片、录音带、录像带、磁盘、光盘、奖旗、奖杯、奖状、牌匾、证书等。整理一般采用"年度—问题"的方法。照片档案归档时注意填写相关的文字说明，包括摄影时间、地点、人物、背景、拍摄者介绍等。一组联系紧密的相片应有分组说明，简明扼要地写在这组照片的上方，然后在每张照片的下方写上具体的补充说明。录音带、录像带档案的整理以自然盒（盘）为一卷，软盘、光盘以每张为一卷，每盒（盘、张）的外套上要贴有标签，注明内容、主要任务、形成时间、带长（分钟）、编号、型号、保管期限等内容。奖旗、奖状、奖品、纪念品等实物档案按件进行编号和编制目录。

【知识链接】

中外合资企业与中外合作企业的主要区别有以下几个方面：

1. **组织形式不同**

合资企业的组织形式为有限责任公司，具有中国法人资格。而合作企业的组织形式分为两种：符合法人条件依法取得中国法人资格的合作企业（称"法人合作企业"），采取的是有限责任公司的组织形式；不具备法人条件的合作企业（称"非法人合作企业"），采取的是无限责任的形式。

2. **出资方式不同**

合资企业各方可以用货币出资，也可以用非货币的建筑物、厂房、机器设备或其他物料、工业产权、非专利技术、场地使用权等作价出资，各方出资额以货币形式表示，并折算成股权；而合作企业各方的出资，属投资的以货币形式表示，属提供合作条件的，则不以货币的形式表示，且均不必计算成股权。

3. **权力机构和经营管理机构不同**

合资企业的最高权力机构是董事会。而合作企业中只有法人合作企业才能设立董事会；非法人合作企业则设立联合管理机构，此种权力机构虽有权决定合作企业的一切重大问题，但它不是最高权力机构。合资企业的董事长是企业的法定代表人；合作企业则不一定，因为法律没有明确的规定。在经营管理上，合资企业实行董事会领导下的总经理负责制；而合作企业中的法人合作企业经合作各方同意可以委托第三方进行经营管理。非法人合作企业在联合管理机构下，可设经营管理机构，也可以不设经营管理机构，而由联合管理机构直接管理企业。

4. 盈亏分担方法不同

合资企业合资各方只能按在企业注册资本中所占的比例来分配收益、承担风险和亏损；而合作企业则依照合同的约定来分配收益、承担风险和亏损。

5. 经营期满后企业财产的归属不同

合资企业合营期满，清偿债务后企业的剩余财产一般按合营各方的出资比例分配；而合作企业的合作期满，清偿债务后的财产按合作合同约定确定其归属，如果约定外国合作者在合作期限内先行收回投资的，则合作期满时，合作企业的全部固定资产归中国合作者所有。

6. 投资回收方式不同

合资企业不采取让外国合营者在合营期限内提前收回其投资的方式，其投资的收回靠的是在合营期限内按出资比例分取的利润和在企业依法解散时划分的财产；而合作企业的外国合作者可在合作期限内先行收回投资。

7. 适用的法律不同

合资企业按《中华人民共和国中外合资经营企业法》的规定执行；而合作企业则按《中华人民共和国中外合作经营企业法》的规定执行。

8. 双方的关系不同

合资公司在双方的关系上，强调共同投资、共同经营管理、共享利润、共担风险和亏损，即"四共"原则；而合作公司在双方的关系上，强调当事人的自由选择，即只要对于投资的条件、产品的分配、收益分配的方式、经营管理方式，双方达成了一致意见，就达成一种合同约定，法律一般是认可的。合作经营融资的最大特点就是合作方式较为灵活。中方投资者可以无形资产等要素作为合作条件，解决我国企业投资资金缺乏的问题。中外合作经营企业允许外方先行收回投资，对外国投资者有较大的吸引力。但由于中外合作经营企业组织形式的内在局限性，这种投资方式主要适用于农业种植、畜牧养殖、宾馆饭店等服务行业。

民营企业客户档案的基本分类：

1. 客户基础资料

即企业所掌握的客户的最基本的原始资料，是档案管理应获取的第一手资料。客户资料的获取，主要是通过推销员进行客户访问搜集起来的。在档案管理系统中，大多以建立客户卡或客户管理卡的形式出现。客户基础资料主要包括客户的名称、地址、电话；所有者、经营管理者、法人（包括个人性格、嗜好、家庭、学历、年龄、能力等方面）；创业时间、与本公司交易的时间、企业组织形式、业种、资产等方面。

2. 客户特征

即服务区域、销售能力、发展潜力、经营观念、经营方针与政策、企业规模（职工人数、销售额等）、经营管理特点等。

3. 业务状况

主要包括目前及以往的销售实绩、经营管理者和业务人员的素质、与其他竞争公司的关系、与本公司的业务联系及合作态度等。

4. 交易活动现状

主要包括客户的销售活动状况、存在的问题、保持的优势、未来的对策；企业信誉与形象、信用状况、交易条件等。

［资料来源：彭王城. 我国民营企业客户档案的信息化管理. 档案学研究，2009（5）. ］

【阅读资料】

档案鉴定"四步法"：企业档案鉴定急需简单易行、易于推广的工作方法，以推动档案鉴定工作的开展，使企业档案室藏得到精简、优化，降低管理成本。在这里向大家推荐档案鉴定"四步法"，即将档案鉴定工作程序删繁就简，只包括提交档案鉴定报告、档案鉴定、销毁档案和工作小结四个工作步骤。

第一步，提交档案鉴定报告。企业积累了一定数量保管期限已满的档案需鉴定销毁时，由相应部门书面或口头报告单位领导，得到允许后即可开展档案鉴定工作。

第二步，档案鉴定。档案鉴定分为两个步骤：其一是将所有超期档案从柜中取出，集中存放，在认真仔细鉴定之后列出待销毁档案清单；其二是将销毁档案清单和书面报告送领导审批。

第三步，领导批准后按相应规定将档案予以销毁，将需继续保存的案卷归入相应年代相应期限的卷柜中，文件则插卷，调整相应目录和台账，将已销毁档案在案卷目录中"注销"；其他情况标注在"备考表"中。将案卷销毁清册和其他重要材料一并归档保存。

第四步，将档案鉴定概括写出工作小结。

实施档案鉴定"四步法"还要同时运用下面两条原则：

其一，以我为主、为我所需的原则。鉴定档案价值应以满足本单位今后工作查考需要为原则，凡是与维护本单位历史面貌和今后工作查考有关的档案都要保留下来，其他可销毁。而反映本单位历史面貌或为今后工作查考需要的档案之中，主要是本单位在历史上制发的归档文件，即平时常说的发文，这些文件一旦误销，将使本单位工作查考受到影响，或使本单位权益受到损害。而外来文件即使销毁，原发文单位还会留存，仍有可查阅之处。企业要为自己留存档案，自己需要什么就存什么，不需要的一概不存。据近年对归档文件专门作出的统计分析表明：本单位文件在整个归档文件中一般要占到 70% ~ 75%，是其中的"大头"。外来文件以直属上级机关的文件为归档重点，占 15% 左右，其他为非直属上级机关和其他机关，以及与社会来往的文件。等到 10 年后经过档案鉴定再淘汰一些外来文件后，本单位文件要占总体的 90% 左右。

其二，与时俱进、具有时代特色的原则。时代变了，企业经营模式变了，档案价值观念和鉴定原则必然要随之改变。档案鉴定如果不能把握好未来，就会产生一定的盲目性和被动性，无法按时代要求对档案室藏内容和结构作出调整与更新，无法适应企业对档案利用新的需求。档案鉴定工作提倡与时俱进、具有时代特色，就是把历史、现在和未来联结为一个流动的时空整体，全面考察与判断档案价值，对企业未来档案需求作出较为准确的预测，实现室藏的吐故纳新，使室藏不断地适应企业发展变化的需要。只有这样，才能更好地维护企业的历史面貌，更好地服务于企业。文件的归档价值会随着社会变化而产生变化。这是档案鉴定，包括文件归档价值鉴定，需要格外注意的问题，是档案鉴定要与时俱进的新观念。通过档案鉴定工作与时俱进彰显时代特色，通过"以我为主"凸显本单位特色，是企业档案鉴定的两条重要原则。

［资料来源：李兆明. 企业档案简约管理实践概述. 档案管理，2009（6）.］

9　企业特殊载体档案

【本章要点】

- 企业特殊载体档案的种类及范围。
- 企业特殊载体档案的分类方法。
- 企业照片档案的种类、归档范围及整理方法。
- 企业录音、录像档案整理及编号方法。
- 实物档案的整理、编目方法。
- 电子文件的概念及种类。
- 电子文件归档的质量要求及管理措施。
- 电子文件整理方法及保管要求。

【案例导入】

案例1

何以解忧　唯有档案

　　××市一知名品牌企业欲在省会举办一次产品展示会，大力推介新产品。该项活动的筹备工作交给企划部和销售部联合承担。在研究展示方案时，企划部提出，在产品展示的同时，应向广大用户展示本企业的文化和技术实力，通过企业文化和技术的展示，建立起用户对企业产品的信赖、对产品品质的肯定，继而赢得企业的信誉。但如何实现这种构想，直观体现企业文化和技术，一时难倒了大家。这时，一位在档案室工作过的人员提议，可以利用档案室的档案来实现这一设想。大家一致认同这一提议，并迅速到档案室查找相关档案。档案人员根据展示方案，提供了企业举办的各种活动照片、生产车间照片、企业工作环境照片、企业捐资助学照片，以及相关的录音录像等声像档案材料、产品获奖证书、专利证书等。企划部依此制作成宣传画册及宣传短片。在展示会举办当天，这些宣传画册及短片在现场展示，吸引了大量客户，取得了非常好的效果。

【问题讨论】

1. 如何收集本单位的照片档案？

2. 录音、录像档案资料的保存有哪些更为有效的方法？

3. 特殊载体档案的保管条件有什么特殊要求？

4. 在利用电子档案时，如何防止归档电子文件的失真、失效？

9.1 企业特殊载体档案的特点与分类

企业特殊载体档案是指运用声音、图像和实物等特殊形式和记录手段，记载企业各项管理和生产活动的历史记录。目前，档案界对特殊载体档案尚无规范的定义，只是针对记录信息载体的特殊性而提出了一种概念，有的称之为特殊载体记录材料。企业除以纸张为记录载体的档案外，还有一定数量的这种特殊记录载体的档案。这种特殊载体档案材料可以生动形象地反映企业管理和生产经营活动的过程，有的将这种区别于纸质载体材料的档案称为"新型载体档案"。

9.1.1 企业特殊载体档案的特点

特殊载体档案一般通过特定的设备形成，有些需要依靠特定的设备读取。相对于纸质文件材料，其载体性质、信息记录方式不同，形成过程也相对复杂。因此，特殊载体档案与纸质档案相比，有其自身的特点。

1. 与纸质档案相关联

特殊载体档案最突出的特点是记录的信息与其他文件材料紧密相连，且相互依存。企业在任何活动中形成的特殊载体材料档案，一般都有与之相对应的相关信息的纸质载体文件材料或记录。无论是照片、录音（像）、实物、荣誉，还是企业专业生产形成的其他非纸质载体材料，基本上都有相对应的纸质档案。因此，虽然载体不同，但记录的内容与纸质档案有重合的现象。

2. 记录形式的多样性

除文字、数字外，记录企业各项活动信息的载体还包括声音、图像等形式，以及各种实物形态。以前，一般认为照片、录音（像）是特殊载体档案。其实，各种实物也从不同侧面记录企业信息，因此，应将实物归入企业的特殊载体档案。

3. 形成的广泛性

企业特殊载体材料的形成是非常广泛的，企业的生产、建设、设备购置，以及经营、管理等各项活动，皆有可能形成特殊载体材料档案。这些材料记录的内容涉及企业的方方面面，企业应尽量将这些特殊的材料收集归档。

4. 信息和载体关系的松散性

纸质档案的信息一旦被固定在纸张上，便难以更改。特殊载体档案信息与载体结合的紧密程度远远不及纸质档案信息牢固，档案信息大多易于更改，且不留痕迹；易于复制、转移，难以区分原件与复制件。

9.1.2　企业特殊载体档案的分类

企业特殊载体档案按照不同的分类标准，可以划分为不同的类别，如按信息记录方式分类，企业档案可以分为机械录音档案、磁记录档案、光学记录档案等。但这种分类方法不适用于企业对特殊载体材料档案的实际管理，在实际管理中，既要研究记录方式，又要考虑载体形式。

所以，从企业特殊载体材料档案的实体管理出发，应按照最终形成结果的表现形式来分类。到目前为止，档案界普遍认同的特殊载体材料包括磁性材料、感光材料和其他合成材料，形成的档案主要有声像档案、实物档案和电子档案，存在的形式包括照片、底片、录音、录像带、光盘、磁盘等种类，以及奖状、奖杯、奖牌、锦旗、奖品、礼品等实物形式的档案种类。其中，照片、底片、录音带、录像带等一般统称为声像档案，奖状、奖杯、奖牌、锦旗、奖品、礼品等统称为实物档案。随着技术的发展，其他特殊载体材料将不断出现，其数量、门类都呈现上升趋势。

9.2　企业声像档案的管理

1. 声像档案的概念

企业声像档案是指在企业生产建设、经营管理活动中直接形成的，具有保存价值的以磁性或感光材料为载体，以声音、影像为主要反映方式，并辅以文字说明的历史记录。从中可以看出，声像档案必须是企业在从事生产建设、经营管理活动中形成的，以声像记录材料的特殊载体为主、文字说明为辅的一种历史记录。文字说明在声像档案的构成中，是不可缺少的要素。文字说明是画面、音响、形象的译写，声音、图像及文字说明缺一不可。如果没有文字说明作补充，就会使人无法明白声像档案所反映的时间、地点、人物、背景等具体情况。所以，声像档案除特殊载体外，还必须辅以文字说明作补充；声像载体材料的记录反映形式及制作方法、保管条件、利用方式均和纸质载体不同，必须遵循声像载体的特点和规律，进行特殊整理和保管。

2. 声像档案的收集

（1）收集范围。企业应将下列范围的照片、底片、录音、录像及与此密切关联的文字说明材料收集、集中保管，即声像档案的形成者必须向企业档案机构移交以下声像材料进行归档：

①记录本企业主要职能活动和重要工作成果的声像材料。

②领导人和著名人物参与本企业相关重大活动的声像材料。

③本企业组织或参与重大外事活动的声像材料。

④记录本企业重大事件、重大事故及其他异常情况和现象的声像材料。

⑤其他具有保存价值的声像材料。

（2）收集时间。对具有归档价值的声像档案，其形成者或承办单位应及时整理，向档案机构归档。照片经过冲洗加工后，由整理人按要求整理归档，与其他载体档案有直接联系的照片可与其同时归档。声像档案材料一般在形成年度归档，不得跨年度归档。

（3）收集要求。

①建立归档制度，对归档时间、范围、方法及质量要求等作出专门规定，并把归档工作制度化，作为档案接收工作不可缺少的组成部分。在注意其他种类档案归档的同时，不能忽视声像档案。档案机构在接收部门移交的文件材料时，也应检查是否已包括声像档案。

②对属于收集与归档范围的声像档案，应按规定及时（每次活动结束后）向企业档案机构移交归档，集中管理，个人不得据为己有。

③收集照片档案要力求做到底片、照片和说明三部分齐全，照片、底片和影像内容应一致。

④声像档案的移交和收集应符合有关标准和要求。

3. 声像档案的种类

企业档案分类中，声像档案一般作为一级类目，即大类，而声像档案种类的设置，主要是指对声像档案二级类目的设置。二级类目的设置主要依据声像档案的载体形态。根据载体的不同形态，声像档案一般分为照片、底片、录音带、录像带、磁盘、光盘等种类。随着社会的发展，科技手段的更新，专业活动的增多，声像档案的种类和数量越来越多。从内容角度来看，声像档案与其他门类档案会有一些交叉。例如，同一事件或同一活动或同一专项工作，既有声像档案也有同时形成的文书档案或科技档案等。这些档案虽然在内容和载体上与一般文书档案不太相同，但在企业管理活动中的重要性越来越明显。声像档案种类设置如图9-1所示。

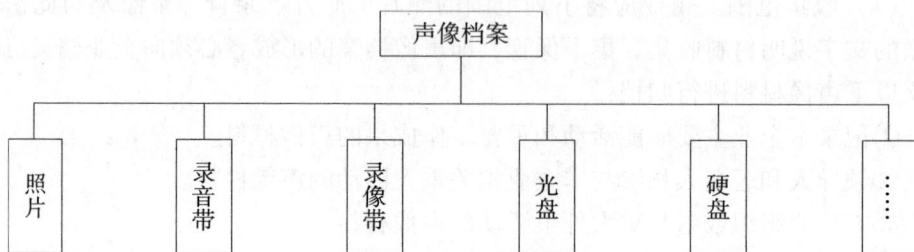

图 9-1 声像档案分类框架

4. 声像档案编号模式

声像档案档号 = 大类代字 + 属类代号 + 目录号 + 案卷号

"大类"是整个企业档案分类大纲中的一级类目，声像档案是其中的一个大类，通常采用"F"作代字，其结构模式如图9-2所示。

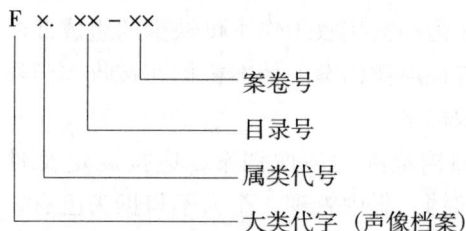

F ×. ×× - ××

案卷号
目录号
属类代号
大类代字（声像档案）

图 9-2 声像档案档号结构模式

9.2.1 企业照片档案管理

9.2.1.1 照片档案的概念

企业照片档案是指企业在生产建设、经营管理活动中直接形成的以静止摄影影像为主要反映方式的有保存价值的历史记录。照片档案包括银盐感光材料照片档案和数码照片档案。

随着企业对档案工作的重视，以及企业活动的增多，照片档案逐渐增多。企业档案机构必须按照归档制度的要求，及时接收和收集有关企业各项活动的照片档案，以丰富反映企业历史的档案内涵和种类，并为企业开展宣传、扩大企业知名度提供直观素材。

9.2.1.2　照片档案的构成

纸质型光学照片档案一般包括底片、照片和文字说明三部分。

1. 底片

底片分为原底片和翻版底片。原底片是照片在形成过程中最初产生的底片。翻版底片，又称复制底片。复制底片的目的，除了保护原底片之外，还在于补充缺损或遗失的底片。一旦原底片损坏或遗失，就可以将翻版底片补充进去，作为照片档案保存。

2. 照片

照片是通过底片洗印而成的。照片应清晰，便于辨认。一般情况下，归档的每张底片均应附有一张照片。在底片损坏或遗失时，可以根据照片翻制。随底片同时归档的照片，可以作为档案保存。

3. 文字说明

文字说明主要是指照片的题名与文字说明材料。照片上所表现的形象只是事件的一个或几个片断，它所反映和说明的事实具有一定的局限性，需要有文字说明加以补充。照片和文字说明是相辅相成的，是互不可分的整体。

在数码相机日益普及的情况下，数码相机有逐步替代传统相机之势，以数字形式存在的数码照片日益增多，采用胶卷方式形成的照片逐步减少。在这种情况下，除特种行业或特种需要外，基本不再形成底片，如何保存和利用数字照片已经成为档案部门的新课题。

9.2.1.3　照片档案的归档范围

凡是利用摄影方法形成的记录和反映企业职能活动的照片均应列入企业照片档案归档范围。一般包括以下方面的内容：

（1）主要职能活动和工作成果的照片。

（2）企业各种会议的照片。

（3）企业领导参加重大公务活动的照片。

（4）企业各种重大活动的照片。

（5）记录企业重大事件、重大事故的照片。

（6）企业科研、生产、经营、宣传等活动中产生的有价值的照片。

（7）与企业发展密切相关的历史照片，如散失在外的企业早期历史照片。

（8）与其他载体档案有密切联系的照片档案等。

9.2.1.4　照片档案的归档要求

凡属收集范围的照片，摄影者或承办机构应按规定整理，定期向企业档案机构或档案工作人员移交归档。每年6月底应完成上一年度照片档案的归档整理工作；重大活动或重大事件形成的照片档案，工作结束后一个月内应移交归档；对反映同一内容的若干照片，应选择其主要照片归档。主要照片应具备主题鲜明、影像清晰、画面完整、未加修饰剪裁等特点；底片、照片、说明应齐全；底片与照片影像应一致，对无照片的底片应制作照片；采用数码相机拍摄的照片，除每组照片选取有代表性的若干照片冲印后归档外，全部数码照片以刻录光盘及其他形式归档存放。

9.2.1.5　照片档案整理及编目方法

1. 照片档案整理原则

照片档案的整理应遵循有利于保持照片档案的有机联系、有利于保管和有利于提供利用的原则。同一活动（事件）的照片一般集中在一起，集中在一卷（册）照片档案夹（盒）内，不能人为地分开。照片档案中，底片应单独整理和分开存放，照片和说明一同整理和存放。

2. 照片档案整理步骤

整理是将企业收集的照片组成有序体系的过程。整理包括分类、排列、编目等工作，分为九个步骤，如图9-3所示：

第一步：	照片档案分类，明确分类方法
第二步：	清理照片档案，按内容或专题分开
第三步：	照片档案排列上册
第四步：	册内照片编号
第五步：	撰写照片文字说明
第六步：	编制册内照片目录
第七步：	填写内封面和册内备考表
第八步：	编制照片档案档号
第九步：	制作照片档案目录

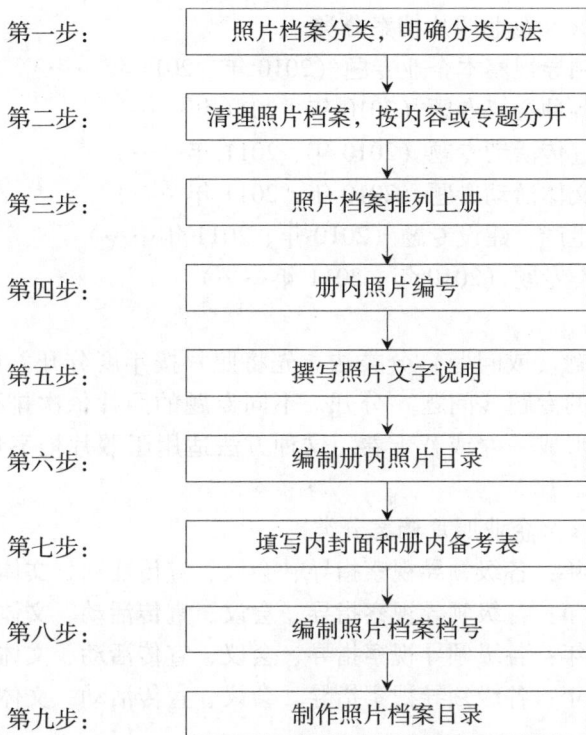

图9-3 照片档案整理工作流程图

3. 照片档案实体整理方法

（1）照片档案分类。根据照片反映的事件（事物），按其内容、属类和时间进行整理。保持它们之间的有机联系，并给每张照片附上文字说明，使观看者和利用者感到先后有序、主次分明、内容明确、形象鲜明、印象深刻。这是分类工作最基本的要求。照片档案一般采用三种分类方法：

①专题（或问题）—年度分类法。先将照片按内容分开，根据照片所反映的内容，拟写照片专题的名称，每一专题之下按形成的年度顺序排列组卷。这种方法适用于活动时间跨度较长所形成的照片档案。

［例9-1］ ××企业照片档案分类

照片档案 {
1. 各级领导视察本企业专题（2010年、2011年……）
2. 企业各种会议专题（2010年、2011年……）
3. 企业宣传活动专题（2010年、2011年……）
4. 企业文体活动专题（2010年、2011年……）
5. 企业生产、建设专题（2010年、2011年……）
6. 荣誉类专题（2010年、2011年……）
……
}

②年度—专题（或问题）分类法。先将照片按年度分开，再根据同一个年度内照片所反映的专题（问题）分开，不同专题的照片依次排列组卷。一个年度的照片档案可形成一卷或若干卷。这种方法适用于照片档案形成数量较多的企业。

［例9-2］ ××企业照片档案分类

照片档案 {
1. 2010年：各级领导视察指导、会议、宣传活动、文体活动……
2. 2011年：各级领导视察指导、会议、宣传活动、文体活动……
3. 2012年：各级领导视察指导、会议、宣传活动、文体活动……
4. 2013年：各级领导视察指导、会议、宣传活动、文体活动……
……
}

③年度分类法。将本企业在一个年度形成的所有照片归为一类，按时间先后顺序排列。这种方法适用于照片档案形成数量较少的企业。

（2）照片档案清理。照片档案清理工作就是按照已确定的分类方法，将收集到的各种照片进行鉴别、选择，确定需保存的照片。通过清理工作实现两个目的：一是选择存档，将重复或质量较差的照片剔除，选择有代表性的照片存档，应防止"有照片必归档"的做法；二是将照片按类或按专题（问题）分开，以便于按专题（问题）排列、装册。

（3）照片档案排列成册。照片排列的顺序为"年度—专题—组—张"。照片档案排列包含以下几层意思：一是分年度，不同年度所形成的照片按年代先后顺序排列。二是照片册内组与组之间的排列，一年内所形成的照片分为若干组，把反映同一次活动的照片作为一组。组与组之间的排列同其分类方案相一致，排列问题时，按综合性、重要性的顺序排列，排列时间时，按照片形成先后顺序排列。三是每组照片中照片与照片之间的排列（每组照片以张为单位编流水号），每组内的照片按图像所反映的重要程度结合照片形成的时间顺序排列。

照片分类排列顺序后，应固定在照片册芯页上，组成照片册。大幅、大张规格幅面的特殊规格照片，如团体照片等，一般不排列在照片册内，而应装盒或装袋平放，在盒内或袋内要有照片的编号和文字说明，同时照片册内要作一定的关联指引。

（4）册内照片编号。照片号是固定和反映每张照片的类别与排列顺序的一组字符代号。完整的照片号由全宗号、保管期限代号、册号和张号组成，但企业档案中可以采取简化方法，即编写册号和张号。在照片册内，按照片的排列顺序编制照片号，每一本相册内每张照片编一个流水顺序号，每卷从"1"开始依次编号，不重、不空、不漏号。另起新册时，应从头编起。照片号要分别填写在该照片的背面右下角及照片册芯页的该张照片的"照片号"中。同时，为便于利用，应在相册的"参见号"一栏填写照片的"参见号"，即与此张照片有密切联系的其他类档案的档号。其格式为两段式：案卷号—照片号。

（5）撰写照片档案文字说明。照片文字说明是照片档案的重要组成部分，包括一组照片的总说明和每张照片的分说明。照片档案有底片和正片（照片）之分，不论是底片还是照片都应配上文字说明材料。

①照片档案总说明。照片档案总说明是对一组照片的说明。要求综合运用事由、时间、地点、人物、背景和摄影者六个要素，概括地揭示一组照片所反映的全部信息及其他需要说明的事项，并在说明中指出该组照片的起止编号和数量。总说明字数一般限制在200字左右，填写在一组照片的前面。

照片档案总说明撰写方法：
- 事由：照片所反映事件、事物的缘由。
- 时间：事件发生或事物变化、产生时间和拍摄时间。
- 地点：被拍摄物所在的具体地点。
- 人物：照片上主要人物的姓名、单位和身份。
- 背景：对揭示照片主题具有一定作用的背景。
- 摄影者：照片的拍摄单位或拍摄人。

②照片档案分说明。照片档案分说明是以每一组照片中的自然张为单位而编写的简要说明，可以用表格式说明填写在单张照片的左侧或右侧的相应栏目中。一组照片有总说明的，其单张照片的说明可以相对简化；以单张照片为一组的，则总说明与分说明相同。照片档案分说明格式如图9-4所示。

照片题名：

_____

照片号：

底片号：

参见号：

时间：　　摄影者：

文字说明：

_____

图 9 - 4　照片档案分说明格式

照片档案分说明撰写方法：

●照片题名：简要概括照片的内容，包括照片人物、时间、地点、事由等，一组照片可用相同的题名。

●照片号：填写照片档案册内照片的顺序号。

●底片号：底片所在的卷、页和号，即全宗内底片的编号。

●参见号：与本张（组）照片有联系的其他档案的档号，如 A1.2 - 12 - 33，表示本张照片与文书档案永久卷的 2 号目录第 12 案卷的第 33 页有关。

●摄影者：照片的摄影人。摄影者无从查考的，则填写企业名。

●时间：照片的拍摄时间，填写 8 位数的公元纪年。

●文字说明（分说明）：同样要求运用事由、时间、地点、人物、背景、摄影者等要素，概括地揭示单张照片所反映的全部信息。

［例 9 - 3］照片档案分说明栏目填写案例

照片题名：××公司召开 2014 年职工代表大会

照　片　号：2 - 13

底　片　号：1 卷 2 页 4 号（无底片可以不写）

参　见　号：A1.2 - 12 - 33

摄　影　者：×××（姓名）

时　　　间：20140319

文字说明：大会会场

总之，照片说明是照片档案中最有价值的部分，缺少了文字说明，其价值就会大打折扣，甚至为零。

③大幅照片的说明。对大幅照片的说明可另纸书写，与照片一同保存。对组

合照片中的大幅照片，由于其与组内其他照片紧密相连，应随该组照片一同在册内编号，填写单张照片说明，另行存放，但应在册内注明存放地址。

（6）照片档案的编目。按照《照片档案管理规范》的要求，照片档案编目主要是编制卷内目录和案卷目录。

①填写册内照片目录。册内照片目录包括照片号、题名、时间、页号、底片号和备注六项。其填写方法有两种：组合照片和单张照片的填写。

组合照片填写方法：

- 照片号：一组照片的起止号。
- 题名：一组照片的名称，是对一组照片内容的概括。
- 时间：一组照片摄影起止时间，如实填写。
- 页号：一组照片所在的起止页号。
- 底片号：一组照片的底片所在卷、页、号的起止号。
- 备注：填写本组照片需要说明的情况。

单张照片填写方法：

- 照片号：照片所在的顺序号。
- 题名：照片所反映的内容概括。
- 时间：照片的拍摄时间，如实填写摄影的年、月、日。
- 页号：照片的所在页号。
- 底片号：底片所在的卷、页、号。
- 备注：填写本张照片需要说明的情况。

②填写案卷目录。照片档案案卷目录以一本照片册为填写单位。由于没有国家标准的案卷目录格式，故各地照片档案案卷目录不甚相同，在此选择两种供参考：一种是"照片档案案卷目录"（参见表9-1），一种是"特殊载体材料档案目录"（参见表9-2）。

表9-1　照片档案案卷目录

案卷号		题名	年度	张数	期限	备注
档案室编	档案馆编					

照片档案案卷目录填写方法：

- 案卷号：本册照片的顺序号（档案室编）。
- 题名：案卷的标题，即对本册照片内容的概括。
- 年度：本册照片的起止年度。
- 张数：本册照片累计的张数。
- 期限：本册照片的保存年限。

表9-2　特殊载体材料档案目录

序号	载体类型	归档时间			案卷题名	档号	张数			编制		密级	保管期限	备注
		年	月	日			盒	张	件	单位	日期			

特殊载体材料档案目录填写方法：

- 序号：案卷登记排列顺序号，从"1"开始依次填写流水号。
- 载体类型：照片档案的类别。由于此表用于特殊载体档案，因此，录音、录像、实物档案皆可通用。
- 归档时间：本册照片归档整理的日期，填写年、月、日。
- 案卷题名：本册照片的标题，即对本册照片内容的概括，如企业职工代表大会专题。
- 档号：本册照片的档案号，如 F1.1-1。
- 编制单位：拍摄照片的单位或个人。
- 编制日期：照片的拍摄时间。
- 密级：填写照片整理过程中划定的密级。
- 保管期限：填写永久、长期、短期。

（7）填写内封面和册内备考表。

①照片档案册内封面填写方法：

- 全宗名称：即立档单位名称。填写时必须用全称或规范化简称。
- 类别名称：按专题分类需填写专题名称，按机构分类需填写内部机构名称。
- 案卷题名：即案卷的标题。拟写时要求题名结构完整，一般由作者（单位）、年度、专题（事由）三部分组成案卷号，照片整理立卷后由档案室填写。
- 保管期限：分为永久和长期两种。

●卷内照片张数：卷内照片实有的总张数。

●卷内照片起止日期：卷内照片所属的起止年、月。

②册内备考表。册内备考表包括本卷情况说明、立册人、检查人、立册时间等几项内容。

③填写照片档案背脊。主要项目及其填写方法可参考文书档案案卷封面及背脊。

（8）编制照片档案档号。照片档案的档号主要针对每本照片册的编号，实际是对照片档案案卷的编号。按照特殊载体档案档号编制的统一模式，结合企业档案分类大纲，照片档案档号由"分类号＋案卷号"组成，其结构模式参见图9－2。

［例9－4］××企业照片档案编号案例

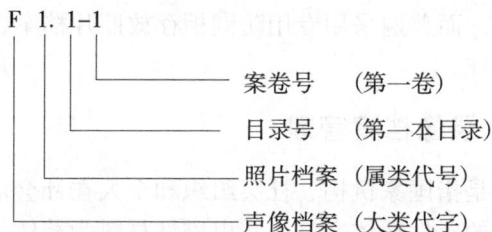

F 1. 1－1

案卷号　　（第一卷）

目录号　　（第一本目录）

照片档案（属类代号）

声像档案（大类代字）

（9）编制档案目录。将册内照片目录与特殊载体档案目录汇集在一起，组成照片档案目录。特殊载体档案目录排列于前，册内照片目录排列于后。

9.2.1.6　底片的整理

底片的整理相对简单，在分类方面与照片档案分类方法相同。对底片量大的企业，要按照不同类型分类整理，底片单一、数量不多的企业不必分类。底片排列按其收集时间顺序进行排列。在编号方面，在底片册内编流水号，一般一张底片编一个顺序号，格式为两段式，即底片册号—底片号。例如，1－20，其中前段的"1"代表第一卷底片册，后段的"20"代表本册中的第二十张底片。每张底片要装入规范的底片袋内，并在底片袋上标明底片号，插入底片册相应的位置。

底片目录包括底片号、内容、拍摄者、时间、地点、底片数量、技术情况、收到日期（收进档案室）及备考表等项目。

9.2.1.7　照片档案的保管保护条件

照片档案的保管需有特殊的条件，除要求专用的照片档案保管装具外，对库房也有较高的条件要求。最理想的是配置照片档案专用库房，如不具备专门库房条件的，也应选择温度、湿度比较适宜的房间作为保存照片档案的场所，至少要用专门的防潮柜来保管照片档案。对底片的保管条件要求更为严格，库房内昼夜温度变化不应大于 ±3 ℃，湿度变化不应大于 ±5%。库房还要注意防火、防光、防尘和防污染。

照片档案的装具在形式上与纸质档案有一定的区别。一般情况下，保管纸质档案的装具，是不适用于照片档案保管的，必须采用专门的照片档案册。这种照片档案册，从封面到芯页，必须使用质量上乘的中性纸，活页装订，便于组卷，存用方便；不宜使用市场购买的塑料膜内页的相册。

对于大幅照片的保管，应按《照片档案管理规范》的格式写上说明，并在说明下方注明"此为大幅照片，存放于大幅照片第×盒"；备注栏内注明"大幅"和存放地址，这样既方便查找，又利于大幅照片的单独存放与保管。

目前，基层档案室，包括企业档案室，由于照片数量相对较少，无须建造专门的恒温、恒湿库房，而普遍采用专用防潮柜存放照片档案，包括录音带、录像带、光盘等，效果较佳。

9.2.2 录音、录像档案管理

录音、录像档案是指国家机构、社会组织和个人在社会活动及科学实践中直接形成的有保存价值的磁性载体文件。其以磁性材料为载体，采用录音、录像等方法，记录声音和图像等信息，属于磁性载体档案类型。这类声像档案在现代企业中较为普遍，形成数量较多。

9.2.2.1 企业录音、录像档案的收集

企业录音、录像档案材料形成于企业日常管理和生产建设等活动中，应由形成部门指定专人负责收集、积累，确保记录内容的完整性、准确性。同时，要及时做好相关的文字说明，包括活动内容、录制地点、时间、录制者等，工作结束后，及时向企业档案机构移交归档。磁性载体文件的归档必须符合以下要求：

（1）录音、录像档案材料形成部门负责对需要归档的磁性载体进行整理、编辑，根据本企业情况，待活动或项目结束后，将这些磁性载体文件按照 GB 1989—80、GB 7574—87 和 GB 9416.1—88 转换成标准格式，一式两份（A、B 盘），及时向档案机构移交归档。同时，要与相关的纸质文件同时保管并登记。

（2）归档的磁性载体文件必须是可读文件。必须在有关的设备上演示或检测，运转正常，无病毒，清洁，无划伤，确保文件的完整性和内容的准确性。

（3）同一项目、同一类别的磁性载体文件应存贮在同种磁性载体上。

（4）磁性载体文件形成部门对已形成的磁性载体文件要及时整理，编制磁性载体文件目录清单，与磁性载体档案一同归档。

（5）归档的磁性载体文件应保证磁性载体自身质量，必须选择质量优良的硬盘、软磁盘、磁带、录音带、录像带，其性能质量应分别符合 GB 7309—87、GB 9416.1—88、GB/T 14306—93 的规定，禁止使用劣质的磁性载体材料。

（6）归档的磁性载体文件应由文件形成部门编制归档说明。

①磁带（软磁盘）需简要说明带（盘）中存贮文件的内容、运行的软硬件环境、版本号、文件的完整性和准确性等。

②录像片需简要说明该片的内容、制式、语别、密级、规格和放映时间。同时，还应制作一套可供借阅的备份录像片。

③录音带需简要说明讲话内容，讲话人姓名、职务，录制日期，密级等。

9.2.2.2 录音、录像档案的整理与编目

1. 录音、录像档案的分类

企业录音、录像档案的分类，应在企业档案分类大纲的"声像档案"基本大类之下，进行二级分类，一般按照"载体形态—年度"或"载体形态—问题（内容）—年度"进行分类。按照声像档案的二级分类，除照片档案外，按其载体形态结合实际做法，同时设置录音带、录像带、光盘（含录音、录像光盘）等类别。如果企业保存的录音、录像档案数量较多，每种载体可按所涉及的内容进一步归类，设置三级类目，三级类目下按年度进行整理排列，最后按其分类层次给定分类号，如会议类、业务工作类、活动类等；数量较少的情况下，可不设三级层次，直接在二级类目下，按形成年度进行整理排列。企业常见的分类方法为"载体形态—年度"分类法。

2. 录音、录像档案的整理

（1）整理方法。录音、录像档案由于其形成的特殊性，所以，一般以自然盒（盘）为一卷。每盒（盘）的外套上要贴上标签，根据录音、录像的不同标识不同的内容。

①录像带盒上需注明编号、档号、放映时间、摄制单位、摄制日期、规格、制式、语别、密级等标识。

②录音带盒上需标注编号，档号，讲话人姓名、职务，主要内容，录制日期，密级，讲话时间等。

（2）档号编制。录音、录像带一般以盒（盘）为一个保管单位编制档案号，按照归档时间的先后次序进行流水编号，每盒（盘）编制一个流水号，其结构模式参见图 9-2。

[例9-5] ××企业录音、录像档案编号案例

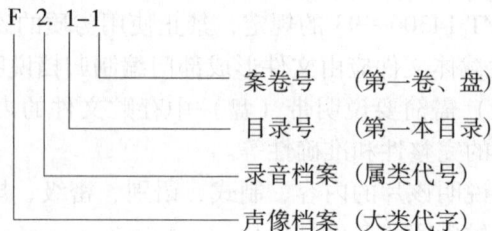

F 2. 1-1

```
F   2.  1-1
│   │   │ └── 案卷号    (第一卷、盘)
│   │   └──── 目录号    (第一本目录)
│   └──────── 录音档案  (属类代号)
└──────────── 声像档案  (大类代字)
```

3. 录音、录像档案的编目

录音、录像档案的编目主要是针对盒（盘）内文件编制目录清单和案卷目录。

（1）编制卷内目录。卷内目录的项目主要有序号、责任者、题名、日期（录音、录像时间）、录制长度、备注等。其填写方法如下：

①序号：一盒录音带、录像带所录入内容的顺序号。

②责任者：形成声像档案的单位。

③题名：对每盒录音带、录像带所录入内容的概括。

④日期：现场录制的年、月、日。

⑤录制长度：录音、录像内容的物理长度，按时间计算。

⑥备注：其他需要说明的事项。

在编写录音、录像档案盒（带）内的文件时，采用的项目设置不尽相同，也有的采用"磁性载体文件目录清单"，不作统一要求。

（2）编制案卷目录。由于录音、录像档案属于特殊载体档案，因此案卷目录的格式直接使用特殊载体档案目录的填写方法，具体格式参见表9-2。其填写方法如下：

①序号：顺序号。

②载体类型：录音、录像档案的类别，如录像。

③归档时间：整理编排的日期。

④案卷题名：录音、录像档案的名称，如×××视察东改工程时的录像。

⑤档号：F2.1-1 或 F3.1-1（参见例9-5）。

⑥编制单位：录制的单位或个人。

⑦编制日期：录制的时间。

9.2.3　企业实物档案管理

企业实物档案是指企业在各项工作活动中形成的、具有保存价值的、以实物

形式存在的、反映工作成绩与国内外友好交往的特殊载体档案，包括荣誉奖匾、证书、奖旗、奖状、奖杯、奖章、字画、印章，各种捐赠品、礼品、纪念品、工艺品等。

1. 实物档案的特点

实物档案具有真实性、凭证性、历史性、形象性等特点，能以特殊形态记录历史、以直观形态对外展示。实物档案可以弥补其他载体档案的不足，有些实物档案具有较高的研究和凭证价值，其作用是文字材料无法替代的，需要与文字材料一同保存。

2. 实物档案的基本范围

关于实物档案，目前档案界尚有较大争议，这里所讲的"实物"一般是指企业在行政管理、对外交流和生产、建设、科研活动中获得的表彰、奖励、认证证明及礼品等形式的物品。

一般而言，企业的实物有可能很多，但并不都是实物档案，只有能够反映企业的重要活动，具有凭证和纪念价值，与企业活动有密切关系且有文字记录，能够作为其他档案参考和佐证的"实物"，才作为"实物档案"保存。因此，本书将实物档案作为企业档案综合管理的其中一类档案来看待。与声像档案相似，实物档案的基本范围也从两方面来说。

（1）从载体形式来说，实物档案的范围更广，形式更加多样，常见的有奖旗、奖杯、牌匾等。

（2）从内容来说，实物档案可以分为两部分：一是与其他门类档案同时形成的、反映同一活动或同一内容的实物，如获得的奖旗、奖杯、牌匾等；二是其他门类档案中没有的、内容独特的实物，如来宾赠送的各种纪念品、工艺品等。

3. 实物档案的整理与编目

（1）实物档案的分类。在企业档案分类大纲中，实物档案与声像档案并列为一级类目（大类），通常用"H"表示。虽然从载体上分类，实物档案属于特殊载体材料，但由于保管方式不同，故在类别设置中其与声像档案有所区别。企业实物档案的分类，实际进行的是二级分类，一般按照"载体形态"分类。目前，实物档案二级分类有不同的方法：

①以外在形式为依据分为奖状、奖杯、奖旗（锦旗）、奖牌，以及证书证件、工艺品等。这是一种直接分类方法，适用于实物档案数量不多的企业，实际工作中经常采用。具体分类结构如图 9 - 5 所示。

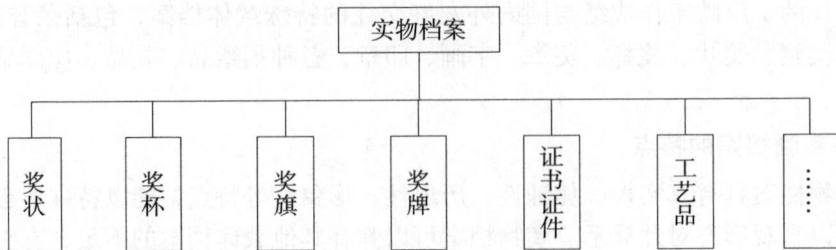

图9-5 实物档案分类基本框架（一）

②以内容为依据分为奖品类、纪念品类、证书类等。本分类法适用于实物档案量较大、内容较为复杂的企业，相当于再分一个"性质"层次。具体分类结构如图9-6所示。

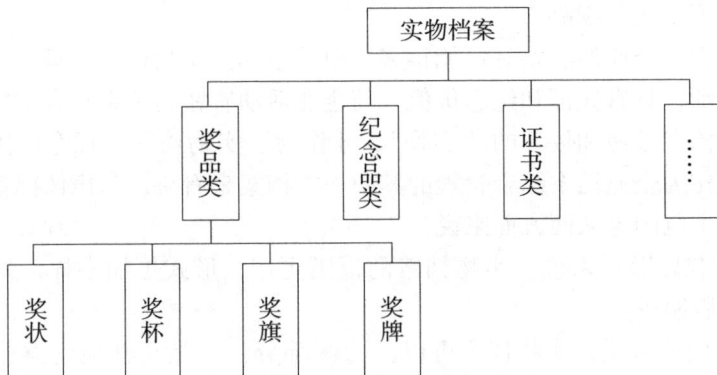

图9-6 实物档案分类基本框架（二）

（2）实物档案的整理。

①整理方法。由于实物档案是已成形的物品，不需经过组卷、编目、编制卷内目录等工序，因此，实物档案整理重点在于分类编号，以"件"为单位编制"件号"，将相关信息摘取后，填写实物档案标签，将标签粘贴在实物档案背面的四角或底座、印把等位置上，以不影响对实物的观瞻为宜。实物档案标签内容各地设计不尽相同，现提供两种参考，如表9-3、表9-4所示。

表9-3　实物档案标签式样（一）

题名	
编制单位	
编制日期	
档号	

表9-4　实物档案标签式样（二）

实物档案			
目录号		获得时间	
类别		授予者或	
序号		捐赠者	
题名			

②档号编制。实物档案以"件"为一个保管单位编制档案号，在同一类别（属类）之下，按照归档时间的先后次序进行流水编号，每件编制一个流水号。"件号"一经确定，不应随意变动。其结构模式参见图9-2。

［例9-6］ ××企业实物档案编号案例

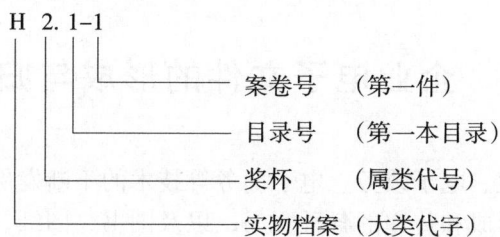

H 2.1-1

案卷号 （第一件）

目录号 （第一本目录）

奖杯 （属类代号）

实物档案 （大类代字）

[例9-7]　××企业实物档案编号案例

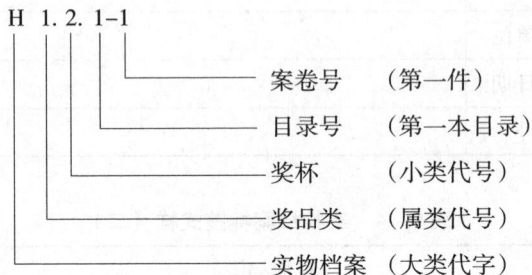

```
H 1. 2. 1 - 1
         └── 案卷号　（第一件）
       └──── 目录号　（第一本目录）
     └────── 奖杯　　（小类代号）
   └──────── 奖品类　（属类代号）
 └────────── 实物档案　（大类代字）
```

（3）实物档案的编目。实物档案的编目主要是编制案卷目录。由于实物档案也是特殊载体档案中的一种类型，因此案卷目录的格式可直接使用特殊载体档案目录，具体格式参见表9-2。其填写方法如下：

①序号：同一类别内实物档案的顺序号。

②载体类型：事物档案的类别，如奖杯。

③归档时间：整理编排的日期。

④案卷题名：实物档案的名称，如全国优秀旅游城市（奖杯）。

⑤档号：如H2.1-1或H1.2.1-1（参见例9-6、例9-7）。

⑥编制单位：颁发实物的单位或捐赠者个人，如国家旅游局。

⑦编制日期：获得实物的时间。

9.3　企业电子文件的形成与归档

由于办公自动化、电子政务、电子商务等技术的不断发展和普遍应用，过去采用纸墨、照相等形成和传递的各种文书，以及图书、图纸、图形、图像、文献资料、商业信息等，都可以用电子计算机实现，致使电子文件大量产生，具有保存价值的电子文件通过归档流程后即形成电子档案。电子文件归档与管理已经成为档案部门工作的重要内容。做好电子文件归档与管理工作，也成为新时期档案工作者面临的最大挑战和难题。目前，我们对电子文件的产生和运行特性有了基本认识，对电子文件的归档与管理已经初步制定了相关的管理法规和技术标准，专门用于电子文件归档与管理的软件系统已经投入使用，为电子文件的科学管理打下了基础。

9.3.1 电子文件的概念及其特征

1. 电子文件的概念

随着信息技术的不断发展，办公自动化在各级各类国家机关、社会组织和企事业单位中日益普及，计算机辅助设计（CAD）和计算机辅助制造（CAM）应用于科研、工业领域，电子数据交换（EDI）、电子商务（EC）在国内外贸易中广泛应用，形成了大量的电子文件。

对电子文件的定义可以从两个方面理解：首先，电子文件是文件，是电子式文件的表现形式，因此，严格意义上的电子文件应该是在完全办公自动化、电子政务等环境下生成的文件；其次，从技术层面上理解，电子文件是信息时代的产物，是计算机、网络等技术设备普遍应用的产物，其产生的环境、外在表现形式等与纸质文件有着本质不同，这就决定了电子文件的许多特征，也决定了电子文件及其归档管理需要采取不同的技术方法。那么，什么是电子文件？

《电子文件归档与管理规范》（GB/T 18894—2002）将电子文件表述为："电子文件（electronic records）指在数字设备及环境中生成，以数码形式存储于磁带、磁盘、光盘等载体，依赖计算机等数字设备阅读、处理，并可在通信网络上传送的文件。""归档电子文件是指具有参考和利用价值并作为档案保存的电子文件。"

完整的电子文件包括内容、背景和结构三要素。有专家认为，完整的电子文件由文件内容信息与元数据组成，并形象地将文件与元数据分别比作信的内容和信封，文件是用元数据封装起来的对象，元数据加上文件内容就构成了有证据作用的文件。

2. 电子文件的基本特征

电子文件除具有一般文件的基本特性外，还有一些自身的特性。综合国内外对此问题的研究，电子文件的主要特性可概括为：

（1）对硬件和软件的相对依赖性。电子文件的形成和处理均是在计算机等设备的支持下完成的，产生于一定的硬件和软件环境。离开了计算机等设备，电子文件既看不见也摸不着。以前由于信息技术发展水平的制约，数字产品的硬件、软件更新换代后，相互的兼容性较差，造成电子文件存储、读取等对原生成环境存在依赖性。其对设备的依赖性主要体现在数字编码、硬件、软件、技术设备更新、加密等。

（2）非直读性。电子文件不能直接阅读，需要借助特定的数字设备和相关软件才能阅读。这体现在很多方面：一是数字编码记录于载体上，肉眼无法分辨；二是载体上的数字信息往往进行了压缩编码、加密等处理，即使有设备，若不解压、解密便不能读取其内容，因此，需要采取迁移等措施和手段保持电子文件的长期可读性。

（3）信息与载体的相对分离性。电子文件的载体与信息的结合是松散的，而不是牢固不可分割的。虽然电子文件也需要依附于一定形式的载体上，但载体相对于信息内容来说不再具有原始性、一致性和唯一性。电子文件的存放位置不是固定的，而是可以变化的。相同的信息可呈现多种表现形式、格式，甚至可以从一个载体转换到另一个载体，而内容信息却不发生任何变化。由于这种特性，对电子文件归档的完整性要求是内容要件和形式要件"二维归档"。

（4）电子文件物理结构与逻辑结构的复杂性及对元数据和背景信息的依赖性。文件的物理结构是指其信息存贮于载体上的位置及分布情况，如文件的正文、图形、批示、附件等部分在载体上各自的存贮位置；文件的逻辑结构是指信息自身的结构，如文件中的文字排列、章节构成、各页的先后顺序、插图、标号等。

纸质文件的信息物理结构与逻辑结构是一致的，而且是直观的。电子文件的信息物理结构和逻辑结构却往往是不一致的。同一份电子文件中的正文、图形、批示、附件等可以不在载体上连续存放，甚至可以存放在不同的载体上，而不影响其正常的显示输出。

（5）信息共享的便利性和安全维护的复杂性。电子文件的信息共享相对比较便利，在标准化的前提下，信息共享可以无障碍实现。在信息共享便利的同时，保证电子文件的信息安全相对比较复杂，除了采取必要的管理措施外，还要有相应的技术手段来保证信息利用、传输的安全保密。

3. 电子文件的种类

（1）按电子文件的信息存在形式分类，可以分为以下八种文件：

①文本文件（text），或称为字（表）处理文件，是指使用文字处理软件生成的，由字、词、数字或符号表达的文件。

②图形文件（graphic），是指根据一定算法绘制的图表、曲线图，包括几何图形和把物理量如应力、强度等用图标表示的图形等。

③图像文件（image），是指使用数字设备采集或制作的静态画面，如用扫描仪扫描的各种原件画面、用数码相机拍摄的照片等。

④视频（影像）文件（video），是指使用视频捕获设备录入的数字影像或使用动画软件生成的二维、三维动画等各种动态画面，如数字影视片、动画片等。

⑤音频（声音）文件（audio），是指用音频设备录入或用编曲软件生成的文件。

⑥数据文件（data），又称为数据库文件，是指在数据处理系统中单独承担文件职责，或者作为文件的重要组成部分而出现的数据库数据对象。

⑦命令文件，亦称计算机程序（program），是指为处理各种事务用计算机语言编写的程序，是一种计算机软件。一般是由程序员编写源程序并输入计算机，通过相应的编译程序编译后执行，有的还要经过连接程序才能执行。

⑧多媒体文件（multimedia），包含两种以上上述信息形式的文件为多媒体文件。这种文件使用多媒体技术制作，具有较复杂的结构，必须使用多媒体计算机复现。

（2）按文件的功能分类，可以分为主文件、支持性文件和辅助性、工具性文件。

①主文件是指表达作者意图、行使职能的文件。

②支持性文件是指生成和运行主文件的软件，如文字处理软件、表格处理软件、图形软件、多媒体软件等。

③辅助性、工具性文件是指在制作、查找主文件过程中起辅助、工具作用的文件，如计算机程序类文件（命令文件）往往附带若干辅助设计文件、图形文件，数据库往往附带若干辅助数据库和相应的索引文件、备注文件等。

（3）按文件的生成方式分类，可以分为计算机系统中直接生成的原始文件和将纸质或其他载体（如胶片）文件重新录入、扫描生成的转换文件。

9.3.2　企业电子文件的形成

电子文件依赖计算机系统进行阅读、处理，并在通信网络上传送，其形成过程和形成质量决定着归档后电子档案的质量，因此，电子文件的形成阶段尤为重要。电子文件形成部门必须按照《电子文件归档与管理规范》（GB/T 18894—2002）的要求，严格按照管理制度和技术措施，制作电子文件，确保其真实性、完整性和有效性。在电子文件的形成阶段，应采取以下措施制作电子文件。

1. 建立电子文件形成控制制度

企业应建立规范的制度和工作程序并结合相应的技术措施，从电子文件形成开始，不间断地对有关处理操作进行管理登记，保证电子文件的产生、处理过程符合规范，保证电子文件的原始记录性，确保电子文件的相关信息和形成环境真实可靠。登记过程应包括以下内容：

（1）登记处理过程中相互衔接的各类责任者（如起草者、修改者、审核者、签发者等）。

（2）登记处理过程中的各类操作者（打字者、发文者、收文者、存储管理者等）。

（3）登记处理过程中产生的责任凭证信息（批示、签名、印章、代码等）。

（4）登记电子文件传递、交接过程中的其他标识。

2. 建立电子文件安全防护制度

企业应采取可靠的安全防护技术措施，保证电子文件的真实性。

（1）建立对电子文件操作者可靠的身份识别与权限控制。

（2）设置符合安全要求的操作日志，随时自动记录实施操作的人员、时间、设备、项目、内容等。

（3）对电子文件采用防错漏和防调换的标记。

（4）对电子印章、数字签署等采取防止非法使用的措施。

3. 建立电子文件完整性管理制度

企业应建立可靠的管理制度，保证电子文件的完整性，并采取相应的技术措施采集背景信息和元数据。

4. 建立电子文件有效性管理制度

企业应建立电子文件的有效性管理制度，并采取相应的技术保证措施。

5. 电子文件的处理和保存应符合国家的安全保密规定

针对自然灾害、非法访问、非法操作、病毒侵害等采取与系统安全和保密等级要求相符的防范对策，主要有网络设备安全保证、数据安全保证、操作安全保证、身份识别方法等。

9.3.3 企业电子文件的归档

电子文件归档是将具有保存价值的电子文件由形成部门向档案部门移交的过程，标志着电子文件管理责任由文件生成部门向档案部门的正式转移。

经过鉴定符合归档条件的电子文件，应按档案管理要求的格式将其存储到符合保管期限要求的脱机载体上。企业应制定电子文件归档管理的方法，妥善保存电子文件信息资源。

1. 电子文件的归档原则

电子文件的归档，应遵循一定的原则和要求。归档时，应充分考虑电子文件的技术环境、相关软件、版本、数据类型、格式、被操作数据、检测数据等技术因素。应保证归档电子文件不被修改、删除和替换。具体把握以下原则：

（1）应对电子文件的形成、收集、积累、鉴定、归档等实行全过程的管理与监控，保证管理工作的连续性。由于电子文件具有易修改的特征，只有对归档电子文件进行全程控制和前端管理，才能保证归档电子文件的凭证作用。

（2）电子文件自形成时应有严格的管理制度和技术措施，应明确规定电子文件归档的时间、范围、技术环境、相关软件、版本、数据类型、格式、被操作数据、检测数据等要求，确保其真实性、完整性、有效性和安全性，以此保证归档电子文件的质量。

（3）电子文件归档实行"双轨制"归档管理原则。电子文件同时存在相应的纸质或其他载体形式的文件时，应一并归档，并保证其内容、格式及相关说明和描述完全一致。具有永久保存价值的文本或图形形式的电子文件，如没有相应的纸质文件，则须制作纸质文件或缩微品等与电子文件一并归档。"双轨制"是电子档案工作中必须长期遵循的重要原则。

（4）只有电子签章的电子文件，发文单位在归档时须在纸质文件上加盖具有法律效力的非电子签章，以保证归档电子文件的法律凭证作用。

2. 电子文件的归档范围

确定电子文件的归档范围是归档的首要任务，也是保证电子档案质量的关键。电子文件的归档范围按照纸质文件的有关规定执行，也可根据电子文件的利用价值适当放宽归档范围。记录重要文件的主要修改过程和办理情况，具有查考利用价值的电子文件的不同版本的修改稿、定稿，均应归档保存。记录电子文件形成、处理、承办过程信息的文件拟稿、处理单、督办单等，应与电子文件定稿或文件正本一并归档。归档电子文件，应将电子文件的全信息归档，包括电子文件原文，电子文件草稿、定稿，电子文件著录信息、背景信息和元数据信息等。

3. 电子文件的归档方式

电子文件的归档方式分为逻辑归档和物理归档。

（1）逻辑归档。逻辑归档指在计算机网络上进行，不改变原存储方式和位置而实现的将电子文件的管理权限向档案部门移交的过程。采取逻辑归档方式实时归档的网络系统，应制定确保归档电子文件安全存储的措施，数据量大或存储重要的电子文件时，应配置专门的电子文件存储管理服务器。

（2）物理归档。物理归档指把电子文件集中下载到可脱机保存的载体上，向档案部门移交的过程。完成逻辑归档的电子文件须及时制作脱机备份，并定期完成物理归档。物理归档的方式可以分为以网络传输方式归档和以介质传递方式归档。网络归档是指将归档电子文件通过网络直接传输到档案部门，或加工后传输到档案部门规定的地址中，并存储在档案部门本地载体的过程，也称在线式归档。介质归档是指将电子文件存储在一定的介质上移交给档案部门的过程，也称卸载式归档。

4. 电子文件的归档时间

电子文件的归档时间有实时归档和定期归档两种。实时归档，指电子文件形成后立即归档。定期归档，指按照有关规定，在电子文件形成一段时间之后再向档案部门移交归档。一般在年度或任务完成后，或一个阶段之后的一段时间内进行归档（可称阶段归档），视具体情况而定。因涉及电子文件的技术环境条件、存贮介质的质量、寿命等问题，一般以不超过 3 个月为宜。

一般而言，逻辑归档尽可能实时进行，以免失控；物理归档中的网络归档既可实时进行，又可借鉴纸质文件归档的经验并遵照有关规定定期完成，如管理性文件在次年年初归档，科技文件在项目完成之后归档，机密文件随时归档等。凡不经逻辑归档，而采取直接物理归档方式归档的，应在电子文件形成文件正本后归档。实时归档有困难时，可采取定期归档方式。采取直接物理归档方式，须注意准确、完整地采集电子文件的元数据和背景信息。

按"双轨制"归档原则，电子文件和纸质文件的归档时间应统一。

5. 电子文件的归档手续

（1）采用逻辑归档方式的，应首先由形成部门赋予文件以归档标识，然后系统自动将归档信息提交给档案部门。档案部门给归档文件加上相应的档案管理信息，如分类号、档号等，归档文件及相关信息进入数据库，文件便进入档案管理状态。得到授权的用户只能利用文件信息，不能对其进行删除、修改等操作。这个过程应记录在系统日志中，以便审查。采用网络归档方式的电子文件，其归档手续与之类似。在这两种情况下，都可由系统自动生成一份"归档电子文件登记表"，打印后双方签字作为归档凭证保存。

（2）采用介质归档方式的，应由移交双方按照"归档电子文件登记表"清点归档材料，对归档文件进行全面的检查验收，在确认归档文件的技术状况合格、相关材料齐全后，双方在一式两份的"归档电子文件登记表"、"归档电子文件移交检验表"、"电子档案接收检验登记表"上签字盖章，各留一份，保存备查。

（3）对于与电子文件同时归档的相应纸质文件，应履行纸质文件的归档手续。

（4）归档电子文件的检测工作分两步进行，第一步是在归档前的技术鉴定工作，由电子文件形成部门负责，鉴定结果填入"归档电子文件移交检验表"；第二步是在归档时的检查验收，主要内容除了检测技术状况外，还包括检测支持软件、相应的纸质文件、电子文件登记表等相关材料是否齐全，再将检验结果填入"电子档案接收检验登记表"。由于两步都包括对归档文件技术状况的检查，在实际工作中可将两者合而为一，都在归档时进行，由档案部门和文件管理部门共同参与完成。

6. 归档电子文件的质量要求

电子文件归档的质量要求，主要体现在电子文件的真实、完整、规范等方面，要保证电子文件的质量，首先应遵守归档各阶段的规定、标准，如积累、鉴定等环节的规定、标准；其次是准确说明配套的软硬件环境；再次是归档电子文件格式应尽可能通用、标准。

（1）齐全完整。归档的电子文件应齐全完整，凡是归档范围内的文件均应及时向档案部门移交。尤其应注意相关电子文件的支持软件和管理数据的收集。具体要求如下：

①用文字处理技术形成的电子文件，应同时收集文件存储格式、属性和文字处理平台的说明材料。

②用扫描仪等设备获得的图像电子文件，如果采用非标准压缩算法，收集时应转换成通用格式，如无法转换，则应将相关软件一并收集。

③用计算机辅助设计或绘图等获得的图形电子文件，应同时收集软硬件环境和相关数据。

④用视频设备获得的动态图像文件，应同时收集非通用格式的压缩算法和相关软件。

⑤用音频设备获得的文件，应同时收集其属性标识、参数和非通用格式的相关软件。

⑥由计算机多媒体技术制作的文件，包含两种以上前面所说的信息形式，收集时应保证参数准确、数据完整。

⑦通用软件产生的电子文件，应同时收集其软件型号、名称、版本号和相关参数手册、说明资料等。专用软件产生的电子文件，原则上应转换成通用型电子文件，如果不能转换，则必须连同专用软件一并收集。专用软件如是本单位开发，同时收集设计过程中产生的纸质文件，如软件开发任务书、需求分析说明、系统设计说明书、程序框图、鉴定及验收报告等。

（2）真实有效。归档的电子文件应真实有效，文本文件应是最后定稿，图形文件如经更改，应将最新版本及更改记录予以归档，各种文件的草稿、定稿根据需要决定是否归档。有条件的机构应采用电子文件签署技术，以确认电子文件的有效性。

（3）格式规范。对于归档电子文件应有格式方面的要求，这是保证电子文件长期可读的一个极为重要的问题。澳大利亚国家档案馆要求凡获准向档案馆移交的电子文件，其数据和元数据必须满足规定的物理格式标准和逻辑格式标准。

我国规定归档电子文件的格式应为工业标准。

（4）一式三套。所有物理归档的电子文件须定期制作备份，并存储在耐久性好的载体上，一式三套，一套封存保管，一套供查阅使用，一套异地保存。电子文件在长期保存过程中可能会出现读取错误等情况，封存件可以减少出错、失真现象，两套封存更为保险，因为两套同时出错的概率较低，封存两套可以提高安全性和可靠性。对于加密电子文件，则应解密后再完成上述工作。涉密电子文件应按要求单独存储在可靠的载体上，并做好相应的标识。特殊格式的电子文件，应在存储载体中同时存有相应的浏览软件。

（5）整理登记。归档的电子文件应经过一定的整理和编辑。整理工作由文件形成部门负责，根据本部门电子文件的种类、数量或档案部门的统一要求决定整理方案，利用文件的著录信息，形成机读目录。介质归档时还应对电子文件的载体简单整理，在载体或其包装盒表面贴上标签，注明编号、名称、密级、保管期限和软硬件环境等。整理完毕后，还应填写统一的"归档电子文件登记表"，内容包括电子文件形成单位、硬件环境、软件平台、应用软件、文件题名、形成时间、文件性质、类别、载体编号和保管期限等。"归档电子文件登记表"可以制成电子表格，可由系统根据归档电子文件的机读目录或著录信息自动填写。归档时应将电子文件及其机读目录和登记表同时移交给档案部门，"归档电子文件登记表"如果是数字形式的，还应附有纸质打印件。物理归档的电子文件应与相应的机读目录存储在同一载体上。

7. 电子文件归档的组织管理

（1）加强电子文件归档的组织领导。电子文件的形成与归档，跨越多个部门。这些部门往往通过计算机网络联成一个有机的整体，工作时有交叉，职责界限难以区分，所以，应加强组织管理与协调，由主管部门或负责人统一协调，指定专门机构或专人负责。由于电子文件的形成、积累贯穿于管理、科技等工作，只有电子文件的形成者或承办者最熟悉电子文件内容及其之间的关系，所以应由电子文件的形成者或承办者按照归档要求将电子文件收集积累、整理归档，并向档案部门移交，以保证电子档案的质量，因此，需要由档案部门组织领导、参与管理和进行指导。

（2）明确电子文件归档的工作程序、内容和要求。电子文件的归档，应按归档工作程序和步骤进行，才能有效地保证归档电子文件的真实性、完整性，才有利于归档工作的全过程管理。一般而言，电子文件的归档工作程序包括：①电子文件形成签署、审批；②收集积累；③编制目录；④整理需归档的电子文件；⑤鉴定归档的电子文件；⑥检测归档的电子文件；⑦编制归档说明；⑧存入磁、光介质；⑨复制备份；⑩确定载体标识。

电子文件的形成者或承办者应明了电子文件归档的具体工作内容和要求，如制订电子文件归档的工作步骤、归档制度和归档计划，明确电子文件形成、积累的质量要求。在电子文件形成阶段，就要做好收集积累工作，建立必要的记录和登记。要求归档的电子文件必须真实、完整，要系统地反映工作的过程和结果；对研究成果的归档，还应要求其产品与实际的技术状态保持一致。电子文件的归档应由形成者进行整理并编制归档说明，经有关领导审批后向档案部门移交。归档前，档案部门应协助电子文件的形成者或承办者进行整理，同时对归档的电子文件进行检查、检测和验收。

（3）制定确保电子文件归档质量的有效措施。归档工作是由文件管理转换为档案管理的基础，它的质量关系到整个档案管理的水平，因此必须有质量控制措施，以保证这项工作正常进行。由于办公自动化系统（OA）、辅助设计（CAD）、辅助制造（CAM）系统不属于档案部门内部的工作，而是外部环境，涉及多个部门，这就需要理顺档案管理工作与有关部门工作的关系，把归档工作列入有关部门计划，落实到个人，并按计划进行检查和考核。考虑到电子文件产生的环境不尽相同，把归档工作纳入有关管理制度、纳入有关人员的职责范围，从根本上保证了电子文件的形成与归档工作不脱节。要严格执行电子文件归档的检查、检测程序和制度等。

归档的电子文件管理权限在档案部门，任何人员包括计算机系统的管理人员对归档电子文件的任何操作均需经过档案部门的批准和授权。

9.4　企业电子档案的管理和利用

9.4.1　电子文件管理工作

1. 电子文件管理的目标

（1）保障电子文件的真实性。电子文件的真实性是指文件内容、结构和背景信息经过传输、迁移等处理后依然保持不变，与形成时的原始状态一致。真实性是保证电子文件行政有效性和法律证据性的基础，是电子文件反映历史面貌、构成社会价值、得以作为社会记忆长久保存的前提。

（2）保障电子文件的完整性。电子文件的完整性包括三个方面的含义：一是作为记录社会活动真实面貌的具有有机联系的电子文件及其他形式的相关文件数量齐全；二是每一份电子文件的内容、结构和背景信息均没有缺损；三是与主文件相关的支持性文件和辅助性、工具性文件齐全。

（3）保障电子文件的长期可读性。电子文件的可读性是指文件经过存储、传输、压缩、加密、媒体转换、迁移等处理后能够以用户可以识读、可以理解的方式输出，并保持其内容的真实性。电子文件的可读性是其存在和保存价值的基础，如果文件不能顺利读出，文件中的信息便成为"死信息"，再有价值的东西也没有存在的意义。

2. 电子文件管理的原则

（1）前端控制原则。前端控制是现代文件、档案管理理念的重要内容，是实现电子文件全程管理的重要保障，它以文件生命周期理论为基础，把文件从形成到永久保存或销毁的不同阶段看作一个完整的过程。在这个过程中，文件的形成是前端，处理、鉴定、整理、编目等具体管理活动是中端，永久保存或销毁是末端。前端控制则是对整个管理过程的目标、要求和规则进行系统分析、科学整合，把需要和可能在文件形成阶段实现或部分实现的管理功能尽量在这一阶段实现。在已经建立了电子文件管理系统的地区和机构，电子文件是在系统中生成和运转的，电子文件管理过程的前端已延伸到系统设计阶段，前端控制的形式也部分转移到系统功能的设计之中，尽可能把文件生命周期各个阶段的管理要求设计在系统之中，以功能合理的文件管理系统作为管好电子文件的先决条件。

（2）全程管理原则。根据电子文件的特点和管理要求，必须建立一个完整的管理体系，对电子文件从产生到永久保存或销毁的整个生命周期进行全程管理。

（3）集成管理原则。集成管理是对管理要素的科学重组，是全程管理思想的延伸和深化，包括文件流内部管理活动的集成、文件流与业务流的集成、文件流与其他信息流的集成三方面。

9.4.2 企业电子文件的整理与保管

1. 电子文件的整理

（1）电子文件整理的含义。电子文件的整理，是指按照一定的原则和方法，将收集积累的电子文件分门别类进行清理，为归档做好准备工作。电子文件整理包括两个层次：一是对分类、排序的组织。将磁性载体传递的零散、杂乱的电子文件，通过分类、标引和组合使电子文件存储格式处于一种有序状态。文件名称、文件号、分类和隶属编号等电子文件的著录标引应由归档人员来完成。著录标引在整理工作中居于重要地位，其质量的好坏将直接影响未来电子档案的保管和利用。在整理过程中，可能会遇到文件格式需要重新编排和重新组合的情况，这种格式转换有可能损伤数据、损害作为证据的电子文件的真实性。因此，保证电子文件的真实性、完整性，是归档人员和档案部门整理电子文件的一项重要内容。二是组织、建立数据库。首先要对电子文件进行分类和编号，按门类划分要求，结合本单位的专业和电子文件内容制订分类编号方案。分类编号就是按照分类编号方案的规定对电子文件进行划分，并给每份电子文件一个固定唯一的编号，从而使全部电子文件成为一个有机的整体。其次是对电子文件的登记。电子文件的整理是未来电子档案管理和利用等工作的基础。

与纸质文件相比较，电子文件在数据库中是以虚拟形式存在的，经过对电子文件的科学整理，构成有序的虚拟状态。通过检索，可以提取电子文件并在计算机屏幕上显示出来，数据库是存、取电子文件的"虚拟文件库"。特别需要说明的是，不管在任何条件和环境下，都要拷贝一套保存，并对软硬件环境加以说明。有些必须以纸质文件形式存在时，可输出以纸质文件保存。

（2）电子文件的整理方法。电子文件整理可应用计算机档案管理软件，以"件"为单位进行整理，按照《归档文件整理规则》（DA/T 22—2000）的规定和《文件材料归档改革方案》的要求进行。同一全宗内的电子文件按照保管期限—年度—机构（问题）或年度—保管期限—机构（问题）等分类方案进行分类。按电子文件的保管期限—年度—机构（问题）顺序，相对集中组织存储归档电子文件。电子文件著录项目参照《档案著录规则》（DA/T 18—1999）和电子文件基本数据信息规定的项目进行著录，可以根据本单位电子文件的特点增减，但必须满足保证电子文件真实性、完整性和有效性的基本要求，将著录结果制成机读目录和纸质目录。

2. 归档电子文件的保管

电子文件的特性不同于纸质档案，因此，除应具备纸质档案的保管要求外，还应符合国家档案局颁布的《磁性载体档案管理与保护规范》的要求。其存储载体保管应注意以下问题：归档载体应作写保护处理，使之置于只读状态；光盘、磁带须保持清洁，不得擦洗、划刻和触摸记录涂层；硬盘须注意防震，轻拿轻放；光盘载体入袋，放入专用的光盘盒内，竖立存放，避免挤压，并存放在防光、防尘、防磁和防有害气体的装具中。存放时应注意远离强磁场、强热源，并与有害气体隔离。环境温度选定范围为 17℃ ~ 20℃，相对湿度选定范围为 35% ~ 45%。

（1）为保证归档保存的电子文件长期有效、可读，归档保存的电子文件应存储为通用的文件格式。对难以用通用文件格式存储的电子文件，可采用信息固化的方式将其存储为通用格式。信息固化是指电子文件的内容、结构、背景信息和元数据等存在的动态因素，可能造成信息缺损时，将其转换为一种相对稳定的通用文件格式的过程。在转换过程中应特别注意防止信息失真。

（2）应及时掌握电子文件格式、存储管理技术的发展动态，每年均应对电子文件的读取、处理的软件环境更新情况进行检查，若出现可能不兼容或电子文件格式将要淘汰的情况时，须及时进行迁移。迁移是指将源系统中的电子文件向目的系统进行转移存储的方法与过程。

（3）应定期检查电子文件存储载体，对存储在可能失效载体上的电子文件及时备份；对存储在磁性载体上的电子文件，定期进行数据读取检验。磁性载体每满 2 年、光盘每满 4 年就要进行一次抽检，抽检率不低于 10%，并将检验结果填入"电子档案管理登记表"，如发现问题应及时采取恢复措施。磁性载体上的归档电子文件，每 4 年转存一次。原载体同时保留时间不少于 4 年。存储在光盘载体上的电子文件，根据光盘检验的情况而定，初期可每 2～4 年转存一次，待对光盘的寿命有明确验证技术资料后，依据技术资料确定转存时间间隔或是否需要转存。原载体同时保留时间不少于转存间隔时间。

（4）应建立安全防范措施，防止电子文件被无意或恶意损坏，并制订数据恢复方案。电子文件保管应针对非法访问、非法操作、病毒侵害、设备损坏、自然灾害等采取与系统安全和保密等级要求相符的防范对策，实施有效的安全技术措施和保护管理制度，确保电子文件的安全。

对归档电子文件的有效保存与维护，是一项极其重要而复杂的工作。因而，在保存与维护过程中，应充分考虑环境、设备、技术、人员及电子文件的特点等综合条件，来制订技术方案和工作模式，并采取有效措施，以确保电子文件的安全可靠，能够永久地处于可准确提供利用的状态。

9.4.3　电子档案的鉴定

电子档案的鉴定工作主要体现在两个方面：一是鉴定归档电子文件的原始性、准确性和完整性；二是确定电子文件的价值和保管期限。

1. 电子文件的归档鉴定

电子文件的归档鉴定，主要是在电子文件归档之前，电子文件形成部门在档案部门的协助下，对归档电子文件的价值进行鉴定，也称之为鉴别。这是鉴定工作的第一步，也是鉴定工作顺利开展的基础和前提。其主要任务是将文件从非文件信息中挑选出来，目的是确定哪些信息是文件，从而判断其价值，确定是否应归档。同时对其记录的载体进行检查、检测，对所需的软硬件环境作出说明，并据此删除已收集、积累但无保存价值的电子文件。可以说，鉴定是保证归档电子文件准确、完整和系统，确定档案属性的工作。

归档鉴定要特别注意：一是确定电子文件的原始性、真实性。电子文件的更改非常容易，而且不留痕迹，电子文件从形成到归档有一段较长的时间，所以，在归档时，鉴别归档的电子文件是否是形成时的有效的电子文件，即确认归档的电子文件的原始性、真实性是首要任务。若电子计算机网络上有记录系统，可与记录系统所记载的形成、修改、批准时间等方面对照来鉴别电子文件的原始性、真实性。

2. 电子档案的存毁鉴定

电子档案管理过程也有鉴定问题，其主要任务是对已到保管期限的电子档案重新审查鉴定，把失去保存价值的电子档案剔除、销毁。电子档案鉴定工作应遵循国家档案局制定的有关电子文件、电子档案鉴定工作的法规和标准，如电子档案保管期限表等。根据档案保管期限，经鉴定确无保存价值的归档电子文件，须经本单位有关部门和分管领导批准，编制销毁清册，指定监销人，按有关规定严格审批后方可销毁，并确保信息彻底销毁。档案保管部门应及时按年度对归档电子文件的接收、保管、利用、鉴定和销毁情况进行统计。

3. 电子文件的技术鉴定

技术鉴定的任务即检查电子文件的技术状况，以明确电子文件是否处于可利用的状态。技术鉴定是对电子文件各方面的技术状况进行全面检查，包括对文件信息真实性、完整性、可读性分析及对文件载体性能的检测。

（1）真实性鉴定。鉴定电子文件的真实性，主要是认定文件是否就是当时当人当事形成的，可以将真实性理解为原始性。就电子文件软硬件依赖性所造成的真实性问题，可采取以下措施：第一，分析机构内各类电子文件中哪些组成要素能确保文件长期的真实性；第二，根据预先确定的标准格式和模板编辑文件；第三，可将某些文件转换成非数字形式，如缩微等；第四，对文件的迁移进行记录，这是文件著录中的重要内容。

（2）完整性鉴定。完整性鉴定分为检查文件要素和检查要素集中手段两个方面。前者是指利用有效的技术手段，对照元数据模型，检查一份文件各个要素是否完备，包括可视的和不可视的两个部分。后者是指分析联系一份文件各个要素的手段是否有效的过程，这些手段包括超级链接、置标语言等。

（3）可读性鉴定。可读性鉴定是电子文件技术鉴定的重要内容，目的在于确认电子文件中的内容可以正常读出，没有丢失和差错。为此，不仅需要确认文件在形成时的可读状态，同时需要分析其是否具备日后多次无差错读出的技术性能。主要包括四个方面的工作：

①检查与电子文件相配套的软件、相关电子文件（如数据比较复杂的关系型数据库的相关数据库）、文字材料是否齐全、完整。对于加密文件，保存时如果由于特殊需要未予解密，还需检查其记录密码是否保存下来。

②检查电子文件的信息存储格式是否符合归档要求。

③核实归档或迁移时填写的文件运行的软硬件环境、版本号是否正确。

④检测在指定的环境平台上能否准确读出电子文件。如发现有很小的错误，可清洗后再读，以确认其可读性。有国外专家认为，如果错误率超过5%，就有理由认为该文件不具有可读性，可通过与打印件相比较以确定其是否仍值得保存。

（4）无病毒鉴定。可运用病毒检测软件检测归档文件和归档介质是否携带病毒。

（5）介质状况检测。一是介质物理性能的检测，包括检验磁带、光盘等介质载体是否清洁，介质表面是否光滑、无皱褶、无划伤和无磨损，运转是否正常等；二是介质规格的检查。一般情况下，不选用不符合工业标准的存储载体作为归档和脱机保存的介质。

4. 电子档案的处置

电子档案的处置方式主要有销毁和保存两种。

（1）销毁。经过鉴定，没有归档价值的电子文件以及到期已没有保存价值的电子档案均可以销毁，但销毁工作应参照国家关于档案鉴定销毁的有关规定执行，必须在办理审批手续后实施。销毁前应编制销毁清册，指定监销人，并确保信息彻底销毁。电子文件的销毁应采用与文件密级相适应的方法。一般文件的销毁在计算机中进行，为了防止误操作，应先建立备份，待审查确定销毁无误后，再将备份删除，删除操作包括"删除"指令、格式化等。属于保密范围的电子文件被销毁时，如信息存储在不可擦除载体上，应当采用物理或化学的方法连同存储载体一起销毁，并在网络中彻底清除。销毁过程应予记录，记录材料应予保存。

（2）保存。

①在文件管理系统中保存。分为两种情况：第一，按照归档要求将归档文件保存到相关数据库中，归档文件数据库包括永久文件数据库和定期文件数据库两种，功能完备的系统可根据电子文件的保管期限自动将相应文件转移到相应的数据库中；第二，期满鉴定的结果如表明文件还应再保留一段时间，应根据调整后的保管期限保存文件。

②脱机保存。需要脱机保存的电子文件包括暂存一段时间后销毁的电子文件、秘密文件、现行作用较小的永久性文件、需要建立备份的文件等，应选用质量优良符合工业标准的载体作为脱机保存的介质。

③缩微。对于那些在现实条件下不能保证真实性、难以得到长期维护的电子文件及其他重要文件，可采用缩微的方式予以处理。缩微胶片的规格和质量应符

合国家有关标准的规定。

④迁移。当机构的软硬件系统环境发生变化时，应将所有在线存储和脱机保存的电子文件迁移进新系统，以确保这些文件在保管期限内在新一代软件中可以查找、利用。

9.4.4　企业电子档案的利用

电子档案的利用与纸质档案相比，显得更快捷、更方便，但由于电子档案管理上的独特性和对技术的依赖性，因此，电子档案的利用必须采取严格的管理措施和配备必要的设备才能够实现。

9.4.4.1　电子档案的利用方法

电子档案提供利用，一般有三种方法，即提供拷贝、通信传输和直接利用。

1. 提供拷贝

档案部门向利用者提供载体拷贝时，应将文件转换成通用标准文档存储格式，由利用者自行解决恢复和显示的软硬件平台。当利用者不具备利用电子文件的软硬件平台时，档案部门可以向这些用户提供打印件或缩微品。

2. 通信传输

通信传输即用网络传输电子档案。这一方法比较适合馆际的信息资源互相交流及向相对固定的查档单位提供档案资料的情况，可以通过点对点转换数字通信或互联网来实现。

3. 直接利用

直接利用是利用档案部门或另一检索机构的电脑，在档案部门的网络上直接查询的一种方法。其特点是可为利用者提供技术支援；与通信传输相比减少了大量的管理工作；可以使更多的读者同时利用同一份电子档案。

9.4.4.2　电子档案的利用管理

由于电子档案提供利用方式的多样化与所依赖技术的多样化，导致利用工作复杂化。因此，加强电子档案的利用管理，就显得尤其重要。利用管理的内涵很丰富，从信息安全的角度出发，主要有对用户及提供利用者的管理、对提供利用载体的管理及利用中的安全保密措施等。

1. 电子档案利用原则

电子档案的利用必须遵循以下原则：

（1）审批原则。电子档案的利用须制定严密的审核批准制度，并严格按照批准的范围提供利用。

（2）保密原则。利用时应严格遵守保密制度及相关规定，利用具有保密要求的电子档案时必须符合国家或有关部门的保密规定；严禁涉密电子文件上传到互联网，须按照保密管理部门规定的方式，并取得档案管理部门的许可方可利用。利用者对电子档案的使用应在权限规定范围之内，未经批准任何单位或人员不得擅自复制电子文件。电子档案管理部门可提供内部网络利用服务，但须有稳妥的安全保密措施。

（3）备份件利用原则。档案部门在提供电子档案利用时，应使用拷贝件，电子档案的封存载体一般不使用，尤其不得外借。

2. 电子档案利用保障措施

（1）使用权限的审核。电子档案的利用涉及档案载体的保管人员，数据系统的管理人员、利用者及维护操作人员等，由于各自工作性质和责任的不同，因而对其进行使用权限审核是十分必要的。审核应由利用的决策者执行。首先，要根据各种人员级别、层次进行使用权限的认定，并依此在利用系统注册登录。在利用时，由系统自动判定当前使用者身份的合法性及其所使用功能的范围，并由系统自动对其使用各种功能操作的路径进行跟踪与记录。对涉及使用未经授权的功能，应能拒绝响应并给予警告提示。其次，在电子档案存储载体的使用上，要根据电子档案内容的密级和开放程度来确定其使用控制程度，在使用中依据利用者的背景情况和利用目的来决定对他的授权。

（2）拷贝的提供与回收。提供电子档案拷贝是一种主要的利用方式，但必然会导致利用时间与利用地点的分散，如果管理不好，将会造成档案信息无原则的散失。因而，必须采取有效的措施和方法，对其进行严格管理。应依据利用者的需求和确认使用权限后再进行拷贝的制作。原则上应尽量避免把载体上存储的电子档案信息全部拷贝，并通过技术手段防止所提供拷贝的再复制。除经过编辑公开发行的电子出版物外，对提供利用的拷贝必须进行回收。要有完善的提供拷贝手续，提供者和利用者双方应对提供拷贝的内容进行确认，并对使用载体的类型、数量、使用时间、最后回收期限、双方责任人等情况进行登记。对回收来的拷贝，应作信息内容的消除处理。

（3）利用中的安全措施。电子档案在利用中的保密与安全是十分重要的，而且与纸质档案相比，更加难以控制。因此，在电子档案的利用中，应特别注意以下几点：

①采用的利用方式应视利用者的情况而定，不能无原则地向所有利用者提供全部利用方式。

②依据电子档案内容的密级层次，进行有效的管理。一般情况下，对于内容非完全开放的电子档案，不宜以拷贝的方式提供利用；对于提供拷贝的制作，必须在有效监控下进行。

③采用通信传输或直接利用等利用方式时，对有密级的信息内容要进行加密处理，并对所使用的密钥进行定期或不定期的更换。

④系统应对利用的全过程进行有效的跟踪监控，并自动进行相关记录，作为对利用工作查证的依据。

⑤利用的系统应有较强的容错能力，避免由于误操作带来不可挽回的损失。

【本章小结】

本章主要介绍了企业特殊载体档案的形成和管理的实际操作内容，重点阐述了企业特殊载体材料中的声像、实物及电子文件的管理方法，各类档案整理中的具体分类标准、原则、组卷方式和案卷质量标准等内容，档案目录的编制方法和要求，电子文件归档、保管及电子档案利用管理等。

【习题与训练】

一、思考题

1. 试述企业特殊载体档案的分类大纲编制及说明。

2. 如何考证照片档案的相关要素？

3. 声像档案的保管必须具备什么条件？

4. 试述《电子文件归档与管理规范》中对电子文件和归档电子文件的定义。

5. 电子文件的基本特征有哪些？

6. 电子文件归档有哪些质量要求？

7. 电子档案利用有哪些方式？

二、实训题

（一）小王是某公司宣传干事，负责单位的宣传工作。2009 年，由于公司的各种活动较多，拍摄了大量的照片和视频材料。包括跟随公司领导去澳大利亚考察，去上海、北京参加商品展示会；公司领导接待当地政府领导和上级主管部门领导的多次检查、指导；公司召开职工代表大会、年终总结表彰大会；公司举办职工运动会、"三八"妇女节歌咏比赛；公司第二厂房落成启用仪式等。请根据声像档案的分类大纲（见下表），回答以下问题：

一级类目	二级类目	三级类目
声像档案	1. 照片	1. 领导关怀 2. 公司活动 3. 经贸活动 4. 其他
	2. 录像	略

1. 这些活动的照片应按照第几类目划分其归属？

2. 根据形成情况分析，对于本年度拍摄的视频录像材料应怎样编制档案号？

3. 这些档案材料应如何保管才能延长其寿命？

（二）结合实际情况，谈谈如何保证归档电子文件的真实性、完整性、有效性和安全性？

【知识链接】

怎样保管照片档案

（1）贮存库房应保持整齐、清洁，应有严格的使用和存放规则。

（2）照片档案入库前应进行检查。对受污染的照片、底片应进行必要的技术处理，防止受污染的照片、底片入库。

（3）接触底片的人员应戴洁净的棉质薄手套，轻拿底片的边缘。

（4）底片册、照片册应立放，不应堆积平放，以免堆在下面的底片、照片受压后造成粘连。

（5）珍贵的、重要的和使用频率高的底片应进行拷贝，异地保存。拷贝片提供利用，以便更好地保存母片。

（6）每隔两年应对底片、照片进行一次抽样检查，不超过五年进行一次全面检查。若温度、湿度出现严重波动，应缩短检查的间隔期。检查中应密切注意底片、照片的变化情况（卷曲、变形、变脆、粘连、破损、霉斑、褪色等），亦应注意包装材料的变质问题，并做好检查记录。若发现问题，应查明原因，及时采取补救措施。

10 企业文档管理软件的应用

【本章要点】

- 学习并掌握企业文档管理软件系统的知识。
- 了解企业文档管理软件各项功能并掌握其操作方法。

【案例导入】

随着企业不断发展，在生产经营中将产生大量的文档、知识和经验。如何积累和保护这些对企业发展极为重要的无形资产，并加以有效利用是许多企业面临的问题。

在企业中，经常会听到员工这样的声音：我的文件放哪里了，怎么找了半天都没找到？我当时保存时文件名是什么来着，给忘记了，现在可怎么找啊？天啊，我都找了两个小时了，可是还没找到，谁来帮帮我啊？电脑上这么多盘，每个盘下这么多目录，这一个个双击打开找，得找到啥时候啊？

假如每个员工每天浪费 20 分钟在查找、重复起草文档、整理资料等工作上，那么日积月累，每年浪费的是多少呢？大家可以根据自己公司的情况计算下。

在一个行业调查中显示，一家年收入 2.5 亿美元的公司可通过提高文档管理、协同办公效率而每年节约超过 600 万美元的成本。

如今，企业组织推广和开展业务的方式正飞速发展，很多企业逐渐意识到需要更为深入地了解信息与文档工作流。企业高管也逐渐意识到文档管理战略对节约成本、增加效益、推动业绩所产生的正面影响的重要性。如何将文档流程中所包含的信息作为公司的核心资产加以利用正成为企业面对的重大问题，而解决这个问题的主要途径就是开发并应用适合本企业的文档管理软件。

【问题讨论】

1. 在知识管理中为什么需要企业文档管理软件？
2. 企业文档管理软件对文档信息处理有何意义？

10.1　知识管理需要企业文档管理软件

在知识经济的背景下，知识或信息的主要载体就是各种文档，因而开发和使用企业文档管理软件是非常必要的。著名经济学家卡尔·费拉保罗认为"知识管理就是运用集体的智慧提高应变能力和创新能力，是为企业实现显性知识和隐性知识共享提供的新途径"。知识管理是将组织可得到各种来源的信息转化为知识，并将知识与人联系起来的过程，以便于知识的产生、获取和重新利用。员工不断地把个人知识转变成组织知识，然后又从不断扩大的组织知识中增加个人知识。企业实施知识管理就是要形成一种有效的机制，包括企业文化、组织结构等来保证这个过程的运行流畅。因而开发和应用适合本企业的文档管理软件是最佳选择。

企业文档管理软件如何在知识管理中发挥作用呢？首先应提高知识信息的利用率，降低管理成本；其次要减少信息安全隐患，降低由于人员变动带来的负面影响，提高工作效率，促进团队协作等。

10.1.1　企业文档管理软件实现企业文档知识的有效管理

企业文档管理软件隐藏了烦琐的技术细节，提供了高效简洁的管理界面，并将日常的文档管理工作自动分配到各个部门，有效地减轻了管理员的负担。同时，企业文档管理软件提供了批量上传、导入、导出等功能，使企业能够快速建立起文档管理系统。

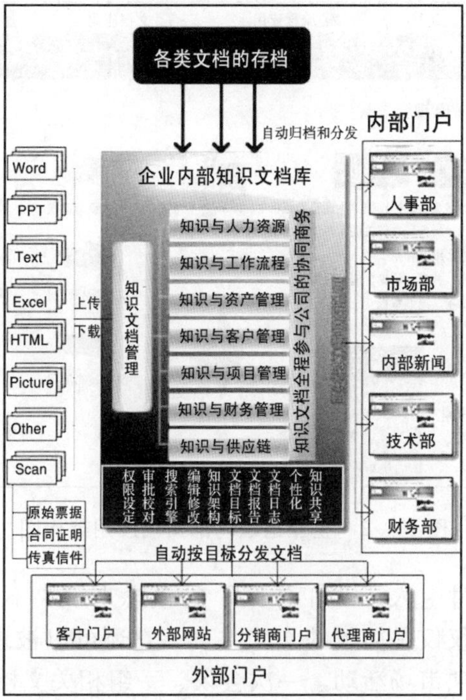

图 10 - 1　知识文档模块总体结构

　　企业文档管理软件支持对格式为 . doc，. xls，. ppt，. pdf，. htm，. txt，. xml 等常用企业文档的全文搜索。对其他格式的文档，企业文档管理软件也可以通过文件名、文档描述等信息来进行搜索。企业文档管理软件的自动邮件收集服务，使用户能够方便地分类和保存有价值的电子邮件。这些功能能够极大提高企业经营和管理的效率。

10.1.2　企业文档管理软件加强企业组织内部文档共享

　　企业文档管理软件通过在企业组织架构与文档目录之间建立关联来实现文档智能分类以及访问控制，极大地提高了效率以及安全性。通过这种模型，文档管理的工作量被分散到各个部门，各部门成员只需要负责管理本部门的文档即可。从单组织结构到多部门、多层次的大中型企业，通过部门组织架构与文档目录的关联，企业文档管理软件能够平稳流畅地管理不断增长的企业文档和知识。

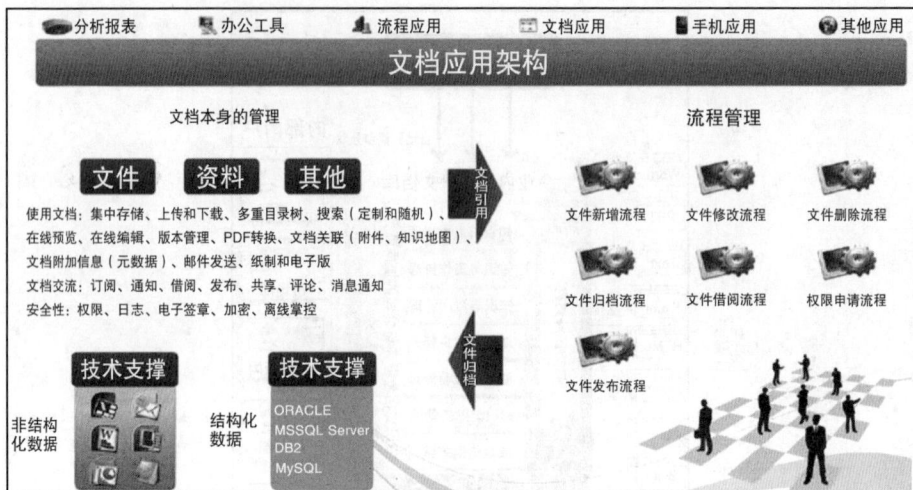

图 10 - 2　企业组织内部文档应用架构图

　　企业文档管理软件引入了"工作区"的概念来解决不同部门的用户共享文档的需求。工作区不仅仅是简单的文档共享，它还可以被理解为一个业务实体，可以是一个项目、一项市场活动、一次会议、一组相关文档的集合，也可以是任意业务相关的对象。

　　用户可以简单将工作区理解为加上业务逻辑的共享文件夹。工作区成员来自不同部门，他们将各自部门与业务相关的文档添加到工作区后就可以一起使用这些文档。企业文档管理软件自动记录工作区变更信息、成员变更信息以及文档变更等信息。

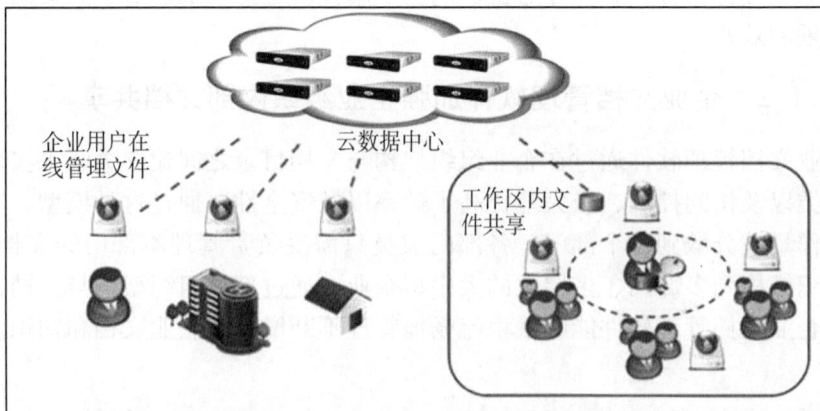

图 10 - 3　企业内部文档共享示意图

10.1.3 企业文档管理软件安全机制保护企业文档安全

为了保障企业文档知识的安全，企业文档管理软件采用多重安全机制。基于角色的用户组，控制用户对企业文档管理软件组件的访问；企业文档管理软件特别设计通用企业架构模型来控制用户访问文档的范围；企业文档管理软件的文档操作权限控制着用户对文档的读、写、删除等操作；管理员可以设置用户操作特定文档资源需要通过审批。

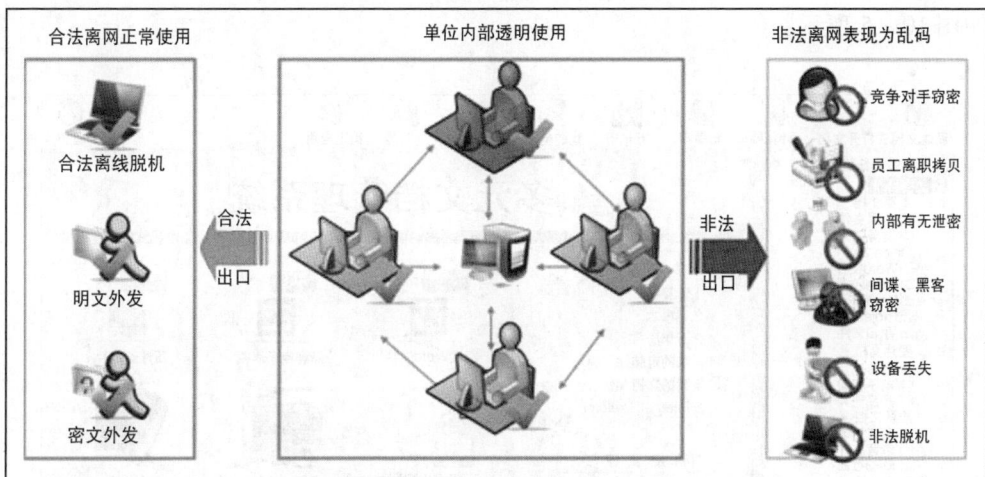

图 10 - 4　企业文档安全保护示意图

此外，企业文档管理软件自动创建详细的用户日志及文档日志来记录用户的活动和操作文档。企业文档管理软件可以提供一键式数据备份和系统恢复，操作简单安全。

10.1.4 企业文档管理软件的可扩展性

企业文档管理软件采用 Java 开发，可以部署于不同的平台。用户界面采用 AJAX 开发，纯网页的界面无须用户安装任何额外插件或客户端软件即可使用。企业文档管理软件内嵌了 HSQL 数据库，同时根据用户需要也支持 MySQL、Oracle、MSSQL 等其他数据库。企业文档管理软件采用微内核架构，易于扩展功能和持续的软件功能升级；支持分布式部署，文档库可以构建于独立的服务器来保证文档的安全和稳定。

10.2 使用企业文档管理软件新建文档管理项目

通过进入企业文档管理软件的界面，用户可以多元化管理文档系统，项目有文档资料，如重要文档、Office 文档、图片文档、商务文档等，应用文档目录查询并追踪项目资料变更。例如新建一个 Word 项目文档可执行以下步骤：

第一步：进入"多元文档管理系统"菜单，选择"新建 Word 文档"图标。如图 10 − 5 所示：

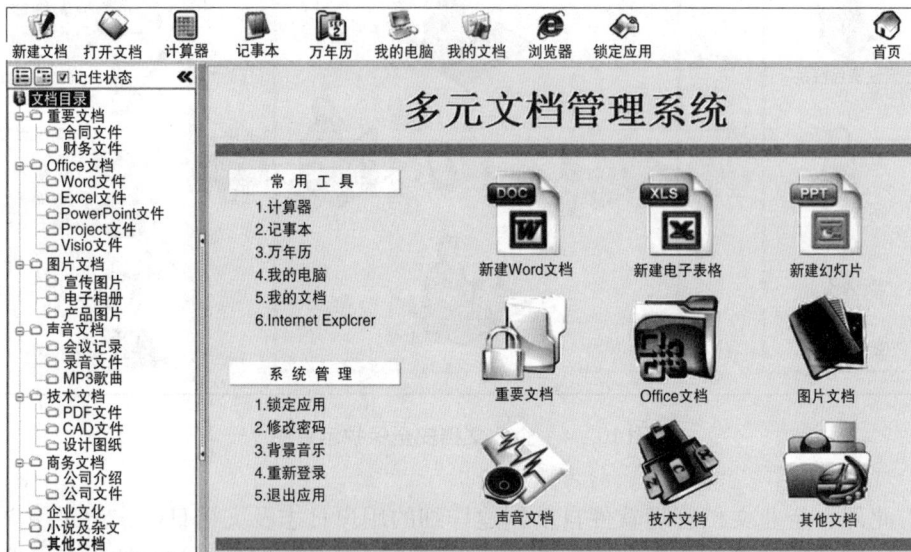

图 10 − 5　多元文档管理系统界面

第二步：双击"新建 Word 文档"图标后出现新建文档界面。如图 10 − 6 所示：

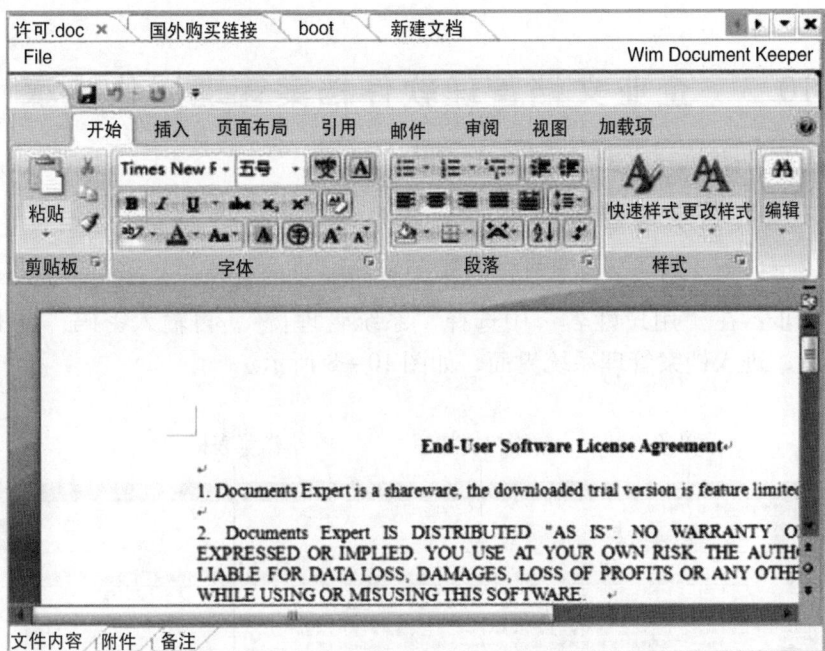

图 10-6 新建 Word 文档界面

第三步：输入文档信息。权限设置选择"自定义权限"，同时，选择项目成员对项目文档的默认权限。如图 10-7 所示：

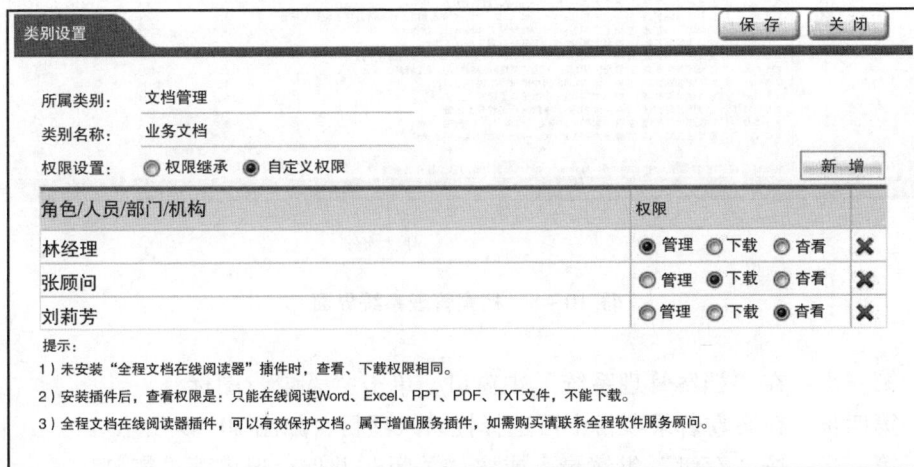

图 10-7　文档管理设置权限界面

10.3 企业文档管理软件档案管理操作步骤

10.3.1 著录案卷目录

第一步：进入档案管理系统。单击主界面的"档案管理系统"。

第二步：在"用户姓名"中选择"系统管理员"，再输入密码，点击"确定"按钮，进入档案管理系统界面，如图 10-8 所示。

菜单条　　常用快捷按钮　　浏览表格

目录树

状态栏

图 10-8　档案管理系统界面

第三步：在"档案管理系统"主窗口，单击"著录"图标。

第四步：在案卷著录项目中可选择性录入项目，如图 10-9 所示。

第五步：按"存盘"继续录入或按"关闭"并保存退出著录窗口。

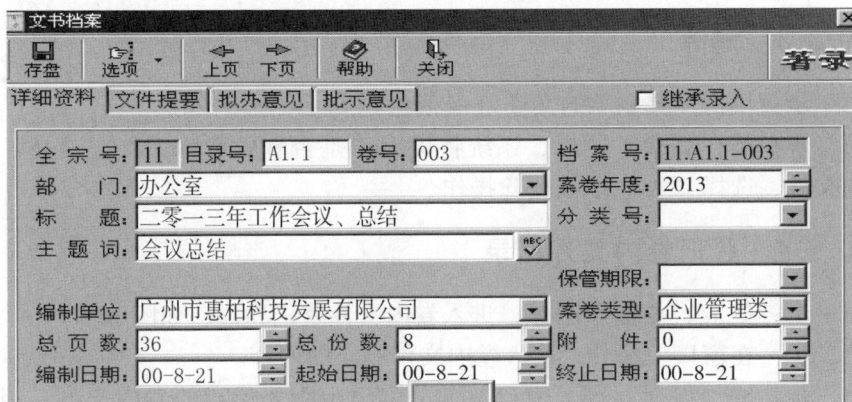

图 10 - 9　著录项目界面

10.3.2　修改

1. 栏目内容的修改

第一步：查找（选择）所需要修改的案卷。

第二步：双击可进入对该案卷的修改状态，对相关项目进行修改。

第三步：按"保存"键退出。

2. 案卷号的修改

第一步：选择"档案管理系统"主窗口中的"编辑"菜单。

第二步：选择"案卷号修改"，进入更改案卷号界面，如图 10 - 10 所示。

第三步：修改对应项目，单击"更改"保存退出。

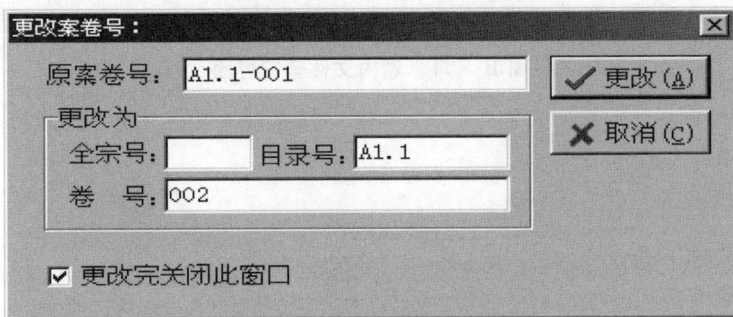

图 10 - 10　更改案卷号界面

10.3.3 删除

第一步：单击需要删除的案卷（变蓝色）。

第二步：按"删除"图标，系统将提示"是否真的删除"，按"是"可删除当前文件，选择"否"取消删除操作。

10.3.4 登记卷内文件目录

第一步：单击"登记"图标，进入卷内文件登记界面，如图 10-11 所示。

第二步：在窗口上部分，输入卷内文件相应的内容。

第三步：按"保存"键，窗口下部分将显示刚才保存的卷内文件，用户可以继续在窗口上部分录入其他卷内文件。

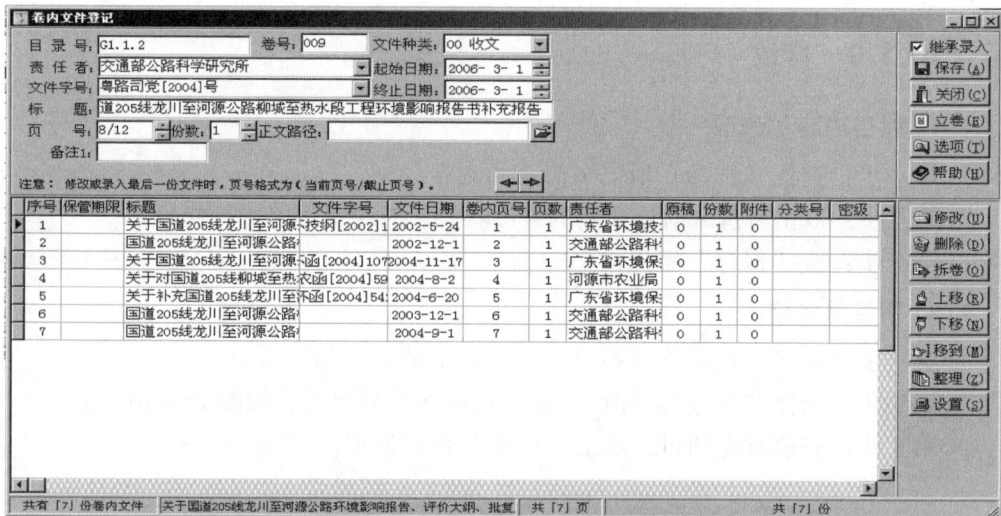

图 10-11 卷内文件登记界面

10.4　操作结果测评

10.4.1　操作结果

（1）将案卷目录著录完毕后，保存在计算机中，供教师检查批改。

（2）将卷内文件目录著录完毕后，保存在计算机中，供教师检查批改。

（3）学生演练修改、删除条目的操作过程。

10.4.2　成绩测评

文档管理软件应用实训评分表

组别	项目				
	著录案卷目录（30分）	修改、删除案卷目录（20分）	登记卷内文件目录（30分）	修改、删除卷内文件目录（20分）	总分（100分）

【本章小结】

本章简要介绍了企业文档管理软件的主要功能，实现企业文档有效管理的方法，以及加强企业组织内部文档共享和保护企业文档安全的机制。本章对新建文档管理项目和档案管理操作的程序作了说明，并提出对操作结果测评的意见。其目的是使学生掌握企业文档管理软件的应用，提高利用企业文档的效率。

【习题与训练】

1. 企业文档管理软件怎样实现知识管理？

2. 通过网络查询目前市场上主流的企业文档管理软件。

3. 运用企业文档管理软件建立一个卷内文件目录。

1. 管理软件有关功能及操作技巧

全宗号：档案馆指定给立档单位的编号（安装系统后，首先进入"系统控制面板"，选择"系统参数"，输入用户单位名称、全宗号等相关信息后，按"确认"保存退出）。

目录号：一本案卷目录的代号，一个全宗内不允许重复，如 A1.1。

卷号：案卷排列的顺序号。注意：如果案卷数目在 100 卷内的，卷号位数不足应在前加一个"0"，如 01、02 等；如果案卷数目在 100 卷以上的，卷号应在前加两个或一个"0"，如 001、011、012 等。

档案号：全宗号 + 目录号 + 卷号，电脑自动生成。

部门名称：立卷、归卷的部门或科室。

案卷年度：案卷立卷的年度。

标题：著录时为案卷撰写题名。

保管期限：录入案卷的保管期限。

分类号：根据本行业、本单位档案分类法的有关规定，对案卷的归属、类目的简明编码、标记符号进行统一，如党群的定义为 DQ。

主题词：从案卷标题中依照国家档案局标准自动标引出来的主题词；也可以根据具体情况自己填写、修改主题词。

密级：案卷的密级编号，如 01 绝密，02 秘密，03 机密，04 平件。可以单击"选项"进行预先设定，使用时可单击下拉键进行选择。

存放地点：案卷存放所在的柜号。

保管期限：根据"档案保管期表"确定，分永久、长期和短期三种。

编制单位：立卷、归卷的编制单位。

编制日期：立卷、归卷的时间。

案卷类型：根据本行业、本单位档案分类法的有关规定，对案卷进行归类。

立卷人：立卷人的姓名，常用的姓名可以单击"选项"进行预先设定，使用时可单击下拉键进行选择。

编制说明：对立卷的补充说明或备注。

以下项目是电脑自动生成的（可人工修改）：

总份数：该案卷中所有卷内文件的总份数。

总页数：该案卷中所有卷内文件的总页数。

起始日期：该案卷中最早的卷内文件日期。

终止日期：该案卷中最迟的卷内文件日期。

2. 电子档案提供利用的方法

根据电子档案提供利用的特点，可采用以下方法：

（1）提供物质体的拷贝，一般应为只读文件。

（2）利用网络传输电子档案。这一方法比较适合馆际之间的信息资源互相交流及向相对固定的查档单位提供档案资料。

（3）通过电脑直接提供利用。各单位应根据实际情况选择适当的利用方法或者三者结合利用，以既方便用户又符合本单位实际为出发点，切实做好提供利用服务。

附 录

附录 1

党政机关公文处理工作条例

第一章 总 则

第一条 为了适应中国共产党机关和国家行政机关（以下简称党政机关）工作需要，推进党政机关公文处理工作科学化、制度化、规范化，制定本条例。

第二条 本条例适用于各级党政机关公文处理工作。

第三条 党政机关公文是党政机关实施领导、履行职能、处理公务的具有特定效力和规范体式的文书，是传达贯彻党和国家的方针政策，公布法规和规章，指导、布置和商洽工作，请示和答复问题，报告、通报和交流情况等的重要工具。

第四条 公文处理工作是指公文拟制、办理、管理等一系列相互关联、衔接有序的工作。

第五条 公文处理工作应当坚持实事求是、准确规范、精简高效、安全保密的原则。

第六条 各级党政机关应当高度重视公文处理工作，加强组织领导，强化队伍建设，设立文秘部门或者由专人负责公文处理工作。

第七条 各级党政机关办公厅（室）主管本机关的公文处理工作，并对下级机关的公文处理工作进行业务指导和督促检查。

第二章 公文种类

第八条 公文种类主要有：

（一）决议。适用于会议讨论通过的重大决策事项。

（二）决定。适用于对重要事项作出决策和部署、奖惩有关单位和人员、变更或者撤销下级机关不适当的决定事项。

（三）命令（令）。适用于公布行政法规和规章、宣布施行重大强制性措施、批准授予和晋升衔级、嘉奖有关单位和人员。

（四）公报。适用于公布重要决定或者重大事项。

（五）公告。适用于向国内外宣布重要事项或者法定事项。

（六）通告。适用于在一定范围内公布应当遵守或者周知的事项。

（七）意见。适用于对重要问题提出见解和处理办法。

（八）通知。适用于发布、传达要求下级机关执行和有关单位周知或者执行的事项，批转、转发公文。

（九）通报。适用于表彰先进、批评错误、传达重要精神和告知重要情况。

（十）报告。适用于向上级机关汇报工作、反映情况，回复上级机关的询问。

（十一）请示。适用于向上级机关请求指示、批准。

（十二）批复。适用于答复下级机关请示事项。

（十三）议案。适用于各级人民政府按照法律程序向同级人民代表大会或者人民代表大会常务委员会提请审议事项。

（十四）函。适用于不相隶属机关之间商洽工作、询问和答复问题、请求批准和答复审批事项。

（十五）纪要。适用于记载会议主要情况和议定事项。

第三章　公文格式

第九条　公文一般由份号、密级和保密期限、紧急程度、发文机关标志、发文字号、签发人、标题、主送机关、正文、附件说明、发文机关署名、成文日期、印章、附注、附件、抄送机关、印发机关和印发日期、页码等组成。

（一）份号。公文印制份数的顺序号。涉密公文应当标注份号。

（二）密级和保密期限。公文的秘密等级和保密的期限。涉密公文应当根据涉密程度分别标注"绝密""机密""秘密"和保密期限。

（三）紧急程度。公文送达和办理的时限要求。根据紧急程度，紧急公文应当分别标注"特急""加急"，电报应当分别标注"特提""特急""加急""平急"。

（四）发文机关标志。由发文机关全称或者规范化简称加"文件"二字组成，也可以使用发文机关全称或者规范化简称。联合行文时，发文机关标志可以并用联合发文机关名称，也可以单独用主办机关名称。

（五）发文字号。由发文机关代字、年份、发文顺序号组成。联合行文时，使用主办机关的发文字号。

（六）签发人。上行文应当标注签发人姓名。

（七）标题。由发文机关名称、事由和文种组成。

（八）主送机关。公文的主要受理机关，应当使用机关全称、规范化简称或者同类型机关统称。

（九）正文。公文的主体，用来表述公文的内容。

（十）附件说明。公文附件的顺序号和名称。

（十一）发文机关署名。署发文机关全称或者规范化简称。

（十二）成文日期。署会议通过或者发文机关负责人签发的日期。联合行文时，署最后签发机关负责人签发的日期。

（十三）印章。公文中有发文机关署名的，应当加盖发文机关印章，并与署名机关相符。有特定发文机关标志的普发性公文和电报可以不加盖印章。

（十四）附注。公文印发传达范围等需要说明的事项。

（十五）附件。公文正文的说明、补充或者参考资料。

（十六）抄送机关。除主送机关外需要执行或者知晓公文内容的其他机关，应当使用机关全称、规范化简称或者同类型机关统称。

（十七）印发机关和印发日期。公文的送印机关和送印日期。

（十八）页码。公文页数顺序号。

第十条　公文的版式按照《党政机关公文格式》国家标准执行。

第十一条　公文使用的汉字、数字、外文字符、计量单位和标点符号等，按照有关国家标准和规定执行。民族自治地方的公文，可以并用汉字和当地通用的少数民族文字。

第十二条　公文用纸幅面采用国际标准 A4 型。特殊形式的公文用纸幅面，根据实际需要确定。

第四章　行文规则

第十三条　行文应当确有必要，讲求实效，注重针对性和可操作性。

第十四条　行文关系根据隶属关系和职权范围确定。一般不得越级行文，特殊情况需要越级行文的，应当同时抄送被越过的机关。

第十五条　向上级机关行文，应当遵循以下规则：

（一）原则上主送一个上级机关，根据需要同时抄送相关上级机关和同级机关，不抄送下级机关。

（二）党委、政府的部门向上级主管部门请示、报告重大事项，应当经本级党委、政府同意或者授权；属于部门职权范围内的事项应当直接报送上级主管部门。

（三）下级机关的请示事项，如需以本机关名义向上级机关请示，应当提出倾向性意见后上报，不得原文转报上级机关。

（四）请示应当一文一事。不得在报告等非请示性公文中夹带请示事项。

（五）除上级机关负责人直接交办事项外，不得以本机关名义向上级机关负责人报送公文，不得以本机关负责人名义向上级机关报送公文。

（六）受双重领导的机关向一个上级机关行文，必要时抄送另一个上级机关。

第十六条　向下级机关行文，应当遵循以下规则：

（一）主送受理机关，根据需要抄送相关机关。重要行文应当同时抄送发文机关的直接上级机关。

（二）党委、政府的办公厅（室）根据本级党委、政府授权，可以向下级党委、政府行文，其他部门和单位不得向下级党委、政府发布指令性公文或者在公文中向下级党委、政府提出指令性要求。需经政府审批的具体事项，经政府同意后可以由政府职能部门行文，文中须注明已经政府同意。

（三）党委、政府的部门在各自职权范围内可以向下级党委、政府的相关部门行文。

（四）涉及多个部门职权范围内的事务，部门之间未协商一致的，不得向下行文；擅自行文的，上级机关应当责令其纠正或者撤销。

（五）上级机关向受双重领导的下级机关行文，必要时抄送该下级机关的另一个上级机关。

第十七条　同级党政机关、党政机关与其他同级机关必要时可以联合行文。属于党委、政府各自职权范围内的工作，不得联合行文。

党委、政府的部门依据职权可以相互行文。

部门内设机构除办公厅（室）外不得对外正式行文。

第五章　公文拟制

第十八条　公文拟制包括公文的起草、审核、签发等程序。

第十九条　公文起草应当做到：

（一）符合党的理论路线方针政策和国家法律法规，完整准确体现发文机关意图，并同现行有关公文相衔接。

（二）一切从实际出发，分析问题实事求是，所提政策措施和办法切实可行。

（三）内容简洁，主题突出，观点鲜明，结构严谨，表述准确，文字精练。

（四）文种正确，格式规范。

（五）深入调查研究，充分进行论证，广泛听取意见。

（六）公文涉及其他地区或者部门职权范围内的事项，起草单位必须征求相关地区或者部门意见，力求达成一致。

（七）机关负责人应当主持、指导重要公文起草工作。

第二十条　公文文稿签发前，应当由发文机关办公厅（室）进行审核。审核的重点是：

（一）行文理由是否充分，行文依据是否准确。

（二）内容是否符合党的理论路线方针政策和国家法律法规；是否完整准确体现发文机关意图；是否同现行有关公文相衔接；所提政策措施和办法是否切实可行。

（三）涉及有关地区或者部门职权范围内的事项是否经过充分协商并达成一致意见。

（四）文种是否正确，格式是否规范；人名、地名、时间、数字、段落顺序、引文等是否准确；文字、数字、计量单位和标点符号等用法是否规范。

（五）其他内容是否符合公文起草的有关要求。

需要发文机关审议的重要公文文稿，审议前由发文机关办公厅（室）进行初核。

第二十一条　经审核不宜发文的公文文稿，应当退回起草单位并说明理由；符合发文条件但内容需作进一步研究和修改的，由起草单位修改后重新报送。

第二十二条　公文应当经本机关负责人审批签发。重要公文和上行文由机关主要负责人签发。党委、政府的办公厅（室）根据党委、政府授权制发的公文，由受权机关主要负责人签发或者按照有关规定签发。签发人签发公文，应当签署意见、姓名和完整日期；圈阅或者签名的，视为同意。联合发文由所有联署机关的负责人会签。

第六章　公文办理

第二十三条　公文办理包括收文办理、发文办理和整理归档。

第二十四条　收文办理主要程序是：

（一）签收。对收到的公文应当逐件清点，核对无误后签字或者盖章，并注明签收时间。

（二）登记。对公文的主要信息和办理情况应当详细记载。

（三）初审。对收到的公文应当进行初审。初审的重点是：是否应当由本机关办理，是否符合行文规则，文种、格式是否符合要求，涉及其他地区或者部门职权范围内的事项是否已经协商、会签，是否符合公文起草的其他要求。经初审不符合规定的公文，应当及时退回来文单位并说明理由。

（四）承办。阅知性公文应当根据公文内容、要求和工作需要确定范围后分送。批办性公文应当提出拟办意见报本机关负责人批示或者转有关部门办理；需要两个以上部门办理的，应当明确主办部门。紧急公文应当明确办理时限。承办部门对交办的公文应当及时办理，有明确办理时限要求的应当在规定时限内办理完毕。

（五）传阅。根据领导批示和工作需要将公文及时送传阅对象阅知或者批示。办理公文传阅应当随时掌握公文去向，不得漏传、误传、延误。

（六）催办。及时了解掌握公文的办理进展情况，督促承办部门按期办结。紧急公文或者重要公文应当由专人负责催办。

（七）答复。公文的办理结果应当及时答复来文单位，并根据需要告知相关单位。

第二十五条　发文办理主要程序是：

（一）复核。已经发文机关负责人签批的公文，印发前应当对公文的审批手续、内容、文种、格式等进行复核；需作实质性修改的，应当报原签批人复审。

（二）登记。对复核后的公文，应当确定发文字号、分送范围和印制份数并详细记载。

（三）印制。公文印制必须确保质量和时效。涉密公文应当在符合保密要求的场所印制。

（四）核发。公文印制完毕，应当对公文的文字、格式和印刷质量进行检查后分发。

第二十六条　涉密公文应当通过机要交通、邮政机要通信、城市机要文件交换站或者收发件机关机要收发人员进行传递，通过密码电报或者符合国家保密规定的计算机信息系统进行传输。

第二十七条　需要归档的公文及有关材料，应当根据有关档案法律法规以及机关档案管理规定，及时收集齐全、整理归档。两个以上机关联合办理的公文，原件由主办机关归档，相关机关保存复制件。机关负责人兼任其他机关职务的，在履行所兼职过程中形成的公文，由其兼职机关归档。

第七章　公文管理

第二十八条　各级党政机关应当建立健全本机关公文管理制度，确保管理严格规范，充分发挥公文效用。

第二十九条　党政机关公文由文秘部门或者专人统一管理。设立党委（党组）的县级以上单位应当建立机要保密室和机要阅文室，并按照有关保密规定配备工作人员和必要的安全保密设施设备。

第三十条　公文确定密级前，应当按照拟定的密级先行采取保密措施。确定密级后，应

企业文档管理

当按照所定密级严格管理。绝密级公文应当由专人管理。

公文的密级需要变更或者解除的，由原确定密级的机关或者其上级机关决定。

第三十一条 公文的印发传达范围应当按照发文机关的要求执行；需要变更的，应当经发文机关批准。

涉密公文公开发布前应当履行解密程序。公开发布的时间、形式和渠道，由发文机关确定。

经批准公开发布的公文，同发文机关正式印发的公文具有同等效力。

第三十二条 复制、汇编机密级、秘密级公文，应当符合有关规定并经本机关负责人批准。绝密级公文一般不得复制、汇编，确有工作需要的，应当经发文机关或者其上级机关批准。复制、汇编的公文视同原件管理。

复制件应当加盖复制机关戳记。翻印件应当注明翻印的机关名称、日期。汇编本的密级按照编入公文的最高密级标注。

第三十三条 公文的撤销和废止，由发文机关、上级机关或者权力机关根据职权范围和有关法律法规决定。公文被撤销的，视为自始无效；公文被废止的，视为自废止之日起失效。

第三十四条 涉密公文应当按照发文机关的要求和有关规定进行清退或者销毁。

第三十五条 不具备归档和保存价值的公文，经批准后可以销毁。销毁涉密公文必须严格按照有关规定履行审批登记手续，确保不丢失、不漏销。个人不得私自销毁、留存涉密公文。

第三十六条 机关合并时，全部公文应当随之合并管理；机关撤销时，需要归档的公文经整理后按照有关规定移交档案管理部门。

工作人员离岗离职时，所在机关应当督促其将暂存、借用的公文按照有关规定移交、清退。

第三十七条 新设立的机关应当向本级党委、政府的办公厅（室）提出发文立户申请。经审查符合条件的，列为发文单位，机关合并或者撤销时，相应进行调整。

第八章 附 则

第三十八条 党政机关公文含电子公文。电子公文处理工作的具体办法另行制定。

第三十九条 法规、规章方面的公文，依照有关规定处理。外事方面的公文，依照外事主管部门的有关规定处理。

第四十条 其他机关和单位的公文处理工作，可以参照本条例执行。

第四十一条 本条例由中共中央办公厅、国务院办公厅负责解释。

第四十二条 本条例自 2012 年 7 月 1 日起施行。1996 年 5 月 3 日中共中央办公厅发布的《中国共产党机关公文处理条例》和 2000 年 8 月 24 日国务院发布的《国家行政机关公文处理办法》停止执行。

中华人民共和国档案法

（1987 年 9 月 5 日第六届全国人民代表大会常务委员会第二十二次会议通过　根据 1996年 7 月 5 日第八届全国人民代表大会常务委员会第二十次会议《关于修改＜中华人民共和国档案法＞的决定》修正）

第一章　总　则

第一条　为了加强对档案的管理和收集、整理工作，有效地保护和利用档案，为社会主义现代化建设服务，制定本法。

第二条　本法所称的档案，是指过去和现在的国家机构、社会组织以及个人从事政治、军事、经济、科学、技术、文化、宗教等活动直接形成的对国家和社会有保存价值的各种文字、图表、声像等不同形式的历史记录。

第三条　一切国家机关、武装力量、政党、社会团体、企业事业单位和公民都有保护档案的义务。

第四条　各级人民政府应当加强对档案工作的领导，把档案事业的建设列入国民经济和社会发展计划。

第五条　档案工作实行统一领导、分级管理的原则，维护档案完整与安全，便于社会各方面的利用。

第二章　档案机构及其职责

第六条　国家档案行政管理部门主管全国档案事业，对全国的档案事业实行统筹规划，组织协调，统一制度，监督和指导。

县级以上地方各级人民政府的档案行政管理部门主管本行政区域内的档案事业，并对本行政区域内机关、团体、企业事业单位和其他组织的档案工作实行监督和指导。

乡、民族乡、镇人民政府应当指定人员负责保管本机关的档案，并对所属单位的档案工作实行监督和指导。

第七条　机关、团体、企业事业单位和其他组织的档案机构或者档案工作人员，负责保管本单位的档案，并对所属机构的档案工作实行监督和指导。

第八条　中央和县级以上地方各级各类档案馆，是集中管理档案的文化事业机构，负责接收、收集、整理、保管和提供利用各分管范围内的档案。

第九条　档案工作人员应当忠于职守，遵守纪律，具备专业知识。

在档案的收集、整理、保护和提供利用等方面成绩显著的单位或者个人，由各级人民政府给予奖励。

第三章　档案的管理

第十条　对国家规定的应当立卷归档的材料，必须按照规定，定期向本单位档案机构或者档案工作人员移交，集中管理，任何个人不得据为己有。

国家规定不得归档的材料，禁止擅自归档。

第十一条　机关、团体、企业事业单位和其他组织必须按照国家规定，定期向档案馆移交档案。

第十二条　博物馆、图书馆、纪念馆等单位保存的文物、图书资料同时是档案的，可以按照法律和行政法规的规定，由上述单位自行管理。

档案馆与上述单位应当在档案的利用方面互相协作。

第十三条　各级各类档案馆，机关、团体、企业事业单位和其他组织的档案机构，应当建立科学的管理制度，便于对档案的利用；配置必要的设施，确保档案的安全；采用先进技术，实现档案管理的现代化。

第十四条　保密档案的管理和利用，密级的变更和解密，必须按照国家有关保密的法律和行政法规的规定办理。

第十五条　鉴定档案保存价值的原则、保管期限的标准以及销毁档案的程序和办法，由国家档案行政管理部门制定。禁止擅自销毁档案。

第十六条　集体所有的和个人所有的对国家和社会具有保存价值的或者应当保密的档案，档案所有者应当妥善保管。对于保管条件恶劣或者其他原因被认为可能导致档案严重损毁和不安全的，国家档案行政管理部门有权采取代为保管等确保档案完整和安全的措施；必要时，可以收购或者征购。

前款所列档案，档案所有者可以向国家档案馆寄存或者出卖；向国家档案馆以外的任何单位或者个人出卖的，应当按照有关规定由县级以上人民政府档案行政管理部门批准。严禁倒卖牟利，严禁卖给或者赠送给外国人。

向国家捐赠档案的，档案馆应当予以奖励。

第十七条　禁止出卖属于国家所有的档案。

国有企业事业单位资产转让时，转让有关档案的具体办法由国家档案行政管理部门制定。

档案复制件的交换、转让和出卖，按照国家规定办理。

第十八条　属于国家所有的档案和本法第十六条规定的档案以及这些档案的复制件，禁止私自携运出境。

第四章　档案的利用和公布

第十九条　国家档案馆保管的档案，一般应当自形成之日起满三十年向社会开放。经济、科学、技术、文化等类档案向社会开放的期限，可以少于三十年；涉及国家安全或者重大利益以及其他到期不宜开放的档案向社会开放的期限，可以多于三十年。具体期限由国家档案行政管理部门制订，报国务院批准施行。

档案馆应当定期公布开放档案的目录，并为档案的利用创造条件，简化手续，提供方便。中华人民共和国公民和组织持有合法证明的，可以利用已经开放的档案。

第二十条　机关、团体、企业事业单位和其他组织以及公民根据经济建设、国防建设、教学科研和其他各项工作的需要，可以按照有关规定，利用档案馆未开放的档案以及有关机关、团体、企业事业单位和其他组织保存的档案。

利用未开放档案的办法，由国家档案行政管理部门和有关主管部门规定。

第二十一条　向档案馆移交、捐赠、寄存档案的单位和个人，对其档案享有优先利用权，并可对其档案中不宜向社会开放的部分提出限制利用的意见，档案馆应当维护他们的合法权益。

第二十二条　属于国家所有的档案，由国家授权的档案馆或者有关机关公布；未经档案馆或者有关机关同意，任何组织和个人无权公布。

集体所有的和个人所有的档案，档案的所有者有权公布，但必须遵守国家有关规定，不得损害国家安全和利益，不得侵犯他人的合法权益。

第二十三条　各级各类档案馆应当配备研究人员，加强对档案的研究整理，有计划地组织编辑出版档案材料，在不同范围内发行。

第五章　法律责任

第二十四条　有下列行为之一的，由县级以上人民政府档案行政管理部门、有关主管部门对直接负责的主管人员或者其他直接责任人员依法给予行政处分；构成犯罪的，依法追究刑事责任：

（一）损毁、丢失属于国家所有的档案的；

（二）擅自提供、抄录、公布、销毁属于国家所有的档案的；

（三）涂改、伪造档案的；

（四）违反本法第十六条、第十七条规定，擅自出卖或者转让档案的；

（五）倒卖档案牟利或者将档案卖给、赠送给外国人的；

（六）违反本法第十条、第十一条规定，不按规定归档或者不按期移交档案的；

（七）明知所保存的档案面临危险而不采取措施，造成档案损失的；

（八）档案工作人员玩忽职守，造成档案损失的。

在利用档案馆的档案中，有前款第一项、第二项、第三项违法行为的，由县级以上人民政府档案行政管理部门给予警告，可以并处罚款；造成损失的，责令赔偿损失。

企业事业组织或者个人有第一款第四项、第五项违法行为的，由县级以上人民政府档案行政管理部门给予警告，可以并处罚款；有违法所得的，没收违法所得；并可以依照本法第十六条的规定征购所出卖或者赠送的档案。

第二十五条　携运禁止出境的档案或者其复制件出境的，由海关予以没收，可以并处罚款；并将没收的档案或者其复制件移交档案行政管理部门；构成犯罪的，依法追究刑事责任。

第六章　附　则

第二十六条　本法实施办法，由国家档案行政管理部门制定，报国务院批准后施行。

第二十七条　本法自 1988 年 1 月 1 日起施行。

中华人民共和国档案法实施办法

（1990 年 10 月 24 日国务院批准　1990 年 11 月 19 日国家档案局第 1 号令发布　1999 年 5 月 5 日国务院批准修订　1999 年 6 月 7 日国家档案局第 5 号令重新发布）

第一章　总　则

第一条　根据《中华人民共和国档案法》（以下简称《档案法》）的规定，制定本办法。

第二条　《档案法》第二条所称对国家和社会有保存价值的档案，属于国家所有的，由国家档案局会同国家有关部门确定具体范围；属于集体所有、个人所有以及其他不属于国家所有的，由省、自治区、直辖市人民政府档案行政管理部门征得国家档案局同意后确定具体范围。

第三条　各级国家档案馆馆藏的永久保管档案分一、二、三级管理，分级的具体标准和管理办法由国家档案局制定。

第四条　国务院各部门经国家档案局同意，省、自治区、直辖市人民政府各部门经本级人民政府档案行政管理部门同意，可以制定本系统专业档案的具体管理制度和办法。

第五条　县级以上各级人民政府应当加强对档案工作的领导，把档案事业建设列入本级国民经济和社会发展计划，建立、健全档案机构，确定必要的人员编制，统筹安排发展档案事业所需经费。

机关、团体、企业事业单位和其他组织应当加强对本单位档案工作的领导，保障档案工作依法开展。

第六条　有下列事迹之一的，由人民政府、档案行政管理部门或者本单位给予奖励：

（一）对档案的收集、整理、提供利用做出显著成绩的；

（二）对档案的保护和现代化管理做出显著成绩的；

（三）对档案学研究做出重要贡献的；

（四）将重要的或者珍贵的档案捐赠国家的；

（五）同违反档案法律、法规的行为作斗争，表现突出的。

第二章　档案机构及其职责

第七条　国家档案局依照《档案法》第六条第一款的规定，履行下列职责：

（一）根据有关法律、行政法规和国家有关方针政策，研究、制定档案工作规章制度和具体方针政策；

（二）组织协调全国档案事业的发展，制订发展档案事业的综合规划和专项计划，并组织实施；

（三）对有关法律、法规和国家有关方针政策的实施情况进行监督检查，依法查处档案违法行为；

（四）对中央和国家机关各部门、国务院直属企业事业单位以及依照国家有关规定不属于登记范围的全国性社会团体的档案工作，中央级国家档案馆的工作，以及省、自治区、直辖市人民政府档案行政管理部门的工作，实施监督、指导；

（五）组织、指导档案理论与科学技术研究、档案宣传与档案教育、档案工作人员培训；

（六）组织、开展档案工作的国际交流活动。

第八条　县级以上地方各级人民政府档案行政管理部门依照《档案法》第六条第二款的规定，履行下列职责：

（一）贯彻执行有关法律、法规和国家有关方针政策；

（二）制定本行政区域内的档案事业发展计划和档案工作规章制度，并组织实施；

（三）监督、指导本行政区域内的档案工作，依法查处档案违法行为；

（四）组织、指导本行政区域内档案理论与科学技术研究、档案宣传与档案教育、档案工作人员培训。

第九条　机关、团体、企业事业单位和其他组织的档案机构依照《档案法》第七条的规定，履行下列职责：

（一）贯彻执行有关法律、法规和国家有关方针政策，建立、健全本单位的档案工作规章制度；

（二）指导本单位文件、资料的形成、积累和归档工作；

（三）统一管理本单位的档案，并按照规定向有关档案馆移交档案；

（四）监督、指导所属机构的档案工作。

第十条　中央和地方各级国家档案馆，是集中保存、管理档案的文化事业机构，依照《档案法》第八条的规定，承担下列工作任务：

（一）收集和接收本馆保管范围内对国家和社会有保存价值的档案；

（二）对所保存的档案严格按照规定整理和保管；

（三）采取各种形式开发档案资源，为社会利用档案资源提供服务。

按照国家有关规定，经批准成立的其他各类档案馆，根据需要，可以承担前款规定的工作任务。

第十一条　全国档案馆的设置原则和布局方案，由国家档案局制定，报国务院批准后实施。

第三章　档案的管理

第十二条　按照国家档案局关于文件材料归档的规定，应当立卷归档的材料由单位的文书或者业务机构收集齐全，并进行整理、立卷，定期交本单位档案机构或者档案工作人员集中管理；任何单位或个人都不得据为己有或者拒绝归档。

第十三条　机关、团体、企业事业单位和其他组织，应当按照国家档案局关于档案移交的规定，定期向有关的国家档案馆移交档案。

属于中央级和省级、设区的市级国家档案馆接收范围的档案，立档单位应当自档案形成之日起满20年即向有关的国家档案馆移交；属于县级国家档案馆接收范围的档案，立档单位应当自档案形成之日起满10年即向有关县级国家档案馆移交。

经同级档案行政管理部门检查和同意，专业性较强或者需要保密的档案，可以延长向有关档案馆移交的期限；已撤销单位的档案或者由于保管条件恶劣可能导致不安全或者严重损毁的档案，可以提前向有关档案馆移交。

第十四条　既是文物、图书资料又是档案的，档案馆可以与博物馆、图书馆、纪念馆等单位相互交换重复件、复制件或者目录，联合举办展览，共同编辑出版有关史料或者进行史料研究。

第十五条　各级国家档案馆应当对所保管的档案采取下列管理措施：

（一）建立科学的管理制度，逐步实现保管的规范化、标准化；

（二）配置适宜安全保存档案的专门库房，配备防盗、防火、防渍、防有害生物的必要设施；

（三）根据档案的不同等级，采取有效措施，加以保护和管理；

（四）根据需要和可能，配备适应档案现代化管理需要的技术设备。

机关、团体、企业事业单位和其他组织的档案保管，根据需要，参照前款规定办理。

第十六条　《档案法》第十四条所称保密档案密级的变更和解密，依照《中华人民共和国保守国家秘密法》及其实施办法的规定办理。

第十七条　属于集体所有、个人所有以及其他不属于国家所有的对国家和社会具有保存价值或者应当保密的档案，档案所有者可以向各级国家档案馆寄存、捐赠或者出卖。向各级国家档案馆以外的任何单位或者个人出卖、转让或者赠送的，必须报经县级以上人民政府档案行政管理部门批准；严禁向外国人和外国组织出卖或者赠送。

第十八条　属于国家所有的档案，任何组织和个人都不得出卖。

国有企业事业单位因资产转让需要转让有关档案的，按照国家有关规定办理。

各级各类档案馆以及机关、团体、企业事业单位和其他组织为了收集、交换中国散失在国外的档案，进行国际文化交流，以及适应经济建设、科学研究和科技成果推广等的需要，经国家档案局或者省、自治区、直辖市人民政府档案行政管理部门依据职权审查批准，可以向国内外的单位或者个人赠送、交换、出卖档案的复制件。

第十九条　各级国家档案馆馆藏的一级档案严禁出境。

各级国家档案馆馆藏的二级档案需要出境的，必须经国家档案局审查批准。各级国家档案馆馆藏的三级档案、各级国家档案馆馆藏的一、二、三级档案以外的属于国家所有的档案和属于集体所有、个人所有以及其他不属于国家所有的对国家和社会具有保存价值的或者应当保密的档案及其复制件，各级国家档案馆以及机关、团体、企业事业单位、其他组织和个人需要携带、运输或者邮寄出境的，必须经省、自治区、直辖市人民政府档案行政管理部门审查批准，海关凭批准文件查验放行。

第四章　档案的利用和公布

第二十条　各级国家档案馆保管的档案应当按照《档案法》的有关规定，分期分批地向社会开放，并同时公布开放档案的目录。档案开放的起始时间：

（一）中华人民共和国成立以前的档案（包括清代和清代以前的档案；民国时期的档案

和革命历史档案），自本办法实施之日起向社会开放；

（二）中华人民共和国成立以来形成的档案，自形成之日起满 30 年向社会开放；

（三）经济、科学、技术、文化等类档案，可以随时向社会开放。

前款所列档案中涉及国防、外交、公安、国家安全等国家重大利益的档案，以及其他虽自形成之日起已满 30 年但档案馆以为到期仍不宜开放的档案，经上一级档案行政管理部门批准，可以延期向社会开放。

第二十一条　各级各类档案馆提供社会利用的档案，应当逐步实现以缩微品代替原件。档案缩微品和其他复制形式的档案载有档案收藏单位法定代表人的签名或者印章标记的，具有与档案原件同等的效力。

第二十二条　《档案法》所称档案的利用，是指对档案的阅览、复制和摘录。

中华人民共和国公民和组织，持有介绍信或者工作证、身份证等合法证明，可以利用已开放的档案。

外国人或者外国组织利用中国已开放的档案，须经中国有关主管部门介绍以及保存该档案的档案馆同意。

机关、团体、企业事业单位和其他组织以及中国公民利用档案馆保存的未开放的档案，须经保存档案的档案馆同意，必要时还须经有关的档案行政管理部门审查同意。

机关、团体、企业事业单位和其他组织的档案机构保存的尚未向档案馆移交的档案，其他机关、团体、企业事业单位和组织以及中国公民需要利用的，须经档案保存单位同意。

各级各类档案馆应当为社会利用档案创造便利条件。提供社会利用的档案，可以按照规定收取费用。收费标准由国家档案局会同国务院价格管理部门制定。

第二十三条　《档案法》第二十二条所称档案的公布，是指通过下列形式首次向社会开放档案的全部或者部分原文，或者档案记载的特定内容：

（一）通过报纸、刊物、图书、声像、电子等出版物发表；

（二）通过电台、电视台播放；

（三）通过公众计算机信息网络传播；

（四）在公开场合宣读、播放；

（五）出版发行档案史科、资料的全文或者摘录汇编；

（六）公开出售、散发或者张贴档案复制件；

（七）展览、公开陈列档案或者其复制件。

第二十四条　公布属于国家所有的档案，按照下列规定办理：

（一）保存在档案馆的，由档案部门公布；必要时，应当征得档案形成单位同意或者报经档案形成单位的上级主管机关同意后公布；

（二）保存在各单位档案机构的，由各该单位公布；必要时，应当报经其上级主管机关同意后公布；

（三）利用属于国家所有的档案的单位和个人，未经档案馆、档案保存单位同意或者前两项所列主管机关的授权或者批准，均无权公布档案。

属于集体所有、个人所有以及其他不属于国家所有的对国家和社会具有保存价值的档案，其所有者向社会公布时，应当遵守国家有关保密的规定，不得损害国家的、社会的、集体的和其他公民的利益。

第二十五条　各级国家档案馆对寄存档案的公布和利用，应当征得档案所有者同意。

第二十六条　利用、公布档案，不得违反国家有关知识产权保护的法律规定。

第五章　罚　则

第二十七条　有下列行为之一的，由县级以上人民政府档案行政管理部门责令限期改正；情节严重的，对直接负责的主管人员或者其他直接责任人员依法给予行政处分：

（一）将公务活动中形成的应当归档的文件、资料据为己有，拒绝移交档案机构、档案工作人员归档的；

（二）拒不按照国家规定向国家档案馆移交档案的；

（三）违反国家规定擅自扩大或者缩小档案接收范围的；

（四）不按照国家规定开放档案的；

（五）明知所保存的档案面临危险而不采取措施，造成档案损失的；

（六）档案工作人员、对档案工作负有领导责任的人员玩忽职守，造成档案损失的。

第二十八条　《档案法》第二十四条第二款、第三款规定的罚款数额，根据有关档案的价值和数量，对单位为 1 万元以上 10 万元以下，对个人为 500 元以上 5 000 元以下。

第二十九条　违反《档案法》和本办法，造成档案损失的，由县级以上人民政府档案行政管理部门、有关主管部门根据损失档案的价值，责令赔偿损失。

第六章　附　则

第三十条　中国人民解放军的档案工作，根据《档案法》和本办法确定的原则管理。

第三十一条　本办法自发布之日起施行。

电子文件归档与管理规范（GB/T 18894—2002）

1 范围

本标准规定了在公务活动中产生的，具有保存价值的电子文件的形成、积累、归档、保管、利用、统计的一般方法。

本标准适用于党政机关产生的电子文件的归档与管理，其他社会组织的电子文件管理可参照本标准。

2 规范性引用文件

下列文件中的条款通过本标准的引用而成为本标准的条款。凡是注明日期的引用文件，其随后所有的修改单（不包括勘误的内容）或修订版均不适用于本标准，然而，鼓励根据本标准达成协议的各方研究是否可使用这些文件的最新版本。凡是不注明日期的引用文件，其最新版本适用于标准。

DA/T 18　档案著录规则

DA/T 22　归档文件整理规则

3 术语和定义

下列术语和定义适用于本标准。

3.1 电子文件 electronic records

指在数字设备及环境中生成，以数码形式存储于磁带、磁盘、光盘等载体，依赖计算机等数字设备阅读、处理，并可在通信网络上传送的文件。

3.2 归档电子文件 archival electronic records

指具有参考和利用价值并作为档案保存的电子文件（3.1）。

3.3 背景信息 context

指描述生成电子文件（3.1）的职能活动、电子文件的作用、办理过程、结果、上下文关系以及对其产生影响的历史环境等信息。

3.4 元数据 metadata

指描述电子文件（3.1）数据属性的数据，包括文件的格式、编排结构、硬件和软件环境、文件处理软件、字处理和图形工具软件、字符集等数据。

3.5 逻辑归档 logical filing

指在计算机网络上进行，不改变原存储方式和位置而实现的将电子文件（3.1）的管理权限向档案部门移交的过程。

3.6 物理归档 physical filing

指把电子文件（3.1）集中下载到可脱机保存的载体上，向档案部门移交的过程。

3.7 真实性 authenticity

指对电子文件（3.1）的内容、结构和背景信息（3.3）进行鉴定后，确认其与形成时的原始状况一致。

3.8 完整性 integrity

指电子文件（3.1）的内容、结构、背景信息（3.3）和元数据（3.4）等无缺损。

3.9 有效性 utility

指电子文件（3.1）应具备的可理解性和可被利用性，包括信息的可识别性、存储系统的可靠性、载体的完好性和兼容性等。

3.10 捕获 capture

指对电子文件（3.1）进行实时收集和存储的方法与过程。

3.11 迁移 migration

指将源系统中的电子文件（3.1）向目的系统进行转移存储的方法与过程。

4 总则

4.1 电子文件自形成时应有严格的管理制度和技术措施，确保其真实性、完整性和有效性。

4.2 应对电子文件的形成、收集、积累、鉴定、归档等实行全过程管理与监控，保证管理工作的连续性。

4.3 应明确规定电子文件归档的时间、范围、技术环境、相关软件、版本、数据类型、格式、被操作数据、检测数据等要求，保证归档电子文件的质量。

4.4 归档电子文件同时存在相应的纸质或其他载体形式的文件时，应在内容、相关说明及描述上保持一致。

4.5 具有永久保存价值的文本或图形形式的电子文件，如没有纸质等拷贝件，必须制成纸质文件或缩微品等。归档时，应同时保存文件的电子版本、纸质版本或缩微品。

4.6 应保证电子文件的凭证应用，对只有电子签章的电子文件，归档时应附加有法律效力的非电子签章。

5 电子文件的真实性、完整性和有效性保证

5.1 应建立规范的制度和工作程序并结合相应的技术措施，从电子文件形成开始不间断地对有关处理操作进行管理登记，保证电子文件的产生、处理过程符合规范。

5.1.1 登记处理过程中相互衔接的各类责任者（如起草者、修改者、审核者、签发者等）。

5.1.2 登记处理过程中的各类操作者（打字者、发文者、收文者、存储管理者等）。

5.1.3 登记处理过程中产生的责任凭证信息（批示、签名、印章、代码等）。

5.1.4 登记电子文件传递、交接过程中的其他标识。

5.2 应采取可靠的安全防护技术措施，保证电子文件的真实性。

5.2.1 建立对电子文件的操作者可靠的身份识别与权限控制。

5.2.2 设置符合安全要求的操作日志，随时自动记录实施操作的人员、时间、设备、项目、内容等。

5.2.3 对电子文件采用防错漏和防调换的标记。

5.2.4 对电子印章、数字签署等采取防止非法使用的措施。

5.3 应建立电子文件完整性管理制度并采取相应的技术措施采集背景信息和元数据。

5.4 应建立电子文件有效性管理制度并采取相应的技术保证措施。

5.5 电子文件的处理和保存应符合国家的安全保密规定，针对自然灾害、非法访问、非法操作、病毒侵害等采取与系统安全和保密等级要求相符的防范对策，主要有：网络设备安全保证；数据安全保证；操作安全保证；身份识别方法等。

6 电子文件的收集与积累

6.1 收集积累要求

6.1.1 记录了重要文件的主要修改过程和办理情况，有查考价值的电子文件及其电子版本的定稿均应被保留。正式文件是纸质的，如果保管部门已开始进行向计算机全文的转换工作，则与正式文件定稿内容相同的电子文件应当保留，否则可根据实际条件或需要，确定是否保留。

6.1.2 当公务或其他事务处理过程只产生电子文件时，应采取严格的安全措施，保证电子文件不被非正常改动。同时应随时对电子文件进行备份，存储于能够脱机保存的载体上。

6.1.3 对在网络系统中处于流转状态，暂时无法确定其保管责任的电子文件，应采取捕获措施，集中存储在符合安全要求的电子文件暂存存储器中，以防散失。

6.1.4 对用文字处理技术形成的文本电子文件，收集时应注明文件存储格式、文字处理工具等，必要时同时保留文字处理工具软件。文字型电子文件以 XML、RTF、TXT 为通用格式。

6.1.5 对用扫描仪等设备获得的采用非通用的文件格式的图像电子文件，收集时应将其转换成通用格式，如无法转换，则应将相关软件一并收集。扫描型电子文件以 JPEG、TIFF 为通用格式。

6.1.6 对用计算机辅助设计或绘图等设备获得的图形电子文件，收集时应注明其软硬件环境和相关数据。

6.1.7 对用视频或多媒体设备获得的文件以及用超媒体链接技术制作的文件，应同时收集其非通用格式的压缩算法和相关软件。视频和多媒体电子文件以 MPEG、AVI 为通用格式。

6.1.8 对用音频设备获得的声音文件，应同时收集其属性标识、参数和非通用格式的相关软件。音频电子文件以 WAV、MP3 为通用格式。

6.1.9 对通用软件产生的电子文件，应同时收集其软件型号、名称、版本号和相关参数手册、说明资料等。专用软件产生的电子文件原则上应转换成通用型电子文件，如不能转换，收集时则应连同专用软件一并收集。

6.1.10 计算机系统运行和信息处理等过程中涉及的与电子文件处理有关的参数、管理数据等应与电子文件一同收集。

6.1.11 对套用统一模板的电子文件，在保证能恢复原形态的情况下，其内容信息可脱离套用模板进行存储，被套用模板作为电子文件的元数据保存。

6.1.12 定期制作电子文件的备份。

6.2 电子文件的登记

6.2.1 每份电子文件均应在《电子文件登记表》中登记。

6.2.2 电子文件登记表应与电子文件同时保存。

6.2.3 电子文件登记表如果制成电子表格，应与电子文件一同保存，永久保存的电子表格应附有纸质等拷贝件并与相应的电子文件拷贝一起保存。

6.2.4 电子文件稿本代码：M—草稿性电子文件；U—非正式电子文件；F—正式电子文件。

6.2.5 电子文件类别代码：T—文本文件；I—图像文件；G—图形文件；V—影像文件；A—声音文件；O—超媒体链结文件；P—程序文件；D—数据文件。

7 电子文件的归档

7.1 归档要求

文件形成部门或信息管理部门应定期把经过鉴定符合归档条件的电子文件向档案部门移交，并按档案管理要求的格式将其存储到符合保管期限要求的脱机载体上。

7.2 鉴定

7.2.1 电子文件的鉴定工作，应包括对电子文件的真实性、完整性、有效性的鉴定及确定密级、归档范围和划定保管期限。

7.2.2 归档前应由文件形成单位按照规定的项目对电子文件的真实性、完整性和有效性进行检验，并由负责人签署审核意见，检验和审核结果填入《归档电子文件移交、接收检验登记表》。如果文件形成单位采用了某些技术方法保证电子文件的真实性、完整性和有效性，则应把其技术方法和相关软件一同移交给接收单位。

7.2.3 电子文件的归档范围参照国家关于纸质文件材料归档的有关规定执行，并应包括相应的背景信息和元数据。

7.2.4 电子文件保管期限和密级的划分工作，参照国家关于纸质文件材料密级和保管期限的有关规定执行。电子文件的背景信息和元数据的保管期限应当与内容信息的保管期限一致。应在电子文件的机读目录上逐件标注保管期限的标识。

7.3 归档时间

逻辑归档可实时进行，物理归档应按照纸质文件的规定定期完成。

7.4 检测

在进行电子文件归档工作时，应对归档电子文件的基本技术条件进行检测，检测内容包括：硬件环境的有效性，软件环境的有效性及其信息记录格式、有无病毒感染等。

7.5 归档

电子文件的归档，按照鉴定标识进行。电子文件的归档可分两步进行，对实时进行的归档先做逻辑归档，然后定期完成物理归档。归档时，应充分考虑电子文件的技术环境、相关软件、版本、数据类型、格式、被操作数据、检测数据等技术因素。

7.5.1 逻辑归档

将电子文件的管理权从网络上转移至档案部门，在归档工作中，存储格式和位置暂时保持不变。

7.5.2 物理归档

7.5.2.1 凡在网络中予以逻辑归档的文件，均应定期完成物理归档。

7.5.2.2 把带有归档标识的电子文件集中，拷贝至耐久性好的载体上，一式3套，一套封存保管，一套供查阅使用，一套异地保存。对于加密电子文件，则应在解密后再制作拷贝。

7.5.2.3 本标准推荐采用的载体，按优先顺序依次为：只读光盘、一次写光盘、磁带、可擦写光盘、硬磁盘等。不允许用软磁盘作为归档电子文件长期保存的载体。

7.5.2.4 存储电子文件载体或装具上应贴有标签，标签上应注明载体序号、全宗号、类别号、密级、保管期限、存入日期等，归档后的电子文件的载体应设置成禁止写操作的状态。

7.5.2.5 特殊格式的电子文件，应在存储载体中同时存有相应的查看软件。

7.5.2.6 将相应的电子文件机读目录、相关软件、其他说明等一同归档，并附《归档电子文件登记表》。

归档电子文件应以盘为单位填写《归档电子文件登记表》首页，以件为单位填写续页。

7.5.2.7 对需要长期保存的电子文件，应在每一个电子文件的载体中同时存有相应的机读目录。

7.5.2.8 归档完毕，电子文件形成部门应将存有归档前电子文件的载体保存至少 1 年。

8 归档电子文件的整理

8.1 归档电子文件的整理按 DA/T 22 规定的要求进行。

8.2 归档电子文件以件为单位整理。

8.3 同一全宗内的电子文件按照年度—保管期限—机构（问题）或保管期限—年度—机构（问题）等分类方案进行分类。

8.4 按电子文件类别代码相对集中组织存储载体。

8.5 电子文件的著录参照 DA/T 18 进行著录，同时按照保证其真实性、完整性和有效性的要求补充电子文件特有的著录项目和其他标识（参见本标准第 5 章中列举的责任者、操作者、背景信息、元数据等）。

8.6 将著录结果制成机读目录和纸质目录。

9 归档电子文件的移交、接收与保管

9.1 移交、接收与保管要求

对归档电子文件，应按有关规定进行认真检验。在检验合格后将其如期移交至档案馆等档案保管部门，进行集中保管。在已联网的情况下，归档电子文件的移交和接收工作可在网络上进行，但仍需履行相应的手续。

9.2 移交、接收检验

9.2.1 文件形成单位在移交电子文件之前，档案保管部门在接收电子文件之前，均应对归档的每套载体及其技术环境进行检验，合格率达到 100% 时方可进行交接。

9.2.2 检验项目如下：

——载体有无划痕、是否清洁；

——有无病毒；

——核实归档电子文件的真实性、完整性、有效性检验及审核手续；

——核实登记表、软件、说明资料等是否齐全；

——对特殊格式的电子文件，应核实其相关的软件、版本、操作手册等是否完整。

检验结果分别由移交单位、接收单位填入《归档电子文件移交、接收检验登记表》的相应栏目。

9.2.3 档案保管部门应按照要求及检验项目对归档电子文件逐一验收。对检验不合格者，应退回形成单位重新制作，并再次对其进行检验。

9.3 移交手续

档案保管部门验收合格，完成《归档电子文件移交、接收检验登记表》的填写、签名、盖章环节。登记表一式 2 份，一份交电子文件形成单位，一份由档案保管部门自存。

9.4 保管要求

归档电子文件的保管部门除应符合纸质档案的要求外，还应符合下列条件：

a）归档载体应作防写处理。避免擦、划、触摸记录涂层。

b）单片载体应装盒，竖立存放，且避免挤压。

c）存放时应远离强磁场、强热源，并与有害气体隔离。

d）环境温度选定范围：17 ℃ ~20 ℃；相对湿度选定范围：35% ~45%。

归档电子文件在形成单位的保管，也应参照上述条件。

9.5 有效性保证

9.5.1 归档电子文件的形成单位和档案保管部门每年均应对电子文件的读取、处理设备的更新情况进行一次检查登记。设备环境更新时应确认库存载体与新设备的兼容性；如不兼容，应进行归档电子文件的载体转换工作，原载体保留时间不少于 3 年。保留期满后对可擦写载体清除后重复使用，不可清除内容的载体应按保密要求进行处置。

9.5.2 对磁性载体每满 2 年、光盘每满 4 年进行一次抽样机读检验，抽样率不低于 10%，如发现问题应及时采取恢复措施。

9.5.3 对磁性载体上的归档电子文件，应每 4 年转存一次。原载体同时保留时间不少于 4 年。

9.5.4 档案保管部门应定期将检验结果填入《归档电子文件管理登记表》。

9.6 迁移

随着系统设备更新或系统扩充，应及时对归档电子文件进行迁移操作，并填写《归档电子文件迁移登记表》。

9.7 利用

9.7.1 归档电子文件的封存载体不应外借。未经批准任何单位或人员不允许擅自复制电子文件。

9.7.2 利用时应使用拷贝件。

9.7.3 利用时应遵守保密规定。对具有保密要求的归档电子文件采用联网的方式利用时，应遵守国家或部门有关保密的规定，有稳妥的安全保密措施。

9.7.4 利用者对归档电子文件的使用应在权限规定范围之内。

9.8 归档电子文件的鉴定销毁

9.8.1 归档电子文件的鉴定销毁，参照国家关于档案鉴定销毁的有关规定执行，且应在办理审批手续后实施。

9.8.2 属于保密范围的归档电子文件，如存储在不可擦除载体上，应连同存储载体一起销毁，并在网络中彻底清除。不属于保密范围的归档电子文件可进行逻辑删除。

9.9 统计

档案保管部门应及时按年度对归档电子文件的接收、保管、利用和鉴定销毁情况进行统计。

附录5

档案库房技术管理暂行规定

(1987 年 8 月 29 日　国家档案局　国档发〔1987〕19 号通知印发)

第一章　总　则

第一条　为了确保档案的安全，最大限度地延长档案的寿命，加强档案库房的科学管理，有效地提供档案信息，为社会主义现代化建设服务，特制定本规定。

第二条　档案库房技术管理应贯彻"以防为主，防治结合"的原则，切实做好温湿度控制和调节，防治有害生物、防尘、防火、防盗、照明管理和档案保管状况检查等方面的工作。

第三条　加强档案库房的技术管理，是实现档案管理现代化的重要方面，是档案馆的重要任务之一。档案行政管理部门要加强对档案库房技术管理工作的检查和指导。

第二章　基本要求

第四条　档案库房的技术管理工作，应有专人负责。省以上档案馆应设置技术管理机构，建立健全档案库房技术管理规章制度。

第五条　档案库房技术管理人员应刻苦钻研档案保护技术，不断提高科学管理水平，努力成为技术管理方面的专家。

第六条　通过加强档案库房的技术管理，应基本达到温湿度适宜，清洁卫生，无虫霉滋生。

第三章　温湿度控制

第七条　档案库房（含胶片库、磁带库）的温度应控制在 14 ℃～24 ℃，有设备的库房日变化幅度不超过 ±2 ℃，相对湿度应控制在 45%～60%，有设备的库房日变化幅度不超过 ±5%。

第八条　保存母片的胶片库温度应控制在 13 ℃～15 ℃，相对湿度应控制在 35%～45%。

第九条　各库房及库外应科学地安设温湿度记录仪表，潮湿地区应配备去湿机，专门库房应安装空调设备。

第十条　库房内外温湿度应定时测记，一般每天两次，掌握温湿度变化情况，随时予以控制调节，注意积累库房温湿度变化的资料，每年进行一次综合分析，以便掌握库内外温湿度变化规律，制订综合管理计划。

第十一条　空调、去湿或增湿设备应定期检修、保养。温湿度记录仪表应按设备要求定期校验。

第十二条　档案柜架应与墙壁保持一定距离（一般柜背与墙不小于 10 cm，柜侧间距不小于 60 cm），成行地垂直于有窗的墙面摆设，便于通风降湿。

第十三条　新建库房竣工后，应经 6～12 个月干燥方可将档案入库。

第四章　虫霉防治与除尘

第十四条　各档案馆应设消毒室或消毒箱，新接收进馆的档案经消毒、除尘后方能入库。

第十五条　建立定期虫霉检查制度，发现虫霉及时处理。

第十六条　配备吸尘器，加密封门或过渡门，除尘与防尘相结合。有条件的档案馆可设置空气过滤装置，防止污染气体进入库房。

第十七条　档案库房周围的空地应植树种草，搞好绿化，减少污染。对影响、恶化库房环境的污染源，应采取措施，及时清除。

第五章　防火与防盗

第十八条　档案库区必须配备适合档案用的消防器材，并按设备要求定期检查、更换。

第十九条　安全使用电器设备，定期检查电器线路。库内严禁明火装置和使用电炉及存放易燃易爆物品。

第二十条　档案库房宜安装火警及防盗报警装置，并有切实可行的防盗措施。

第六章　照明管理

第二十一条　档案库房宜选用白炽灯作人工照明光源，照度不超过100勒克斯。如采用荧光灯时，应对紫外线进行过滤。

第二十二条　档案库房不宜采用自然光源，有外窗时应有窗帘、窗板等遮阳措施。

第二十三条　档案在任何情况下均应避免阳光直射。

第七章　档案保管状况检查

第二十四条　对库藏档案应经常进行检查，发现问题，及时报告，并采取措施予以处理。

第二十五条　每年定期对库藏档案进行一次抽样检查，掌握档案保管情况，为科学管理积累资料。

第八章　附　则

第二十六条　本规定适用于各级各类档案馆。各档案室可参照本规定的有关条款实施。

第二十七条　各档案行政管理部门可根据本规定结合具体情况制定实施细则。

第二十八条　本规定自颁布之日起执行。

企业文档管理

附录6

企业档案管理规定

（国家档案局、国家经贸委、国家计委 7 月 22 日联合印发　档发〔2002〕5 号）

第一条　为加强企业档案工作，促进档案工作为企业各项工作服务，根据《中华人民共和国档案法》（以下简称《档案法》）和有关法律、法规，制定本规定。

第二条　本规定所称的企业档案，是指企业在生产经营和管理活动中形成的对国家、社会和企业有保存价值的各种形式的文件材料。

第三条　企业应遵守《档案法》，依法管理本企业档案，明确管理档案的部门或人员，提高职工档案意识，确保档案完整、准确和安全。

第四条　企业档案工作接受档案行政管理部门的监督和指导。

中央管理的企业制定本企业档案管理制度和办法须报国家档案局备案。

第五条　企业负责档案工作的部门依法履行下列职责：

（一）贯彻执行《档案法》等有关法律、法规和方针政策，制定本企业文件材料归档和档案保管、利用、鉴定、销毁、移交等有关规章制度；

（二）统筹规划并负责本企业档案的收集、整理、保管、鉴定、统计和提供利用工作；

（三）指导本企业各部门文件材料的形成、积累、整理和归档工作；

（四）监督、指导本企业所属机构（含境外机构）的档案工作。

第六条　企业档案工作人员应当忠于职守，遵纪守法，具有相应的档案专业知识和业务能力。

第七条　企业各部门负责归档文件材料的收集和整理，并定期交本企业档案部门集中整理。任何人不得拒绝归档。

第八条　归档的文件材料应完整、准确、系统。文件书写和载体材料应能耐久保存。文件材料整理符合规范。归档的电子文件，应有相应的纸质文件材料一并归档保存。

第九条　企业根据有关规定，确定档案保管期限，划定档案密级。

第十条　企业采取有效措施对档案进行安全保管，并切实加强对知识产权档案和涉及商业秘密档案的管理。

第十一条　企业对保管期限已满的档案进行鉴定。对确无保存价值的档案登记造册，按有关规定经企业法定代表人批准后进行监销。

第十二条　企业应做好档案统计工作。国有大中型企业应按档案行政管理部门的要求填写有关报表。企业应认真做好对国家和社会有保存价值的档案的登记工作。

第十三条　企业档案现代化应与企业信息化建设同步发展，不断提高档案管理水平。

第十四条　企业档案部门应积极做好档案的提供利用工作，努力开发档案信息资源，为企业提供及时、有效的服务。

第十五条　企业必须为政府有关部门、司法部门依法执行公务提供真实、准确的档案。

第十六条　企业提供利用、公布档案，不得损害国家、社会和其他组织的利益，不得侵犯他人的合法权益。

第十七条　国有企业资产与产权发生变动，应按《国有企业资产与产权变动档案处置办法》做好档案的处置工作。

国有企业破产，破产清算组应妥善处置破产企业档案；国有企业分立，档案处置工作由分立后的企业协商办理。

第十八条　企业对在企业档案工作中做出突出贡献的人员给予表彰和奖励。

第十九条　企业应当建立档案工作责任追究制度，对不按规定归档而造成文件材料损失的，或对档案进行涂改、抽换、伪造、盗窃、隐匿和擅自销毁而造成档案丢失或损坏的直接责任者，依法进行处理。

第二十条　本规定由国家档案局负责解释。

第二十一条　本规定自 2002 年 9 月 1 日起实施。《国营企业档案管理暂行规定》同时废止。其他有关企业档案工作的规定凡与本规定抵触的，以本规定为准。

广东省中外合资、合作经营企业档案管理规定

（一九九〇年五月十六日广东省人民政府颁布）

第一条 为了加强对中外合资、合作经营企业档案的管理，充分发挥档案信息的作用，根据《中华人民共和国档案法》和国家对中外合资、合作经营企业（以下统称合营企业）管理的有关规定，制定本规定。

第二条 本规定所称的合营企业档案，是指合营企业在各项活动中直接形成的对国家和社会具有保存价值的，对企业生产经营、科学技术管理具有查考使用价值的各种不同形式和载体的文件材料。

第三条 合营企业档案是真实反映本企业生产经营活动和工作发展的历史记录。各合营企业必须建立和健全档案，并将其列入本企业的工作和发展计划，加强领导，统筹安排。

第四条 合营企业的档案工作，必须明确有一位企业的领导人分管，配备专职或兼职的档案工作人员具体管理。需要设置档案机构的，由企业领导决定。

第五条 合营企业档案工作应接受当地档案行政管理部门依法进行的监督和指导。

第六条 合营企业文件材料的归档范围，应包括合营企业的申请立项的意向书、可行性研究报告、合营合同、章程及批准文件、产品生产、经营销售、公共关系、技术管理、设备仪器、计划统计、物资供应、外汇管理、劳动工资、安全管理、人事管理、教育培训、科技研究、工程建设、开业结业以及其他方面的各种文件材料。

第七条 属于合同、协议规定合营各方独自保密的技术，其技术文件材料由合营各方指定专人保存。

第八条 合营企业生产、产品试制、科研、工程和其他技术项目形成的科技文件材料（含缩微胶片、照片、录音、录像和计算机磁带，下同），应在技术项目完成或告一段落后，由技术项目负责人指定有关人员负责整理归档。

确因工作需要经常查用的科技文件材料，可在整理立卷后暂由业务部门和生产部门保管，但必须向本企业档案机构或档案工作人员移交一套完整的档案目录，以便档案机构或档案工作人员验收和检查。

各项管理工作活动中形成的文件材料，由各业务部门指定有关人员在翌年上半年内整理归档。

第九条 合营企业引进的技术设备，企业有关业务部门必须会同档案部门对合同中所列的技术文件材料项目进行验收、鉴证，并及时整理归档。

第十条 对文件材料归档的基本要求：

一、归档的文件材料必须是原件，完整齐全，能准确反映本企业生产经营和各项管理活动的真实内容和历史过程。

二、归档文件材料必须经过分类整理，立卷编目，区分不同价值，便于保管和利用。

第十一条 合营企业文件材料的形成、积累、整理和归档工作，要列入生产、技术、经营等各项管理程序，列入本企业有关部门的职责范围和有关人员的岗位责任制。

第十二条　合营企业要建立和健全本企业文件材料收集整理、立卷归档，以及档案的保管、保密、鉴定、统计、利用等各项管理制度。

第十三条　合营企业应根据实际需要，编制档案目录等检索工具，以便提供利用。

第十四条　合营企业应根据保存的档案数量，设置存放档案的库房和箱柜；档案库房应有防盗、防火、防潮、防尘、防虫、防高温、防污染的安全设施。

第十五条　合营企业应根据国家有关档案保管期限的规定，编制本单位的档案保管期限表，并由企业领导人组织专业技术人员和档案管理人员共同组成鉴定小组，负责对本企业的档案进行鉴定工作。

第十六条　合营企业档案在合营期间不得销毁。合营企业终止后，由中方合营者保存；凡确已失去保存价值的档案材料，必须造具清册，报专业主管部门批准后，方可销毁。

第十七条　合营企业档案机构或档案工作人员，应积极做好档案的提供利用工作，充分发挥档案信息作用，为提高企业的经济效益服务。

第十八条　合营企业会计档案管理按照《中华人民共和国中外合资经营企业会计制度》和《广东省经济特区涉外企业会计管理规定》的有关规定执行。

第十九条　合营企业形成的各种档案资料，在合营期间，为合营者共有，合营各方因工作需要均可查用本企业的档案。

第二十条　合营企业在签订合营协议、合同和制定企业章程时，应明确列入档案管理的有关内容。

第二十一条　设置在中华人民共和国境外的合营企业，其档案管理工作可参照本规定执行。

第二十二条　本规定自一九九〇年六月一日起施行。

参考文献

1. 张虹，姬瑞环．档案管理基础．北京：中国人民大学出版社，2008．

2. 范巧燕．企业档案管理．北京：经济管理出版社，2008．

3. 王遣．现代企业文件与档案工作实用教程．北京：中国人民大学出版社，2003．

4. 刘萌．文书与档案管理．北京：首都经济贸易大学出版社，2008．

5. 潘春胜．文书与档案管理．北京：中国财政经济出版社，2005．

6. 陈琳．档案管理技能训练．北京：机械工业出版社，2009．

7. 姜淑芬．文书工作与档案管理．重庆：西南师范大学出版社，2009．

8. 徐彦，戈秀萍，何柳．文书工作与档案管理．大连：东北财经大学出版社，2007．

9. 赵映诚．文书工作与档案管理．北京：高等教育出版社，2003．

10. 张易．企业常用行政文书．北京：中华工商联合出版社，2007．

11. 曾湘宜．文书与档案管理基础．北京：北京工业大学出版社，2006．

12. 丁栋轩，刘海平．文书档案管理基础．北京：科学普及出版社，2007．

13. 白战锋．企业文书写作范本．北京：经济管理出版社，2005．

14. 王立维，陈武英．档案管理学简明教程．杭州：浙江大学出版社，2006．

15. 李强．文书与档案管理．北京：经济科学出版社，2008．

16. 蔡超，王世斌．企业秘书概论．广州：暨南大学出版社，2008．

17. 余述文．档案管理工作手册．重庆：重庆出版社，2005．

18. 吴广平，向阳．档案工作实务．北京：北京大学出版社，2008．

19. 宫晓东．企业档案管理学．北京：高等教育出版社，1999．

20. 李士智，熊振时．建设项目档案工作操作指南．北京：中国档案出版社，2004．

21. 谷细涓．小议企业档案信息资源开发利用的主要途径．浙江档案，2007（9）．

22. 李和平．企业档案工作的主要情况．机电兵船档案，2003（6）．

23. 陆永梅．信息时代档案管理人员的素质与能力．兰台内外，2009（1）．

24. 田学友．认真抓好中外合资（合作）企业档案管理工作．档案与建设，1998（3）．

25. 刘瑛．浅议企业档案如何更好地为经营服务．当代经济，2009（5）．

26. 广东档案，2007（1）．

27.《文书档案案卷格式》（GB 9705—88）．

28.《归档文件整理规则》（DA/T 22—2000）．

29.《科学技术档案案卷构成的一般要求》（GB/T 11822—2000）．

30.《国家重大建设项目文件材料归档与档案整理规范》（DA/T 28—2002）．

31.《照片档案管理规范》（GB/T 11821—2002）．

32.《电子文件归档与管理规范》（GB/T 18894—2002 ）．

33.《磁性载体档案管理与保护规范》（DA/T 15—95）．

企业文档管理

图书在版编目（CIP）数据

企业文档管理／崔淑琴，李艇主编；吴广平，蔡超，林苏副主编 . —2 版 .
广州：暨南大学出版社，2014.9
ISBN 978 - 7 - 5668 - 1088 - 5

Ⅰ.①企… Ⅱ.①崔… ②李… ③吴… ④蔡… ⑤林… Ⅲ.①企业档案—档案
管理—高等职业教育—教材 Ⅳ.①G275.9

中国版本图书馆 CIP 数据核字（2014）第 154098 号

出版发行：暨南大学出版社

地　　址：中国广州暨南大学
电　　话：总编室（8620）85221601
　　　　　营销部（8620）85225284　85228291　85228292（邮购）
传　　真：（8620）85221583（办公室）　85223774（营销部）
邮　　编：510630
网　　址：http：//www.jnupress.com　http：//press.jnu.edu.cn

排　　版：广州市天河星辰文化发展部照排中心
印　　刷：广东广州日报传媒股份有限公司印务分公司

开　　本：787mm×960mm　1/16
印　　张：18.75
字　　数：374 千
版　　次：2010 年 8 月第 1 版　2014 年 9 月第 2 版
印　　次：2014 年 9 月第 2 次
印　　数：3001—5000 册

定　　价：35.00 元

（暨大版图书如有印装质量问题，请与出版社总编室联系调换）